Der Grundrechte-Report dokumentiert seit 1997 als Teil einer zivilgesellschaftlichen Öffentlichkeit die Lage der Bürger- und Menschenrechte in Deutschland. Das Hauptaugenmerk richtet sich dabei jedes Jahr auf die staatlichen Institutionen, von denen die größten Gefährdungen der Grundrechte, der Demokratie und der Rechtsstaatlichkeit ausgehen.
Im Zentrum der 30. Ausgabe des Reports stehen die sprunghafte Aufrüstung und Militarisierung der Republik sowie die zunehmende Missachtung von Recht und Gesetz durch staatliche Akteur*innen. Zu den zahlreichen weiteren Themen gehören Einschränkungen von Meinungs- und Versammlungsfreiheit, neue Massenüberwachungsmaßnahmen und die weitere Entrechtung Asylsuchender.

Herausgegeben wird der Grundrechte-Report von zehn Bürgerrechtsorganisationen. Informationen über die Herausgeber*innen, die Autor*innen und die Redaktion finden sich im Anhang des Buches.

Weitere Informationen finden Sie auf www.fischerverlage.de

Peter von Auer / Nina Diarra / Franziska Görlitz / Rolf Gössner / Max Putzer / Rainer Rehak / Theresa Tschenker / Lea Welsch / Rosemarie Will / Michèle Winkler (Hrsg.)

Grundrechte-Report 2026

Zur Lage der Bürger- und Menschenrechte in Deutschland

Ein Projekt der Humanistischen Union, des Komitees für Grundrechte und Demokratie, des Bundesarbeitskreises Kritischer Juragruppen, von PRO ASYL, des Republikanischen Anwältinnen- und Anwältevereins, der Vereinigung Demokratischer Juristinnen und Juristen, der Internationalen Liga für Menschenrechte, der Neuen Richter*innenvereinigung, des Forums InformatikerInnen für Frieden und gesellschaftliche Verantwortung sowie der Gesellschaft für Freiheitsrechte

FISCHER TASCHENBUCH

Redaktion: Peter von Auer, Carla Bruhm, Nina Diarra, Charlotte Ellinghaus, Claus Förster, Ernst Fricke, Anna Gilsbach, Franziska Görlitz, Stefan Hügel, Athena Möller, Max Putzer, Britta Rabe, Rainer Rehak, John Philipp Thurn, Theresa Tschenker, Lea Welsch, Rosemarie Will, Michèle Winkler

MIX
Papier | Fördert gute Waldnutzung
FSC® C014496

Originalausgabe
Erschienen bei FISCHER Taschenbuch

Satz: Dörlemann Satz, Lemförde
Druck und Bindung: GGP Media GmbH, Pößneck
ISBN 978-3-596-71370-7

Kontaktadresse nach EU-Produktsicherheitsverordnung:
produktsicherheit@fischerverlage.de

Inhalt

Jeder hat das Recht, seine Meinung in Wort, Schrift und Bild frei zu äußern und zu verbreiten und sich aus allgemein zugänglichen Quellen ungehindert zu unterrichten. Die Pressefreiheit und die Freiheit der Berichterstattung durch Rundfunk und Film werden gewährleistet. Eine Zensur findet nicht statt. (Artikel 5 Absatz 1)

Kunst und Wissenschaft, Forschung und Lehre sind frei. Die Freiheit der Lehre entbindet nicht von der Treue zur Verfassung. (Artikel 5 Absatz 3)

Ehe und Familie stehen unter dem besonderen Schutze der staatlichen Ordnung. (Artikel 6 Absatz 1)

Der Staat schützt auch in Verantwortung für die künftigen Generationen die natürlichen Lebensgrundlagen und die Tiere im Rahmen der verfassungsmäßigen Ordnung durch die Gesetzgebung und nach Maßgabe von Gesetz und Recht durch die vollziehende Gewalt und die Rechtsprechung.
(Artikel 20a)

Handlungen, die geeignet sind und in der Absicht vorgenommen werden, das friedliche Zusammenleben der Völker zu stören, insbesondere die Führung eines Angriffskrieges vorzubereiten, sind verfassungswidrig.
(Artikel 26 Absatz 1)

Anhang

Vorwort der Herausgeber*innen

»Ausgangspunkt für die staatlichen Verfassungsschutzberichte sind angebliche Sicherheitsbedürfnisse; Ausgangspunkt für den Grundrechte-Report sind Menschenwürde, Grundrechte und Rechtsstaat«, so schrieb es Till Müller-Heidelberg, Mitbegründer und langjähriger Mitherausgeber des Grundrechte-Reports.

Mit diesem Band halten Sie nunmehr die 30. Ausgabe des Grundrechte-Reports in den Händen: Seit 1997 dokumentieren wir Einschränkungen der Grundrechte durch Gesetze, Gerichtsentscheidungen, Verwaltungsakte und sonstiges staatliches Handeln.

Der Grundrechte-Report wurde vor rund drei Jahrzehnten ins Leben gerufen, um – schlagwortartig verknappt – die verfassungsmäßig garantierten Rechte und staatlichen Funktionsprinzipien zu schützen und so als Gegendarstellung, als »alternativer Verfassungsschutzbericht« zu dienen. Damals wie heute geben die Inlandsgeheimdienste der Länder und des Bundes ihre jährlichen Berichte heraus. Sie enthalten Denunziationen von Bürger*innen, Vereinen und Gruppierungen, die angeblich »Bestrebungen gegen die freiheitlich-demokratische Grundordnung« verfolgen und deshalb – vielfach von Spitzeln – beobachtet und gebrandmarkt werden. Darunter befindet sich – nur als ein Beispiel und für uns immer noch die augenscheinlichste Absurdität – die Vereinigung der Verfolgten des Naziregimes (VVN-BdA). So schützt der Staat mit seinem Inlandsgeheimdienst vor allem sich selbst und behält seine »Untertanen« im Blick.

Das Grundgesetz ist aber für die Menschen geschaffen. Von herausragender Bedeutung sind dabei die Grundrechte in den ersten Artikeln, die insbesondere Abwehrrechte der Bürger*innen gegen Übergriffe des Staates bilden. Daher ist es von zwingender Logik, dass Bürger*innen selbst ihre Rechte schützen und deren unbeschränkte Ausübung erstreiten, während sie den Staat und seine Behörden im Blick behalten müssen. Und so sollten ebenfalls mit einem jährlichen Bericht grundrechtswidrige staatliche Ein- und Übergriffe dokumentiert werden. Denn die Feststellung der damals vier Bürgerrechtsorganisationen (Humanistische Union, Komitee für Grundrechte und Demokratie, Bundesarbeitskreis kritischer Juragruppen und Gustav Heinemann-Initiative), die zunächst den Grundrechte-Report herausgaben, gilt weiterhin, »daß die Grundrechte und die freiheitlich-demokratische Grundordnung nicht von Bürgern und ihren Organisationen gefährdet und vom Staat (den Verfassungsschutzbehörden) geschützt werden, sondern daß umgekehrt die Gefährdungen von öffentlichen Institutionen ausgehen und der Schutz der Verfassung durch die Bürger selbst geleistet werden muß!« (aus dem Vorwort des ersten Bandes des Grundrechte-Reports)

Der erste Report widmete sich ausführlich der extensiven Überwachung der Bevölkerung durch Nachrichtendienste und Polizei, insbesondere der akustischen Wohnraumüberwachung im Rahmen des »Großen Lauschangriffs«. Darüber hinaus wurden die Folgen des Radikalenerlasses von 1972 und der dadurch verhängten Berufsverbote diskutiert, Eingriffe in die Versammlungsfreiheit aufgezeigt, der Abbau des Sozialstaates zugunsten des »Wirtschaftsstandorts Deutschland« und die grundrechtsverletzenden Vorschriften des Ausländergesetzes (heute Aufenthaltsgesetz) kritisiert. Wir merken: Früher wie heute finden die staatlichen Eingriffe in die Grundrechte auf denselben Spielfeldern und mit ganz ähnlichen Begründungen statt. Besonders deutlich wird diese Aktualität bei den Ausführungen zur Wehrpflicht und Kriegsdienstverweigerung im ersten Report, damals vor dem Hintergrund des Kampfeinsatzes der NATO in Bosnien.

Heute, 30 Jahre später, sehen wir die Grundrechte unter ungebrochenem Druck. Der autoritäre Staat kommt immer unverhohlener zum Vorschein. Prägend für das Jahr 2025 war die sprunghafte Militarisierung Deutschlands, deren Ausmaß seit dem Zweiten Weltkrieg beispiellos ist. Die große Koalition bereitet mit dem Erlass des Wehrdienst-Modernisierungsgesetzes die Wiedereinführung der Wehrpflicht vor und verpflichtet junge Männer zu einer Selbstauskunft über ihre »Wehrtüchtigkeit« und zu einer umfangreichen Musterung. Damit steht in Aussicht, die Errungenschaft der Aussetzung der Wehrpflicht zu verlieren. In der Begründung des Wehrdienständerungsgesetzes hieß es 2011 noch: »Die mit gesetzlichen Pflichtdiensten verbundenen Grundrechtseingriffe [sind] nicht mehr zu rechtfertigen.«

2025 hat man eine Rechtfertigung gefunden: Die Bundesregierung will Deutschland so weit aufrüsten, dass Kriegsbeteiligungen möglich wären. Damit möchte sie auch den Stellenwert der individuellen bürgerlichen Freiheiten herabsetzen und den staatlichen Zugriff auf die Körper der Bürger für militärische Zwecke erhöhen. Die Herstellung der von Regierungsmitgliedern geforderten »Kriegstüchtigkeit« durchdringt alle Lebensbereiche: Für Aufrüstung und rüstungsbezogene Infrastruktur stellt der Staat ein Sondervermögen zur Verfügung, und sogar eine Aussetzung der Schuldenbremse ist plötzlich möglich, während zugleich im sozialen und Bildungsbereich sowie in der öffentlichen Daseinsfürsorge Kahlschlag betrieben wird.

Aber nicht nur das Militär wird enorm ausgebaut, sondern auch die Sicherheitsbehörden. Polizei und Geheimdienste werden mit immer weitreichenderen Befugnissen ausgestattet. Ermöglicht werden der Einsatz von Staatstrojanern, aber auch Massenüberwachungsmaßnahmen wie polizeiliche Datenanalysen, Echtzeitüberwachung mit Verhaltens- und Gesichtserkennung und biometrische Datenabgleiche sowie Kennzeichenüberwachungen. Sogar vor der schon mehrfach höchstgerichtlich kassierten Vorratsdatenspeicherung wird nicht Halt gemacht, im Dezember 2025 legte das Bundesjustizministerium den Entwurf für eine gesetzliche »IP-Adressspeicherpflicht« vor. Staatliche Stellen bekommen immer mehr Zugänge und Möglichkeiten, grundrechtssensible Daten zu gewinnen und nicht nachvollziehbar zu verarbeiten. Zudem wird die staatliche Überwachung zunehmend auf bestimmte Orte statt auf konkretes menschliches Verhalten gestützt – mit der Folge, dass sich diskriminierende Kontrollmaßnahmen, gerade gegen marginalisierte Gruppen, weiter ausdehnen.

Die richterliche Unabhängigkeit steht zunehmend ebenso auf dem Spiel wie die Rechtsstaatlichkeit insgesamt: Entscheidungen unabhängiger Gerichte werden von Mitgliedern des Bundeskabinetts offen missachtet, und die Exekutive fühlt sich weder an Recht noch an Gerichtsentscheidungen gebunden. Dies zeigen wir in diesem Band an rechtswidrig fortgeführten Zurückweisungen von Schutzsuchenden an den deutschen Außengrenzen oder an widerrufenen Aufnahmezusagen für afghanische Staatsangehörige. Dazu kommen Drohungen und Schmutzkampagnen gegen Gerichte und Einzelpersonen. Diejenige gegen die Verfassungsrechtsprofessorin Frauke Brosius-Gersdorf 2025 war wohl die prominenteste. Ein vermeintlicher »Wille des Volkes« wird von rechts in Stellung gebracht und von Mitgliedern der Bundesregierung zumindest gebilligt – besonders dann, wenn es ihren politischen Interessen dient. Was diskursiv vorbereitet wird, setzt sich in der Regierungspraxis fort.

Denn diese äußerte sich auch im letzten Jahr wieder in massiven Angriffen auf die Rechte von Migrant*innen und Asylsuchenden. Es begann mit einem politischen Paukenschlag, einer gemeinsamen Abstimmung von Union und AfD im Bundestag für Grenzkontrollen, für die Zurückweisung von Geflüchteten an den Außengrenzen, die Ausdehnung von Abschiebehaft und die Aussetzung des Familiennachzugs für subsidiär Schutzberechtigte. Die SPD, die zuvor noch lautstark gegen den Tabubruch protestiert hatte, stimmte nur Monate später einigen der Maßnahmen zu. Doch damit nicht genug: Die seit Mai 2025 amtierende schwarz-rote Koalition erleichterte auch die Bestimmung neuer, sogenannter sicherer Herkunftsstaaten und strich die Pflicht zur Bestellung eines Anwalts bei Abschiebehaft und Ausreisegewahrsam. Das Bundesverwaltungsgericht begründete seine Entscheidung, dass als Flüchtlinge anerkannte Personen grundsätzlich nach Griechenland und Italien zurückgeschickt werden dürften, damit, sie könnten sich ja dort in der Schattenwirtschaft mit illegaler Beschäftigung durchschlagen.

Mehrere Bundesländer haben 2025 eine Neuauflage der Regelanfrage beim Verfassungsschutz beschlossen oder planen diese. Damit sollen Personen, die in vom Inlandsgeheimdienst beobachteten Organisationen aktiv sind oder denen eine solche Aktivität unterstellt wird, vom öffentlichen Dienst ausgeschlossen werden. Neben der geplanten Wiedereinführung der Wehrpflicht ist die Wiedereinführung von Berufsverboten für vermeintliche »Verfassungsfeinde« ein weiterer großer Rückschritt in eine überwunden geglaubte Vergangenheit.

In diesen Zeiten wollen wir als Zusammenschluss aus inzwischen zehn Bürgerrechtsorganisationen mit dem Grundrechte-Report eine laute Stimme bleiben. Wie wichtig dies ist, zeigen die Reporte aus nun 30 Jahren, die insgesamt geschätzt rund 1200 Fälle meist staatlicher Übergriffe schildern – zumal die darin exemplarisch dargestellten Fälle nur die Spitze des Eisbergs bilden. Wichtig ist uns allerdings auch, politische Verbesserungen und Errungenschaften sichtbar zu machen und damit aufzuzeigen, dass die Grundrechte ein umkämpftes Terrain sind, auf dem zivilgesellschaftliches Engagement positive Entwicklungen bewirkt hat und bewirken kann.

Im Verlauf der vergangenen Jahre erwiesen sich die Grundrechtsverletzungen, die wir aufzeigen, als zunehmend drastisch, und die Grundprinzipien des Rechtsstaats werden Stück für Stück demontiert. Mittlerweile müssen wir Herausgeber*innen vor einer existenziellen Bedrohung des demokratischen Rechtsstaats warnen, nicht nur durch einen verstärkt repressiv-autoritär handelnden Staat, sondern auch durch immer weiter erstarkende, völkisch-nationalistische Kräfte in seinen Organen.

Umso wichtiger wird es, dass der Grundrechte-Report nicht nur eine Dokumentationsfunktion wahrnimmt, sondern auch im Zentrum eines Netzwerks aus Initiativen und Einzelpersonen steht, die sich für die Verteidigung der Grundrechte einsetzen. Über den Report und seinen Zusammenschluss von Bürgerrechtsorganisationen kommen Menschen zusammen, um die Verletzung von Grundrechten anzuprangern und zivilgesellschaftliches Engagement zusammenzuführen. Maximilian Steinbeis, Jurist und Begründer des Verfassungsblogs, erklärte bei der Präsentation des Grundrechte-Reports 2025, es reiche nicht mehr aus, Menschenrechtsverstöße anzuklagen. Stattdessen müssten wir Gegenstrategien entwickeln, Netzwerke knüpfen, Solidarität organisieren. Auch dies will der Report leisten.

Heute wie in der ersten Ausgabe betont der Grundrechte-Report, dass der Schutz der Verfassung nicht mit der Beschneidung der in ihr enthaltenen Grundrechte und staatlichen Funktionsprinzipien vereinbar ist. Eine plurale und freiheitliche Demokratie muss Staatsbürger*innen dazu ermutigen, sich frei und selbständig zu entfalten und positiven Gebrauch von ihren Grundfreiheiten zu machen. Stattdessen schrecken die Überwachungs- und Repressionstaktiken des deutschen Staates seine Bürger*innen und erst recht diejenigen, die er von der Staatsbürgerschaft fernhält, davon ab, ihre Grundrechte vollumfänglich zu nutzen, seine Politik zu diskutieren und zu kritisieren. Währenddessen werden immer tiefere Eingriffe in diese Rechte vorgenommen. In Zeiten der Militarisierung kommt eine Bevölkerung, die ihre Grundrechte auf Versammlungsfreiheit und Meinungsfreiheit nicht zu nutzen wagt, weil sie staatliche Repressionen in Form von Polizeigewalt, geheimdienstlicher Überwachung, Berufsverboten oder Entziehung des Aufenthaltsstatus befürchtet, gerade recht. Umso mehr gilt es, die verfassungsrechtlichen Grundsätze hochzuhalten, das Bewusstsein für den Abbau der Grundrechte zu schärfen und die Möglichkeit ihrer freien Ausübung zivilgesellschaftlich zu erstreiten. Das bedingungslose Engagement des Grundrechte-Reports für die Grund-, Bürger*innen- und Menschenrechte bleibt daher auch in der 30. Ausgabe weiterhin ungebrochen.

Artikel 1 (1) **Die Würde des Menschen ist unantastbar. Sie zu achten und zu schützen ist Verpflichtung aller staatlichen Gewalt.**

Louisa Hadadi

Deutschland und der US-Drohnenkrieg

Verantwortlichkeit für Völkerrechtsverstöße anderer Staaten im Ausland?

Salim bin Ali Jaber war ein muslimischer Geistlicher im Jemen. Im August 2012 prangerte er während einer Predigt die Taten der Al-Qaida an. Als Mitglieder der Terrorgruppe ihn deswegen zur Aussprache aufforderten, nahm er zum persönlichen Schutz seinen Neffen Walid mit. Doch das Gespräch auf einem Platz hinter einer Moschee überlebte keiner – vier US-amerikanische Raketen töteten alle Anwesenden.

US-amerikanische Drohnensysteme mit Namen wie »Sensenmann« sind unbemannte Fluggeräte, von denen aus per Fernsteuerung Raketen und Bomben abgeschossen werden können. Aufgrund der Erdkrümmung können die Signale nicht direkt aus den USA auf die arabische Halbinsel geschickt werden. Da kommt Deutschland ins Spiel, genauer gesagt ein Ort bei Kaiserslautern in Rheinland-Pfalz: An den dortigen Luftwaffenstützpunkt Ramstein schicken die in den USA stationierten Drohnenpiloten via Glasfaserkabel ihre Steuerungssignale. Diese werden dann durch eine Satelliten-Relais-Station an die Drohnen im Jemen gefunkt.

Bei den Drohnenangriffen werden immer wieder Zivilist*innen getötet. Deshalb trugen die im Jemen lebenden Kläger, Angehörige von Salim und Walid, vor den hiesigen Verwaltungsgerichten vor, Deutschland müsse auch sie als im Ausland lebende Ausländer*innen schützen und auf die USA einwirken, damit keine völkerrechtswidrigen Drohnenangriffe mehr von Ramstein aus erfolgen.

Während das Verwaltungsgericht Köln die Klage 2015 noch abgewiesen hatte, erzielten die Kläger 2019 vor dem Oberverwaltungsgericht Nordrhein-Westfalen einen Erfolg: Deutschland müsse sich vergewissern, dass die USA die Station völkerrechtskonform nutzen, und die USA dafür »mit dem deutschen Verständnis des Völkerrechts [...] konfrontieren«. Grundrechte dienen nämlich nicht nur der Abwehr staatlicher Eingriffe, sondern verpflichten den Staat auch dazu, die Grundrechte vor Eingriffen durch Dritte zu schützen. Aus der Schutzdimension des Rechts auf Leben nach Artikel 2 Absatz 2 Satz 1 GG und dem Bekenntnis des Artikels 1 Absatz 2 GG zu »unveräußerlichen Menschenrechten als Grundlage jeder menschlichen Gemeinschaft« folge, dass die Bundesrepublik »das Völkerrecht zur Geltung bringen« müsse.

Dem widersprach das Bundesverwaltungsgericht (BVerwG) und legte sehr hohe Voraussetzungen für eine etwaige Schutzpflicht fest. Die Kläger zogen dagegen vor das Bundesverfassungsgericht (BVerfG), das grundlegenden Klärungsbedarf hatte: Trägt Deutschland eine Verantwortung für Völkerrechtsverletzungen anderer Staaten? Muss die Bundesregierung existenzielle Rechte von Ausländer*innen im Ausland schützen?

Ja, aber nur unter hohen Voraussetzungen, so das Urteil vom 15. Juli 2025 (Az. 2 BvR 508/21). Nur wenn ein hinreichender Bezug zur deutschen Staatsgewalt bestehe und es gewichtige Anhaltspunkte für die ernsthafte Gefahr gebe, dass ein Drittstaat systematisch das Völkerrecht verletze, verdichte sich der allgemeine Schutzauftrag zur konkreten Schutzpflicht. Es liege nahe, dass die Datenübertragung via Ramstein die erste Voraussetzung erfülle, weil die USA hierzulande Infrastruktur geschaffen hätten, um Drohnenangriffe fliegen zu können. Es bestehe jedoch keine ernsthafte Gefahr einer systematischen Völkerrechtsverletzung: Da völkerrechtlich umstritten sei, ob und unter welchen Voraussetzungen Mitglieder von Terrororganisationen getötet werden können, dürfe die Bundesregierung die sehr weite Auffassung der USA noch als vertretbar einordnen.

Mutig, aber nicht mutig genug

Auch wenn das BVerfG die Verfassungsbeschwerde letztlich zurückwies, stellte es klar: Ein allgemeiner Schutzauftrag für grundlegende Menschenrechte folgt aus der Völkerrechtsfreundlichkeit des Grundgesetzes. Unter Umständen muss Deutschland existenzielle Rechte ausländischer Personen im Ausland vor völkerrechtswidrigem Handeln anderer Staaten schützen. Denn: Qua Verfassung, die ein Gegenentwurf zu den NS-Verbrechen ist, soll die Bundesrepublik in der internationalen Gemeinschaft verlässlich zur Achtung der Menschenrechte beitragen.

Allerdings sind die Hürden für eine konkrete Handlungspflicht fast unerreichbar hoch. Denn obwohl das BVerfG die noch strengeren Maßstäbe des BVerwG verwirft, grenzt es den Schutz durch das Kriterium der ernsthaften Gefahr systematischer Völkerrechtsverstöße stark ein. Eine Schutzpflicht soll aber gerade vorbeugend Verstöße verhindern.

Außerdem wäre die Bundesregierung durch eine Schutzpflicht nicht besonders stark eingeschränkt. Bei der Erfüllung der Pflicht hat sie nämlich einen großen Spielraum. Sie müsste nicht jegliche Zusammenarbeit mit dem völkerrechtswidrig handelnden Staat unterlassen – im Gegenteil: Die Völkerrechtsordnung lebt von zwischenstaatlicher Kooperation. Eine Schutzpflicht würde verlangen, hinzuschauen und zu handeln, etwa indem man Nachforschungen anstellt. Sogar in den USA gibt es mittlerweile Berichtspflichten zu getöteten Zivilist*innen und konkrete Vorgaben dazu, wie Tötungen vermieden werden können. Dass die Bundesregierung nur in Extremfällen tätig werden muss, wird dem Grundgesetz nicht gerecht.

Fast alles vertretbar?

Zu begrüßen ist, dass das BVerfG der deutschen völkerrechtlichen Verantwortung keinen rechtsfreien Raum überlässt. Der in den USA geltenden Political-Question-Doktrin, wonach Regierungshandeln mit außen- oder sicherheitspolitischem Bezug nicht gerichtlich überprüft werden kann, erteilt es eine Absage.

Allerdings bleibt die gerichtliche Kontrolle hinsichtlich der Völkerrechtskonformität beschränkt: Obwohl das BVerfG explizit über eine reine Willkürkontrolle hinausgehen will, scheint aus seiner Sicht vieles vertretbar, sofern Bündnisinteressen betroffen sind. Bei einem Bündnispartner wie den USA, die regelmäßig völkerrechtliche Ausnahmepositionen für sich in Anspruch nehmen, ist das gefährlich.

Das Völkerrecht zeichnet sich durch seine Universalität aus; es gibt kein »deutsches« oder »amerikanisches« Völkerrecht. Selbst legitime Ziele dürfen nicht mit völkerrechtswidrigen Mitteln durchgesetzt werden. Denn: Wer beurteilt, wann ein Ziel gerecht ist? Wer entscheidet, welche Menschenleben bei der »Drecksarbeit« ausgelöscht werden dürfen – wie Bundeskanzler Friedrich Merz den völkerrechtswidrigen Angriff Israels auf den Iran im Juni 2025 bezeichnete? Das Recht klärt diese Fragen abstrakt. Und in Deutschland, wo auch die Exekutive ausnahmslos an Recht und Gesetz gebunden ist, gibt es mit der Justiz Wege, das durchzusetzen.

Allgemeiner Schutzauftrag als Weg zur Stärkung des Völkerrechts?

Das Ramstein-Urteil eröffnet noch einen anderen Weg: den allgemeinen Schutzauftrag für grundlegende Menschenrechte. Der besteht bereits, noch bevor er sich zu einer konkreten Schutzpflicht verdichtet. Wie weit er reicht, lässt das BVerfG offen. Mindestens aber sollte er die Bundesregierung verpflichten, sich von offen völkerrechtswidrigem Handeln zu distanzieren. Genau wie bei der Schutzpflicht sollte auch seine Erfüllung einklagbar sein.

Eine Einladung des israelischen Ministerpräsidenten Benjamin Netanjahu, gegen den der Internationale Strafgerichtshof einen Haftbefehl erlassen hat wegen des Vorwurfs von Kriegsverbrechen und Verbrechen gegen die Menschlichkeit, widerspricht klar völkerrechtlichen Pflichten. Der Ende 2025 aufgehobene Genehmigungsstopp für Rüstungsexporte nach Israel – wenige Tage, nachdem das Verwaltungsgericht Berlin noch Klagen gegen Waffenlieferungen u. a. wegen dieses Stopps abgewiesen hatte (Urteile vom 12.11.2025, Az. VG 4 K 45/24 und VG 4 K 130/24) – wird dem Schutzauftrag ebenfalls nicht gerecht.

Menschenrechte sind Grundlage staatlichen Handelns – auch in turbulenten Zeiten. Die Bundesregierung sollte sich gegenüber allen Staaten für ihre Beachtung einsetzen, gerade auch gegenüber befreundeten Staaten – und nicht erst dann, wenn die Erfüllung konkreter Schutzpflichten eingeklagt wird. Nur der Rechtsstaat, der trotz Drucks von außen und innen seinen Prinzipien treu bleibt, überdauert.

Literatur

Payandeh, Mehrdad: Entterritorialisierung des Öffentlichen Rechts: Transnationale Individualrechtsverletzungen zwischen Verfassungsrecht und Völkerrecht, in: Deutsches Verwaltungsblatt 2016, S. 1073 ff.

Strobel, Vera: Case Study: US Drone Strikes in Yemen via Ramstein Air Base, in: dies.: Enforcing International Humanitarian Law via Individual Rights, Den Haag 2025, S. 229 ff.

Thomas Galli

Grundrecht auf Sterbehilfe in Haft?

Suizid ist weltweit die häufigste Todesursache in Gefängnissen und macht etwa die Hälfte aller Todesfälle in Haft aus. In Deutschland begingen von 2000 bis 2022 insgesamt 1698 Inhaftierte Suizid. Die Suizidrate ist deutlich höher als im Durchschnitt der Bevölkerung. Erklären lassen sich diese erschütternden Zahlen nicht allein mit der hohen Belastung der Inhaftierten durch Sucht- oder andere Krankheiten. Vielmehr erhöht auch die Inhaftierung an sich die Suizidgefahr.

Der Justizvollzug ist zur Fürsorge gegenüber den Inhaftierten verpflichtet. Deswegen werden etwa Bedienstete darin geschult, Warnhinweise zu erkennen. Notfalls werden Inhaftierte auch mit Gewalt daran gehindert, sich etwas anzutun, indem sie nur mit einer (zur Strangulation ungeeigneten) Papierunterhose bekleidet in einen kameraüberwachten Haftraum gesteckt werden.

Was aber, wenn Gefangene nicht aufgrund einer psychischen Erkrankung oder einer sonstigen Ausnahmesituation suizidal sind, sondern sich im Vollbesitz ihrer geistigen Kräfte das Leben nehmen wollen, weil sie die noch viele Jahre andauernde Inhaftierung nicht für lebenswert halten? Mit dieser Frage hatte sich das Bundesverfassungsgericht (BVerfG) in mehreren Entscheidungen zu befassen – zuletzt in einem Beschluss vom 31. Januar 2025 (Az. 2 BvR 1290/24). Dabei ging es insbesondere darum, ob Inhaftierte in solchen Fällen Sterbehilfe in Anspruch nehmen können.

Recht auf Suizid

Das allgemeine Persönlichkeitsrecht gemäß Artikel 2 Absatz 1 i. V. m. Artikel 1 Absatz 1 GG umfasst nach der Rechtsprechung des BVerfG als Ausdruck persönlicher Autonomie ein Recht auf selbstbestimmtes Sterben. Dieses Recht schließt die Freiheit ein, sich das Leben zu nehmen. Die Entscheidung des Einzelnen, seinem Leben entsprechend seinem Verständnis von Lebensqualität und Sinnhaftigkeit der eigenen Existenz ein Ende zu setzen, ist im Ausgangspunkt als Akt autonomer Selbstbestimmung von Staat und Gesellschaft zu respektieren. Das umfasst die Freiheit, hierfür bei Dritten Hilfe zu suchen und Hilfe, soweit sie angeboten wird, in Anspruch zu nehmen. Die Rechtsordnung muss einen realen Zugang zu freiwillig bereitgestellter Suizidhilfe sicherstellen. Grundlegendes dazu muss auch für Menschen in Freiheit noch rechtssicher geregelt werden. Das betrifft etwa die Beschaffung von tödlichen Medikamenten und die Frage, wer Sterbehelfer*in sein darf (Ärzt*innen, Sterbehilfevereine, selbst gewählte Assistent*innen).

Rechtslage zur Sterbehilfe in Haft

Auch eine gesetzliche Regelung zum Recht auf selbstbestimmtes Sterben in Haft fehlt derzeit. Dies stellt gerade die mit dem Sterbewunsch konfrontierten Justizvollzugsbediensteten vor fast unlösbare Konflikte. Auf der einen Seite droht infolge ihrer Garantenstellung die Strafverfolgung wegen Tötung durch Unterlassen, wenn nicht genügend zur Verhinderung eines Suizids getan worden ist. Auf der anderen Seite steht nach der Rechtsprechung des BVerfG die Verpflichtung, Hilfe bei der Umsetzung autonomer Suizidentscheidungen nicht unmöglich zu machen.

2020 hatte sich das BVerfG mit dem Antrag eines Gefangenen befasst, der sich als »bloßes Objekt staatlichen Handelns« sah (Urteil vom 26.2.2020, Az. 2 BvR 2347/15 u.a.). Er nahm seine seit vielen Jahren perspektivlose Haftsituation als unerträgliches Leiden wahr und beantragte, ihm die Möglichkeit zu verschaffen, auf eigene Kosten an die zum Sterben notwendigen Medikamente zu kommen. Das BVerfG traf dazu keine abschließende Entscheidung, äußerte aber verfassungsrechtliche Bedenken hinsichtlich der Auffassung der betroffenen Justizvollzugsanstalt, die Bediensteten könnten eine entsprechende Unterstützung des Suizids ablehnen, wenn dies nicht mit ihrem Gewissen vereinbar sei. Nach dem BVerfG ist es zumindest zweifelhaft, ob sich grundrechtsverpflichtete Amtsträger*innen hierbei überhaupt auf eine Gewissensentscheidung berufen könnten.

Später entschied das BVerfG, dass zunächst sicher abgeklärt werden müsse (etwa durch eine fundierte psychiatrische Begutachtung), ob der Entschluss, aus dem Leben zu scheiden, tatsächlich von freier Selbstbestimmung und Eigenverantwortung getragen ist (Beschluss vom 3.11.2021, Az. 2 BvR 828/21 und Beschluss vom 29.4.2023, Az. 2 BvQ 51/23).

In seinem jüngsten Beschluss vom 31. Januar 2025 entschied das BVerfG über die Beschwerde eines langjährigen Inhaftierten mit anschließender Sicherungsverwahrung, der wegen seiner als perspektivlos empfundenen Haftsituation einen Suizid plant und die ärztliche Verabreichung eines lebensbeendenden

Medikaments begehrt. Das BVerfG wies die Verfassungsbeschwerde zurück, führte dabei allerdings aus, es sei verfassungsrechtlich nicht zu beanstanden – wenn nicht sogar geboten –, dass der Staat Vorkehrungen zum Autonomie- und Lebensschutz trifft, um sicherzustellen, dass Suizidentscheidungen auf einem freien Willen beruhen. Ein Suizidentschluss gehe dann auf einen autonom gebildeten, freien Willen zurück, wenn der Einzelne seine Entscheidung auf der Grundlage einer realitätsbezogenen, am eigenen Selbstbild ausgerichteten Abwägung des Für und Wider trifft. Dies setze zunächst die Fähigkeit voraus, den Willen frei und unbeeinflusst von einer akuten psychischen Störung bilden und nach dieser Einsicht handeln zu können. Des weiteren müssten den Betroffenen alle entscheidungserheblichen Gesichtspunkte tatsächlich bekannt sein: Sie müssten über sämtliche Informationen verfügen, also in der Lage sein, auf einer hinreichenden Beurteilungsgrundlage realitätsgerecht abzuwägen. Insbesondere müssten die Entscheidungsträger*innen Handlungsalternativen zum Suizid erkennen, ihre jeweiligen Folgen bewerten und ihre Entscheidung in Kenntnis aller erheblichen Umstände und Optionen treffen. Auch dürften die Betroffenen keinen unzulässigen Einflussnahmen oder Druck ausgesetzt sein. Schließlich müsse der Entschluss, aus dem Leben zu scheiden, von einer gewissen Dauerhaftigkeit und inneren Festigkeit getragen sein.

Anlass zur Systemfrage

Bislang ist damit nicht höchstgerichtlich entschieden, inwieweit Strafvollzugsbehörden konkret dazu verpflichtet sind, autonome Suizidentscheidungen von Strafgefangenen zu achten oder deren Umsetzung gar zu fördern. Es dürfte allerdings verfassungswidrig sein, wenn der Justizvollzug der Einzelperson für einen freiverantwortlichen Suizid überhaupt keinen Raum gewährt und ihr somit faktisch nur die Möglichkeit eines sogenannten Brutalsuizids lässt.

Der Bundesgesetzgeber ist daher gefordert, allgemeinverbindliche Regelungen zur Sterbehilfe zu treffen, und die Länder hätten in den Justizvollzugsgesetzen eine Spezifizierung für

Inhaftierte vorzunehmen. Dabei wird insbesondere der Zugang von externen Ärzt*innen, Vereinen oder Sterbeassistent*innen zu regeln sein.

Hierbei ist allerdings zu differenzieren: Inhaftierten Menschen, die etwa infolge einer unheilbaren und mit großen Schmerzen verbundenen Krankheit aus dem Leben scheiden wollen, muss die gleiche Unterstützung zuteilwerden wie Nichtinhaftierten. Wenn sich jedoch eine Person das Leben nehmen will, weil sie die Inhaftierung als nicht lebenswert empfindet, hat der Staat zumindest eine Mitursache für den Suizidwunsch gesetzt. Die grundsätzliche Annahme des BVerfG, ein auch bis ins hohe Alter andauernder Freiheitsentzug könne menschenwürdig sein, solange eine Person zumindest die Chance hat, wieder in Freiheit zu kommen, wird von den tatsächlich Betroffenen offenbar nicht immer geteilt. Jeder Fall eines Suizidwunsches infolge der Inhaftierung muss daher Anlass dazu sein, die Bedingungen des Freiheitsentzuges zu hinterfragen. Von einer als sinnvoll erlebbaren Existenz bleibt jedenfalls nicht mehr viel übrig, wenn man über Jahrzehnte dem Regime einer geschlossenen Einrichtung unterworfen wird, das die Lebensführung in so viel mehr Bereichen begrenzt als »nur« in der Bewegungsfreiheit. Manch eine*r wird dies als schleichende Form der Todesstrafe empfinden, der er*sie als letztmöglichem Akt der Selbstbestimmung ein vorzeitiges Ende setzen will.

Literatur

Lindemann, Michael in: Feest, Johannes/Lesting, Wolfgang/Lindemann, Michael (Hrsg.), Strafvollzugsgesetze. Kommentar, 8. Auflage 2022, Kapitel 8, Rn. 15.

ten Hövel, Marian/Stöber, Franziska/Bennefeld-Kersten, Katharina/Radeloff, Daniel: Suizidprävention im Justizvollzug. Eine evidenz-basierte Darstellung der Risikofaktoren und Risikopopulationen, Leipzig o. J.

Kuhn, David/Maly, Simon: Selbstbestimmtes Sterben im Strafvollzug. Warum der Gesetzgeber aktiv werden muss, LTO v. 10. 6. 2025.

Artikel 2 (1) **Jeder hat das Recht auf die freie Entfaltung seiner Persönlichkeit.**

Elke Steven

Mit der elektronischen Patientenakte Grundrechte aushebeln

Seit Ende April 2025 steht den gesetzlich Krankenversicherten die elektronische Patientenakte (ePA) zur Verfügung. Die Gesundheitsdaten aller Versicherten sollen auf zentralen Servern gespeichert werden. Über 20 Jahre währt der Streit um die elektronische Gesundheitskarte (eGK) und die damit verbundene ePA. Grundlage war das zum Jahresbeginn 2004 in Kraft getretene GKV-Modernisierungsgesetz (GMG). Die ePA ist inzwischen von den gesetzlichen Krankenkassen für alle Versicherten, die nicht ausdrücklich widersprochen haben, eingerichtet worden. Das Opt-out-Verfahren wurde erst 2024 mit dem »Gesetz zur Beschleunigung der Digitalisierung des Gesundheitswesens« eingeführt. 19 Jahre lang wurde beteuert, jede:r Versicherte würde sich selbst aktiv für seine ePA entscheiden können. Denn es gehe um die Stärkung der Selbstbestimmung und der Autonomie der Patient:innen. Allerdings warnte der Präsident der Bundesärztekammer, Jörg-Dietrich Hoppe, bereits auf dem 108. Deutschen Ärztetag 2005, in Zukunft und mit dem GMG stünden nicht mehr die Patient:innen im Vordergrund, sondern »die effizienzsteigernde gesundheitsökonomische Steuerung«.

Zentrale Datensammlung hochsensibler Gesundheitsdaten

Im Streit um eGK und ePA ging es immer auch um technische Fragen der Datensicherung. Können hochsensible Daten überhaupt »ortlos« so gespeichert werden, dass der Schutz jederzeit gewährleistet werden kann? Immerhin verraten Gesundheitsdaten eine Menge über einen Menschen, von ererbten Anlagen und Risiken über akute Krankheiten bis hin zu Informationen über die Lebensführung. Steht dem Datenschutz nicht schon die große Anzahl an Zugriffsberechtigten entgegen: vor allem Ärzt:innen, medizinisches Personal, Therapeut:innen, Kliniken, Apotheken?

Auf dem 38. Chaos Communication Congress Ende Dezember 2024 haben Sicherheitsforschende zum wiederholten Mal gezeigt, dass die ePA erhebliche Sicherheitslücken aufweist. Weiterhin besteht die Möglichkeit, sich Zugang zu einer Arztkarte zu verschaffen. Mängel in der Spezifikation machen es möglich, Zugriffsmöglichkeiten auf Akten beliebiger Versicherter zu erstellen.

Der damalige Bundesgesundheitsminister Karl Lauterbach versicherte zwar zur Einführung der ePA im Jahr 2025, alle Mängel seien beseitigt. Dem widersprach der Chaos Computer Club jedoch sofort und forderte gemeinsam mit inzwischen 46 Organisationen aus dem Gesundheitswesen und der Zivilgesellschaft Maßnahmen, die glaubhaft und nachprüfbar die Sicherheit der Gesundheitsdaten belegen. Sie verlangen einen konstruktiven Prozess zur Entwicklung einer digitalen Infrastruktur des Gesundheitswesens, die den Nutzen für Patient:innen in den Vordergrund stellt. Es gehe nicht darum, die Digitalisierung des Gesundheitssystems abzulehnen, sondern Wege zu finden, die »einen größtmöglichen Nutzen für Patient:innen und Leistungserbringer:innen gleichermaßen« haben.

Autonomie der Patient:innen?

Seit Oktober 2025 sind alle Ärzt:innen, Kliniken und Apotheken verpflichtet, die Speicherung der Gesundheitsdaten anzubieten. Nur wenn der/die Versicherte widerspricht, werden die Daten nicht in der ePA gespeichert. Allerdings werden weiterhin die Gesundheitsdaten aller Patient:innen aus den Abrechnungen der gesetzlichen Krankenversicherungen an das Datenforschungszentrum weitergeleitet (dazu Rehak, Grundrechte-Report 2023).

Schon jetzt warnen manche Facharztpraxen, die die Möglichkeit der Speicherung in der ePA anbieten, dass bei bestimmten Befunden zu überlegen sei, ob diese zentral gespeichert werden sollen. Schon wenige spezifische Gesundheitsdaten lassen selbst eine Anonymisierung überwinden. Zugleich müssen mögliche zukünftige Diskriminierungen bedacht werden. Gesundheitsdaten können verräterisch sein, und gesellschaftliche Entwicklungen können zu Benachteiligungen führen. Daten über HIV-Erkrankungen, über einen Schwangerschaftsabbruch, über eine Geschlechtsangleichung oder über psychische Krankheiten könnten künftig zu Diskriminierungen führen. Aus Angst vor Stigmatisierung könnte der Besuch bei Ärzt:innen vermieden oder über Symptome und Zusammenhänge geschwiegen werden. Die datengestützte Überwachung des Körpers ermöglicht zugleich eine Überwachung von Patient:innen auf gesundheitsbewusstes und von Ärzt:innen auf wirtschaftliches Verhalten.

Diesen Befürchtungen wird oft die Autonomie und das Selbstbestimmungsrecht der Versicherten entgegengehalten. Das feingranulare Management der Daten in der ePA wird immer komplexer. Versicherte sollen selbst entscheiden, welche Daten gespeichert werden und für wen sie sichtbar sind. Technisch soll die ePA (demnächst) nicht nur mit dem Smartphone, sondern auch mit dem PC – trotz datenschutzrechtlicher Bedenken – zu lesen und zu bearbeiten sein. Für Patient:innen – erst recht angesichts schwerer Krankheiten – ist es schwierig zu entscheiden, welche Daten für wen sichtbar sein sollen, welche Informationen zu löschen sind, wem der Zugriff verweigert werden soll. Einerseits soll die umfassende Information aller beteiligten Ärzt:innen eine gute und effektive Behandlung erst ermöglichen, andererseits wird Patient:innenautonomie gerade aus der eigenen Datenbearbeitung abgeleitet.

Nach den Anfang 2025 veröffentlichten Zahlen durch die Kassenärztliche Bundesvereinigung haben 70 Millionen der gut 74,5 Millionen gesetzlich Versicherten eine ePA. Dies würde bedeuten, dass ca. 6 Prozent der Einrichtung der ePA widersprochen haben. Zugleich ist der Anteil derjenigen gering, die selbst ihre ePA bearbeiten. Die bürokratischen und technischen Hürden sind auch hoch. Das geringe Interesse mag man bedauern, weil die Selbstbestimmungsmöglichkeiten nicht wahrgenommen werden. Der Umgang mit diesen Daten kann aber auch überfordern. Bei Daten, die beim Arzt des Vertrauens gespeichert sind, kann das Arztgeheimnis für den vertrauensvollen Umgang mit diesen Daten sorgen.

Vom Schutz des Individuums zur Instrumentalisierung des Einzelnen

Sonderregister aufgrund von Gesundheitsdaten sind leicht erstellbar. Mehrere Gewalttaten von psychisch erkrankten Personen in den Jahren 2024 und 2025 haben (erneut) zu Diskussionen geführt. Innen- und Gesundheitsminister:innen haben u. a. einen Datenaustausch zwischen Gesundheits-, Sicherheits-, Justiz- und Ausländerbehörden vorgeschlagen. Der Verdacht, psychische Erkrankungen stellten ein isoliertes Sicherheitsrisiko dar, führt zu Stigmatisierungen. Das behindert angemessene Hilfe und verstärkt das Risiko, dass sich Menschen in psychisch schwierigen Lagen nicht trauen, sich an Ärzt:innen zu wenden. Zudem verhindert es keine Gewalttaten.

Der Zugriff auf Gesundheitsdaten im Interesse der Allgemeinheit – angefangen bei der Weitergabe an das Datenforschungszentrum – findet eine Grundlage im Gutachten »Digitalisierung für Gesundheit: Ziele und Rahmenbedingungen eines dynamisch lernenden Gesundheitssystems«, das vom Sachverständigenrat zur Begutachtung der Entwicklung im Gesundheitswesen am 24. März 2021 vorgelegt wurde. Der Sachverständigenrat bemängelt, dass der Datenschutz bisher zu sehr auf den Schutz der Individuen ausgerichtet ist. Statt an strenger Datensparsamkeit und Zweckbindung festzuhalten, sollten die Gesundheitsdaten aller möglichst reibungslos der Forschung und der Gesundheitsverwaltung zur Verfügung gestellt werden und so dem Wohl aller dienen.

In den notwendigen Auseinandersetzungen zum Umgang mit den Gesundheitsdaten geht es um grundlegende gesellschaftspolitische Fragen, die alle unmittelbar betreffen.

Literatur

Hoppe, Jörg-Dietrich: Eröffnungsreferat des 108. Deutschen Ärztetags 2005.

Offener Brief des Innovationsverbunds Öffentliche Gesundheit zur Einführung der ePA, 2025.

Sachverständigenrat zur Begutachtung der Entwicklung im Gesundheitswesen: Gutachten »Digitalisierung für Gesundheit: Ziele und Rahmenbedingungen eines dynamisch lernenden Gesundheitssystems«, 2021.

Athena Möller

Wanted Dead or Alive

Virtuelle Brandmarkung durch Polizei und Staatsanwaltschaft

»Pokémon-Karten-Dieb gesucht«, heißt es im November 2025 auf der Internetseite der Boulevardzeitung B.Z. über einem Fahndungsbild der Polizei, das einen jungen Mann in einer Drogerie zeigt: »Weil er die knapp 10 Euro für ein Exemplar der begehrten Pokémon-Mini-Tin-Box nicht bezahlen wollte, wird dieser Karten-Fan jetzt in Brandenburg von der Polizei gesucht!« Die Polizei setzte hier zur Aufklärung einer Straftat auf eine Öffentlichkeitsfahndung über die Presse. Bei geringfügigen Delikten wie in diesem Fall liegt der Verdacht nahe, dass wir es mit einem unverhältnismäßigen Eingriff in das Recht auf informationelle Selbstbestimmung, geschützt durch Artikel 2 Absatz 1 in Verbindung mit Artikel 1 Absatz 1 GG, zu tun haben. Derartige Meldungen waren 2025 beunruhigend oft zu finden, und nicht nur Datenschutz-Freaks sollte das alarmieren.

Denn das Spektrum derer, die betroffen sein können, ist groß: Zeug*innen von Straftaten, Vermisste, Tatverdächtige, darunter auch fälschlich Verdächtigte. So fahndete im Februar 2025 beispielsweise die Magdeburger Polizei mittels Presseaufrufen nach einem Mann, weil er ein Portemonnaie im Supermarkt gefunden und eingesteckt hatte. Wie sich später herausstellte, handelte es sich bei ihm aber um einen aufrichtigen Finder, und die Geldbörse war zum Zeitpunkt des Fahndungsbeginns schon längst wieder in den Händen der Eigentümerin. Die Fotos des zu Unrecht Verdächtigten lassen sich aber heute noch im Internet finden.

Wann sind Öffentlichkeitsfahndungen möglich?

§ 131b Absatz 1 der Strafprozessordnung (StPO), der Öffentlichkeitsfahndungen nach Beschuldigten regelt, weist ausdrücklich auf das Prinzip der Verhältnismäßigkeit hin, das streng gewahrt werden muss: »Die Veröffentlichung von Abbildungen eines Beschuldigten, der einer Straftat von erheblicher Bedeutung verdächtig ist, ist auch zulässig, wenn die Aufklärung einer Straftat […] auf andere Weise erheblich weniger Erfolg versprechend oder wesentlich erschwert wäre.« Die grundsätzlichen Hürden zur Anordnung einer Öffentlichkeitsfahndung, die nach § 131c StPO von einem Gericht oder in dringenden Fällen von der Staatsanwaltschaft bzw. Polizei veranlasst werden kann, sind also bereits hoch. So reicht es beispielsweise nicht, dass andere Aufklärungsmaßnahmen schwieriger wären; sie müssten wesentlich erschwert sein. Auch muss die Straftat, welcher die Person verdächtigt wird, von erheblicher Bedeutung sein. Dafür muss sie laut Bundesverfassungsgericht »mindestens dem Bereich der mittleren Kriminalität zuzurechnen sein, den Rechtsfrieden empfindlich stören und dazu geeignet sein, das Gefühl der Rechtssicherheit der Bevölkerung erheblich zu beeinträchtigen« (Beschluss vom 14. 12. 2000, Az. 2 BvR 1741/99).

Bei einem Diebstahl von Pokémon-Karten im Wert von unter 10 Euro sind diese Anforderungen offensichtlich nicht erfüllt. Die Voraussetzungen, an welche Gesetz und Rechtsprechung die Öffentlichkeitsfahndung knüpfen, leuchten ein. Allerdings werden sie nicht nur in der Praxis offenbar umgangen, sondern von einigen Gruppierungen auch fundamental in Frage gestellt.

So kritisierten Vertreter*innen der Deutschen Polizeigewerkschaft, aber auch die AfD-Fraktionen im nordrhein-westfälischen Landtag und im Berliner Abgeordnetenhaus 2018, dass die Anforderungen an Öffentlichkeitsfahndungen zu restriktiv seien. Ihretwegen würden in der Regel zunächst andere Ermittlungsoptionen ausgeschöpft, wodurch man wertvolle Zeit verliere. In der Tat würde man der Strafjustiz durch Aufhebung dieser Voraussetzung einiges an Arbeits- und Zeitaufwand ersparen. Dieses Argument steht allerdings in lächerlichem Verhältnis dazu, dass die Bedingung für die Wahrung des rechtsstaatlichen Charakters eines Ermittlungsverfahrens essenziell ist. Weniger rechtsstaatlich ist hingegen die Aussage der sächsischen Landesvorsitzenden der Deutschen Polizeigewerkschaft: »Vertraut uns einfach, dass wir tatsächlich nur den Täter an die Presse bringen und nicht einen Unverdächtigen« (zitiert nach: Leipziger Zeitung vom 16.1.2018). Dieses Zitat zeigt entlarvend, dass einige Polizeibeamt*innen offenbar kein Problembewusstsein dafür haben, dass es neben Täter*innen und Unverdächtigen auch zu Unrecht Verdächtigte gibt. Ganz zu schweigen davon, dass auch Bilder von Täter*innen nur in Ausnahmefällen veröffentlicht werden dürfen.

Eine Grundrechtseinschränkung, die mit der Zeit wächst

Seit der gesetzlichen Regelung der Öffentlichkeitsfahndung in den §§ 131b ff. StPO im Jahr 2000 wächst die von ihr ausgehende grundrechtliche Gefährdung täglich. Verantwortlich ist das rasante Wachstum von digitalen Inhalten und Interaktionen. Einmal im Internet, wird personenbezogenes Bildmaterial unkontrolliert und weltweit heruntergeladen, vervielfältigt, geteilt und verbreitet. Dadurch kann die Polizei schon nach wenigen Stunden weder nachvollziehen, auf welchen Seiten und Netzwerken ein Fahndungsfoto veröffentlicht wurde, noch bei Fahndungseinstellung eine allumfassende Entfernung des Bildes sicherstellen. Je alltäglicher virale Trends, Memekultur, Cybermobbing und Hate-Storms werden, desto akuter ist die Gefahr für die Betroffenen, dass die Veröffentlichung ihres Bildmaterials ernsthafte und langfristige Folgen für ihr zukünftiges Leben hat.

Das Diffamierungspotenzial durch Öffentlichkeitsfahndungen ist also heute größer als je zuvor, die Rechtslage hat sich hingegen seit 25 Jahren kaum mehr geändert. In den für die Arbeit der Staatsanwaltschaften geltenden Richtlinien (RiStBV, Anlage B) ist genauer geregelt, dass für Fahndungsaufrufe »private Internetanbieter [...] grundsätzlich nicht eingeschaltet werden« sollen. Publikationsorgane, »z.B. Presse, Rundfunk, Fernsehen«, dürfen aber wiederum um Mithilfe gebeten werden. Diese Differenzierung ist leider längst veraltet und unzureichend, denn zum einen machen die Internetauftritte von Presse, Rundfunk und Fernsehen mittlerweile einen großen Teil ihrer Berichterstattung aus, zum anderen ist die Nutzung von sozialen Medien für eine öffentliche Fahndung an keiner Stelle geregelt. Das ist fatal, da gerade in diesem Bereich ein besonders hohes Risiko von Persönlichkeitsrechtsverletzungen besteht und ein endgültiges Löschen des Bildmaterials unrealistisch ist. Eine Aktualisierung und Konkretisierung der Rechtslage ist demnach dringend notwendig.

Mögliche Gesetzesreformen

Grundrechtseingriffe durch öffentliche Fahndungen dürfen nicht nur in Verwaltungsvorschriften geregelt werden. Eine Möglichkeit, die mittlerweile überdehnte Nutzung der Öffentlichkeitsfahndung wieder einzugrenzen, besteht in der Konkretisierung des Begriffs der »Straftat von erheblicher Bedeutung«. So könnte man den Anwendungsbereich beispielsweise auf Straftaten beschränken, die sich gegen das Leben oder in besonders schwerem Maß gegen die körperliche Unversehrtheit oder die Freiheit richten, und jene mit einschließen, bei denen von der gesuchten Person eine erhebliche Gefahr ausgeht. Außerdem wäre es für den Schutz der Grundrechte förderlich, wenn für Öffentlichkeitsfahndungen nicht nur ein einfacher Tatverdacht ausreicht, sondern die betroffene Person unter dringendem Verdacht stehen muss. Auch könnte gesetzlich festgelegt werden, ob und in welchen Fällen der Einsatz von sozialen Medien gerechtfertigt ist – wie es die Konferenz der Bundes- und Landesdatenschutzbeauftragten übrigens schon 2014 gefordert hat.

Trotz einleuchtender und praktikabler Vorschläge für Gesetzesanpassungen ist das Parlament untätig geblieben. Diese Untätigkeit reiht sich ein in eine generelle Überforderung beim Ausbau digitaler Dienste und im rechtlichen Umgang mit ihnen. Denn das geltende Recht ist nicht mehr geeignet, Öffentlichkeitsfahndungen klar zu regeln und dabei den Grundrechtsschutz zu gewährleisten. Es wird von Polizei und Staatsanwaltschaften bei seiner Anwendung in besorgniserregendem Maß zu Lasten der Persönlichkeitsrechte überdehnt.

Literatur

Ströbel, Lukas: Persönlichkeitsschutz von Straftätern im Internet: Neue Formen der Prangerwirkung, Baden-Baden 2016.
Melz, Joanna: Öffentlichkeitsfahndung im Internet: Im Spannungsfeld zwischen Recht und Praxis, Berlin 2021.
Entschließung der 87. Konferenz der Datenschutzbeauftragten des Bundes und der Länder, Hamburg, 28.03.2014.

Lea Rabe

Grundrechtsschutz vor oder mit automatisierter Datenanalyse?

Schummriges Licht, Hunderte Ordner in Dutzenden Regalen und verstaubte Aktenberge: Unzählige Krimiserien bebildern so Archive, in die sich Polizeibeamt:innen für eingehende Recherchen zurückziehen. Und das dauert. Während Boerne und Co. (ebenso wie dem Tatort-Publikum) der Zeitraffer zugutekommt, bemühen sich die echten deutschen Sicherheitsbehörden derzeit um eine technologische Lösung. Die Debatte um automatisierte Datenanalysen zog spätestens im Juni 2025 noch einmal stark an, als Bundesinnenminister Alexander Dobrindt (CSU) ein neues »Sicherheitspaket« ankündigte und insbesondere auch die Prüfung einer Zusammenarbeit mit Palantir Technologies in Aussicht stellte. Der US-amerikanische Softwareanbieter steht wegen enger Verbindungen zur Trump-Regierung und datenschutzrechtlicher Vorbehalte in scharfer Kritik. »Gotham«, eine KI-gestützte Datenanalyse-Software von Palantir, ist auf Landesebene bereits in Hessen, Nordrhein-Westfalen und Bayern im Einsatz. Auch Baden-Württemberg gab im November 2025 die Nutzung von Gotham für die Polizei frei und änderte das Polizeigesetz entsprechend.

Bei automatisierten Datenanalysen handelt es sich um sogenanntes Data-Mining. Bei Suchanfragen greift die Software auf verschiedene polizeiliche Datenbanken zu. Dadurch fließt eine Unmenge von Daten in die Analyse ein und wird zentralisiert gebündelt. Darunter sind auch Daten aus der Vorgangsbearbeitung, in der auch Unbeteiligte (zum Beispiel Zeug:innen, Opfer und Hinweisgebende) geführt werden. Zudem werden auch »behördenfremde« Daten aus dem bundes- und länderübergreifenden Informationssystem der Polizei (INPOL) eingespeist. Weitere Daten, z. B. aus sozialen Netzwerken, können händisch hinzugefügt werden. Diese Datenbestände werden verbunden, vereinheitlicht und besonders anschaulich aufbereitet, zum Beispiel als Karten oder Mindmaps. Zusammenhänge werden so innerhalb von Sekunden, anstatt erst nach Stunden oder Tagen händischer Recherche, erkennbar.

Verfassungsrechtliche Maßgaben: zwischen Sicherheit und Freiheit

Automatisierte Datenanalysen betreffen die Grundrechte. Die Gesellschaft für Freiheitsrechte erhob im Sommer 2025 die mittlerweile fünfte Verfassungsbeschwerde, nun zum bayerischen Polizeirecht. Schon im »Datenanalyse I«-Urteil aus dem Jahr 2023 hatte sich das Bundesverfassungsgericht (BVerfG) schützend vor die Bürger:innen gestellt. Die Debatte bewegt sich zwischen Freiheit, Sicherheit und Gleichheit. Einerseits besteht das legitime Interesse an einer schnellen und effektiven Polizeiarbeit. Andererseits müssen die Tools grundrechtsschonend eingesetzt werden. Denn grundsätzlich hat jede:r das Recht, selbst über die Preisgabe und Verwendung der eigenen Daten zu bestimmen.

Daher bedarf jeder Analysevorgang stets eines triftigen Grundes. Das ist gesetzlich zu verankern, und zwar in allgemeinverständlicher Weise. Denn vor Einschüchterungseffekten (»Chilling Effects«) hat das BVerfG, weit vorausschauend, bereits im Volkszählungsurteil aus dem Jahr 1983 gewarnt: Freiheit von einem Gefühl des Überwachtseins ist demnach Voraussetzung für persönliche und demokratische Freiheit. Im »Datenanalyse I«-Urteil von 2023 stellte das BVerfG dann konkrete Anforderungen auf: Je intensiver ein jeweiliger Vorgang automatisierter Datenanalyse in die Grundrechte eingreift, desto greifbarer und konkreter muss die Gefährdungslage und desto wichtiger das zu schützende Rechtsgut sein. Eingriffsintensität und -relevanz müssen sich also die Waage halten. Mit Blick auf die Intensität ist es besonders problematisch, wenn die bereits erhobenen Daten nicht gekennzeichnet werden. Denn dann können Daten aus besonders eingriffsintensiven Maßnahmen, wie der Wohnraumüberwachung, heimlichen Einsätzen oder Online-Durchsuchungen, unerkannt in Analysen einfließen, obwohl vielleicht gar keine hinreichend gravierende Gefahr droht. Nur durch eine solche Kennzeichnung können auch die Daten Unbeteiligter herausgefiltert und somit geschützt werden. Die Intensität automatisierter Datenanalysen erhöht sich, je größer der Umfang der verwendeten Daten und je unterschiedlicher sie in ihrer Art sind. Weiterhin lässt sich die Eingriffsintensität durch Auswahl zugelassener Analysemethoden (Komplexität des Abgleichs, nur konkreter Suchanlass oder offene Suche) regulieren. Letztendlich schließt das BVerfG einige Analysemethoden im Gefahrenvorfeld aus: unter anderem maschinelle Sachverhaltsbewertungen, den Einsatz selbstlernender Systeme (KI) und Profiling. Nicht nur, aber ganz besonders der Einsatz von KI ist wegen der algorithmischen Ableitung von Kausalität aus Korrelation (»Overfitting«) diskriminierungsanfällig. Deswegen ist es wichtig, dass die Ergebnisse nachvollziehbar sind, Beschränkungen vorgesehen werden und nur gut ausgebildetes Personal die Software bedient. Zum Schutz vor Missbrauch, Software- und Bedienfehlern sowie Diskriminierung ist externe Kontrolle, etwa durch die Landes- oder Bundesdatenschutzbeauftragten, zu gewährleisten.

Der Softwareanbieter Palantir

In der »Sicherheitsgesellschaft« (Singelnstein/Stolle, 2012) geht der Trend zu mehr Technologie: im Namen der Sicherheit und zu Lasten persönlicher Freiheiten. Auch bei Datenanalysen, die sich auf den vom BVerfG abgesteckten Rahmen beschränken, sind Maßnahmen zum Schutz vor Datenmissbrauch und -leaks zu ergreifen. Auf politischer Ebene dürfte sich mittlerweile die Gewissheit eingestellt haben, dass die automatisierte Datenanalyse kommt. Der Referentenentwurf (»Sicherheitspaket«) vom Juni 2025 des Bundesinnenministeriums ist der erste Schritt auf Bundesebene, die Entscheidung der Koalition für (KI-basierte) Datenanalyse umzusetzen. Auch in den Bundesländern sind Reformen des Polizeirechts im vollen Gange. Zum Jahresende 2025 verabschiedete das Berliner Abgeordnetenhaus eine Novelle, während unter anderem in Niedersachsen, Sachsen und Sachsen-Anhalt ebenfalls Beratungen liefen. Noch in reger Diskussion ist gleichwohl, womit die Analyse durchgeführt werden wird. Seit 2022 können alle Länder und der Bund Gotham von Palantir aufgrund eines Mantelrahmenvertrages mit Bayern abrufen. Dem Unternehmen ist damit der Einstand in die Sicherheitsarchitektur der deutschen Polizeibehörden gelungen – trotz datenschutzrechtlicher und politischer Vorbehalte. In der Kritik steht das private Softwaremonopol, zumal in der Hand von Palantir (dazu Singelnstein, Grundrechte-Report 2019 und Mehler, Grundrechte-Report 2024). Das Programm ist intransparent, was vor allem den wirtschaftlichen Geheimhaltungsinteressen des Anbieters geschuldet ist. Es ist unklar, wie die Software komplexe Analysen ausführt und in welchem Umfang KI-basiert gearbeitet wird bzw. werden kann. Auch datenschutzrechtlich besteht Besorgnis. Zwar konnte das Fraunhofer-Institut für Sichere Informationstechnologie bei der bayerischen VeRA (Verfahrensübergreifende Recherche- und Analyseplattform), die auf der Palantir-Software basiert, keine Backdoor identifizieren, die einen unberechtigten Fernzugriff auf das System ermöglicht. Die (nicht veröffentlichte) einmalige Untersuchung im Jahr 2023 bezog sich aber nur auf Teile der Software und kann insbesondere Aktualisierungen technisch nicht abdecken. Palantir-Mitbegründer Peter Thiel hat zudem enge Verbindungen zum Kabinett Trump II. Der »Thielismus« steht im Silicon Valley für Monokapitalismus und eine enge Verzahnung von Technologiebranche und (auch autokratischer) Politik.

Es liegt an Bund und Ländern, die jeweiligen Gesetzesgrundlagen für den Einsatz automatisierter Datenanalysen hinreichend grundrechtsschonend auszugestalten. Maßgaben hierfür hat das BVerfG gesetzt. Werden diese missachtet, so ist angesichts der politischen und rechtlichen Brisanz des Themas mit weiteren Klagen vor dem BVerfG zu rechnen.

Literatur

Bäuerle, Michael/Denker, Kai/Geminn, Christian/Schöndorf-Haubold, Bettina (Hrsg.): Big Data und KI bei der Polizei. Das Palantir-Urteil in der interdisziplinären Diskussion, Frankfurt/New York, 2025 (online abrufbar).

Bundesverfassungsgericht, Landesrechtliche Ermächtigungen der Polizei – automatisierte Datenanalyse, Urteil vom 16.2.2023–1 BvR 1547/19, 1 BvR 2634/20, NJW 2023, S. 1196–1215.

Davy Wang/Sebastian Salzmann

Zwischen altem Recht und neuer Technik

Unzureichende Grenzen für polizeiliche Handyauswertung

Der Bundesgerichtshof (BGH) hat mit seinem Beschluss vom 13. März 2025 (Az. 2 StR 232/24) eine weitreichende Weichenstellung vorgenommen, die Ermittlungsbehörden künftig einen deutlich leichteren Zugriff auf beschlagnahmte Smartphones ermöglicht: Er erklärt, dass bestehende Vorschriften zu erkennungsdienstlichen Maßnahmen, Beschlagnahme und Durchsuchung eine hinreichende Rechtsgrundlage für das Entsperren und Auslesen digitaler Geräte bieten – obwohl diese Normen ursprünglich für vollkommen andere Situationen geschaffen wurden. Damit verfestigt der BGH eine Rechtslage, die aus einer Zeit stammt, in der Ermittlungen mit Papier und Stempelkissen geführt wurden, und überträgt sie auf hochkomplexe Datenträger. Der Beschluss weitet die bestehende Auswertungspraxis erheblich aus und ignoriert zugleich verfassungsrechtliche Maßstäbe. Gleichzeitig verstärkt die Entscheidung einen Trend, bei dem auch andere Behörden, etwa im Asylverfahren, Handydaten massenhaft auswerten und so systematisch Grundrechte verletzen (dazu Beckmann/Biselli, Grundrechte-Report 2021).

Der BGH sendet damit ein besorgniserregendes Signal an die Strafverfolgungspraxis und legt einmal mehr ein strukturelles Problem vieler veralteter Vorschriften offen: Deren Übertragung auf neue technische Entwicklungen wird problematisch, wenn die bestehenden Schutzmechanismen nicht auf den Umfang und die Sensibilität moderner Smartphone-Daten ausgelegt sind. Genau das sollen verfassungsrechtliche Grundsätze wie Gesetzesvorbehalt und Normenbestimmtheit verhindern: Der Gesetzgeber muss Zweck, Anlass und Grenzen eines Grundrechtseingriffs selbst regeln – notfalls durch eine eigene Eingriffsnorm. Für das Entsperren und die Datenauswertung moderner Geräte hat er dies jedoch bisher versäumt.

Zwangsweises Entsperren

Bei Durchsuchungen oder nach Festnahmen – etwa im Umfeld von Demonstrationen – kommt es zunehmend vor, dass die Polizei beschlagnahmte Smartphones sofort ausliest. Dabei werden Beschuldigte teils physisch gezwungen, selbst zum Entsperren beizutragen, indem einer ihrer Finger gegen ihren Willen auf den Scanner gelegt wird. Auf diese Weise werden aufwendige forensische Entschlüsselungsverfahren umgangen. Mangels spezifischer Grundlage in der Strafprozessordnung (StPO) stützen sich die Behörden – und jetzt auch der BGH – auf § 81b Absatz 1 StPO. Diese Norm sollte ursprünglich nur klassische erkennungsdienstliche Maßnahmen ermöglichen, etwa die Abnahme von Fingerabdrücken. Nach dem BGH sei § 81b Absatz 1 StPO jedoch auch auf Maßnahmen anwendbar, die biometrische Merkmale in neuer technischer Form erfassen. Ob der Finger auf ein analoges Gerät oder den Smartphone-Sensor gelegt werde, sei bloß eine Frage der technischen Entwicklung.

Dabei übersieht der BGH jedoch, dass der ursprüngliche Regelungszweck der Vorschrift hier nicht übertragbar ist: § 81b Absatz 1 StPO dient der Identitätsfeststellung oder der Zuordnung von Spuren zu einer Person. Beim Entsperren eines Handys dagegen ist die biometrische Information nur Mittel zum Zweck: nämlich der Zugriff auf die gespeicherten Inhalte.

Das Entsperren eines Geräts hat weitreichende Folgen für die Daten und die Persönlichkeitsrechte der Betroffenen und ist mit anderen Maßnahmen wie dem Anfertigen von Fingerabdrücken oder Fotos nicht vergleichbar: Folge des biometrischen Entsperrens ist, dass alle auf dem Gerät gespeicherten Daten den Behörden offenliegen. Die Polizei erhält Zugriff auf Informationen aus nahezu allen Lebensbereichen – von Bewegungsprofilen über Chatverläufe bis hin zu Daten aus Dating-Apps.

Anschließende Datenauswertung von beschlagnahmten Geräten

Der BGH erklärt auch die aktuelle Datenauswertungspraxis der Strafverfolgungsbehörden für zulässig – obwohl es dafür keine gesetzliche Grundlage gibt. Die vom Gericht herangezogenen Beschlagnahmevorschriften in §§ 94 ff. StPO regeln nur das »Ob« der Sicherstellung, nicht aber Zulässigkeit, Grenzen und Modalitäten der anschließenden Datenauswertung. Effektive Schutzmechanismen gegen einen übermäßigen Zugriff auf Daten fehlen damit vollständig.

Die rechtlichen Anforderungen an eine Beschlagnahme sind zudem sehr gering. Bereits bei einem Verdacht auf Bagatelldelikte wie Ladendiebstahl oder Beleidigung können sämtliche Daten eines beschlagnahmten Handys ausgelesen und anschließend ausgewertet werden. Die vorher einzuholende gerichtliche Genehmigung bietet keinen wirksamen Grundrechtsschutz, da Gerichte in der Regel nur die Zulässigkeit der Beschlagnahme prüfen, nicht aber, wie mit den Daten verfahren wird.

So setzt sich eine Praxis durch, der ein erhebliches Missbrauchsrisiko innewohnt und die die Privatsphäre aushöhlt: Behörden entscheiden eigenmächtig, auf welche Informationen sie zugreifen, und erhalten höchstpersönliche Einblicke in das Privatleben der Betroffenen. Die Verknüpfung umfangreicher Datenmengen ermöglicht die Bildung umfassender Verhaltens-, Kommunikations- und Persönlichkeitsprofile und Aufschluss über besonders sensible Daten wie politische Aktivitäten oder sexuelle Präferenzen.

Der Europäische Gerichtshof (EuGH) hat in seiner jüngsten Entscheidung zum Datenzugriff auf beschlagnahmte Mobiltelefone (EuGH, Urteil vom 4.10.2024, Az. C 548/21) diese Gefahrenlage erkannt und klargestellt, dass der Zugriff nur erfolgen darf, wenn die gesetzliche Grundlage Art oder Kategorien der Straftaten festlegt. Vor diesem Hintergrund ist die Praxis deutscher Strafverfolgungsbehörden auch europarechtswidrig.

Erforderlichkeit einer spezifischen Rechtsgrundlage

Ohne klare gesetzliche Grenzen droht eine uferlose Ausweitung der Handybeschlagnahme als Routinemaßnahme der Polizei. Die jüngste Entscheidung des BGH befördert diese Entwicklung und verfestigt eine verfassungswidrige Praxis, die tief in die Privatsphäre eindringt. Bei Demonstrationen oder der Dokumentation öffentlicher Polizeieinsätze werden bereits regelmäßig Handys beschlagnahmt. Selbst ein einzelner, als Beleidigung gewerteter Social-Media-Post kann zu einer Hausdurchsuchung mit Beschlagnahme aller Datenträger führen.

Die Folgen gehen weit über die individuelle Betroffenheit hinaus. Ein derart flächendeckender und umfassender Zugriff auf private Daten untergräbt das grundlegende Vertrauen in die Vertraulichkeit digitaler Kommunikation, hemmt zivilgesellschaftliches und politisches Engagement sowie journalistische Arbeit und führt zur nachhaltigen Beeinträchtigung demokratischer Diskurse und gesellschaftlicher Teilhabe (sogenannte Chilling Effects). StrafverteidigerInnen raten bereits, bei Demonstrationen auf die Mitnahme des Handys zu verzichten. Es ist daher dringend notwendig, die Ausforschung höchstpersönlicher Daten durch Strafverfolgungsbehörden gesetzlich deutlich einzuschränken und Betroffene vor übermäßiger staatlicher Überwachung zu schützen.

Literatur

El-Ghazi, Mohamad: Beschlagnahme und Auswertung von Handys, Laptops & Co. – Sind beim offenen Zugriff auf Datenträger die Persönlichkeitsrechte angemessen geschützt?, Gutachten C zum 74. Deutschen Juristentag, Stuttgart 2024.

Mansouri, Yusef/Rückert, Christian: Touch me if you can – Die Zulässigkeit der zwangsweisen Entsperrung eines Mobiltelefons mittels Fingerabdrucks, in: Juristische Rundschau 2025, S. 476 ff.

Artikel 2 (2) **Jeder hat das Recht auf Leben und körperliche Unversehrtheit.**

Michèle Winkler

Kinder in der Schusslinie

Vom Ringen um Aufklärung und Konsequenzen nach staatlicher Gewalt

Seit vielen Jahren dokumentiert der Grundrechte-Report Todesfälle in Zusammenhang mit polizeilichen Einsätzen und in Gewahrsamssituationen. In Ermangelung offizieller Statistiken haben zivilgesellschaftliche Initiativen eigene Rechercheprojekte aufgelegt, etwa die CILIP-Statistik zu Todesschüssen und Tasereinsätzen. Diese Recherchen zeigen, dass die Zahl der Getöteten seit etwa 2015 tendenziell wieder ansteigt, mit einem traurigen Rekord von 22 Erschossenen 2024 und 17 in 2025 sowie drei weiteren Personen, die nach Anwendungen von Elektroschockpistolen (»Taser«) starben. Die Opfer tödlicher staatlicher Gewalt sind überdurchschnittlich häufig von Rassismus betroffen, haben einen unsicheren Aufenthaltsstatus, sind Armut und Wohnungslosigkeit ausgesetzt, leben mit Behinderungen oder psychischen Erkrankungen oder befinden sich in psychischen Ausnahmesituationen. Todesfälle stellen jedoch nur die brutalste Ausprägung institutioneller Gewalt gegen vulnerable Gruppen dar. Nichttödliche Gewalt wird kaum öffentlich thematisiert. 2025 erreichten zwei Fälle breitere Öffentlichkeit, weil ein Kind und ein Jugendlicher betroffen waren: der Tod des 15-jährigen Nelson Dil de Sousa Bulica in der Justizvollzugsanstalt (JVA) Ottweiler im Saarland und die lebensgefährlichen Schüsse auf ein 12-jähriges gehörloses Mädchen in Bochum.

Öffentlichkeit erst durch einen Gefangenenaufstand?

»Nelson war 15 Jahre alt. Er war ein fröhlicher, hilfsbereiter Junge. Er hat sehr gerne Fußball gespielt, gelacht, mit seinen Freunden Pläne geschmiedet. Er war ein Teil unserer Schulgemeinschaft, ein Kind mit Träumen, mit Herz, mit Zukunft.« So beginnt eine von der Mutter einer Klassenkameradin gestartete Petition, die lückenlose Aufklärung fordert.

Der 15-Jährige war laut Behördenangaben zunächst vom 25. Juni bis zum 28. Juli 2025 inhaftiert, ein Grund ist bisher nicht öffentlich bekannt. Am 30. Juli 2025 sei er aufgrund eines sogenannten Sicherungshaftbefehls (wohl nach einem Verstoß gegen Bewährungsauflagen) erneut in die JVA Ottweiler gebracht worden. Er habe bei Ankunft »depressiv und wortkarg« gewirkt. Wegen Hinweisen auf Selbstgefährdung sei er bis zum 1. August unter Monitorüberwachung in Einzelhaft gefangen gehalten worden. Nach einer psychologischen Begutachtung sei er am Tag seines Todes in eine Zelle ohne Monitorüberwachung verlegt worden. Dort sei er durch Suizid gestorben. Das vorgeschriebene Todesermittlungsverfahren war laut Staatsanwaltschaft Saarbrücken zum Jahreswechsel noch nicht abgeschlossen. Im Rahmen des Verfahrens habe eine Obduktion stattgefunden, die keinen Anfangsverdacht eines strafbaren Fremdverschuldens ergeben habe. Dem widerspricht der Vater des Jungen: Auf Bildern habe er ihn kaum wiedererkannt, so entstellt sei er gewesen. Auch der Suizid wird von der Initiative Justice for Nelson und der Familie des Jungen angezweifelt. Eine zweite Obduktion konnte die Familie nicht in Auftrag geben, da der Junge ohne vorherige Information rasch eingeäschert worden war.

Dass ein Schwarzer 15-Jähriger in der JVA Ottweiler gestorben war, wurde offenbar nur bekannt, weil Mitgefangene am Tag nach seinem Tod eine Protestaktion starteten. Siebzehn Gefangene streikten und weigerten sich, nach dem Freigang in die Zellen zurückzukehren. Die JVA forderte Polizeiunterstützung an, ein Spezialeinsatzkommando brach den Protest. In der Folge drangen Vorwürfe gegen mindestens einen JVA-Beamten wegen Misshandlungen und Beleidigungen Nelsons nach außen. Sowohl mehrere Mitgefangene als auch Nelsons Vater stellten Strafanzeigen. Die zuständige Staatsanwaltschaft leitete Vorermittlungen gegen zwei Beamte ein, von denen eine in ein reguläres Ermittlungsverfahren wegen des Verdachts der Körperverletzung im Amt überführt wurde. Seit Oktober 2025 wurden keine neuen Informationen öffentlich. Dabei sind noch viele Fragen offen. Die drängendste ist, was ein 15-Jähriger überhaupt in einer JVA zu suchen hatte. Wer hielt es für eine gute Idee, den Jungen für mehrere Wochen einzusperren?

Notfall, Notwehr? Das Ringen um nachträgliche Narrative

»Am frühen Montagmorgen griff eine 12-jährige Vermisste Polizisten mit zwei Messern an, es kam zum Schusswaffengebrauch. Die 12-Jährige wurde schwer verletzt und in ein Krankenhaus gebracht.« So beginnt eine Meldung der Polizei Essen vom 17. November 2025. Während der 12-Jährigen ein aktiver Angriff zugeschrieben wird, bleibt der Schusswaffengebrauch sprachlich entpersonalisiert. Mittlerweile ist bekannt, dass einer der vier Polizist*innen dem gehörlosen Mädchen in den Bauch schoss, während ein anderer gleichzeitig eine Elektroschockpistole auslöste. Das Leben des Mädchens konnte nach mehreren Notoperationen gerettet werden.

Wie so oft stellte sich die tatsächliche Situation anders dar, als es die erste Polizeimeldung suggerierte. Auch die Polizeiangaben haben sich in der Zwischenzeit verändert. Dennoch prägte die erste Meldung die Schlagzeilen, gegen die Betroffene und Unterstützer*innen ankämpfen. Der Rechtsanwalt der Familie, Simón Barrera González, widerspricht der behördlichen Darstellung der Ereignisse, insbesondere der Vorgänge vor den Schüssen. Zudem verletze die Herausgabe persönlicher, u. a. medizinischer, Informationen die Persönlichkeitsrechte des Mädchens und ihrer Angehörigen.

Das gehörlose Mädchen lebte in einer Wohngruppe, befand sich aber am 17. November in der Wohnung der Mutter. Obwohl die ebenfalls gehörlose Mutter der Wohngruppe meldete, dass das Mädchen bei ihr sei, wurde das Kind bei der Polizei als vermisst gemeldet. Beamt*innen seien mehrfach zur Wohnung der Mutter gefahren und hätten erfolglos geklingelt. In der Nacht habe die Polizei Bochum dann akuten Handlungsbedarf gesehen, weil das Kind dringend auf Medikamente angewiesen gewesen sei – möglicherweise ein nachträglicher Legitimationsversuch. Trotz des angeblichen Notfalls zog die Polizei nur einen Schlüsseldienst, jedoch keinen Rettungsdienst hinzu. Auch Gebärdesprachendolmetscher*innen wurden nicht angefragt – obwohl der Polizei bekannt war, dass sie versuchte, gehörlose Personen zu kontaktieren.

Die Polizei eskalierte die Situation ab etwa ein Uhr nachts, die konkreten Details sind umstritten. Laut Polizei habe die Mutter vor Eintreffen des Schlüsseldienstes »aufgebracht« die Tür geöffnet und sei im Flur zu Boden gebracht worden, eine unnötige Eskalation. Dann habe das Mädchen zwei Messer genommen und sei damit auf die Polizei zugegangen. Um einen Angriff abzuwehren, hätten sie Waffen eingesetzt. Diese Notwehrsituation wird vom Anwalt bestritten, u. a. der anwesende Bruder des Mädchens beschrieb das Geschehen deutlich anders. Die Zwölfjährige sei nicht »auf die Polizei zugelaufen«, sondern erschrocken und orientierungslos gewesen. Das gesamte Vorgehen der Polizei wurde von Gehörlosenvertretungen massiv kritisiert, insbesondere die fehlende Kommunikation und das eskalative Verhalten an der Wohnungstür. Viele gehörlose Menschen fürchten genau solche Stresssituationen, in denen sie nicht verstehen können und selbst nicht verstanden werden.

Der Tod von Nelson und die lebensgefährlichen Schüsse auf das gehörlose Mädchen unterscheiden sich in vielerlei Hinsicht. Gemeinsam ist beiden Fällen, dass die Betroffenen besonders vulnerablen Gruppen angehören und dies höchstwahrscheinlich dazu beitrug, dass sie Opfer derart starker staatlicher Gewalt wurden. Deutlich wird auch: Die konkrete Situation der Gewalt ist jeweils nur der Endpunkt einer langen Reihe von schlechten Entscheidungen und Vorbedingungen, für die viele weitere Personen, Stellen und Behörden verantwortlich waren. Um solche Situationen nicht bis zur lebensbedrohlichen Eskalation zu treiben, kann und muss an vielen Stellschrauben gedreht werden. Klar bleibt: Weder Polizeiwaffen noch Gefängnisgitter leisten einen sinnvollen Beitrag dazu, das Recht auf Leben der Verletzlichsten in unserer Gesellschaft zu würdigen und zu schützen.

Literatur

Courtwatch Koeln und Justice4Mouhamed: Das soll Gerechtigkeit sein? Die Tötung von Mouhamed Lamine Dramé, Selbstverlag, Dortmund Dezember 2025.

Sarbo, Bafta: Häftlinge sind staatlicher Gewalt schutzlos ausgeliefert, in: Jacobin v. 7.10.2025.

Kraft, Friedrich: Polizeischüsse auf Zwölfjährige: Viele offene Fragen, in: nd v. 28.11.2025.

Paula Zimmermann

Auf Biegen und Brechen

Polizei an der Schmerzgrenze

Ist die gezielte Zufügung von Schmerzen ein legitimes polizeiliches Mittel, um eine Versammlung aufzulösen? Das Verwaltungsgericht (VG) Berlin hat diese Frage in einem richtungsweisenden Urteil klar mit »Nein« beantwortet (Urteil vom 20.3.2025, Az. 1 K 281/23). Auf die Klage eines Klimaaktivisten hin entschied es, dass der Einsatz von Schmerzgriffen unverhältnismäßig und deshalb rechtswidrig war.

Das Mitglied der Letzten Generation hatte sich 2023 mit der typischen orangen Weste und einem Schild mit der Aufschrift »Art. 20a GG = Leben schützen« in Berlin auf die Straße gesetzt. Ein Polizist drohte ihm bei der Räumung der Blockade mit der Zufügung von Schmerzen; der Aktivist betonte, dass er dort friedlich von seinem Recht auf Versammlungsfreiheit Gebrauch mache. Trotzdem zog ihn der Polizist mit einem gezielten Griff am Kiefer vom Boden hoch, ein anderer verdrehte ihm erst das Handgelenk und dann die Schulter. Unter Schmerzensschreien wurde der Demonstrant von der Straße getragen.

Die Polizisten wendeten sogenannte Schmerzgriffe an. Dabei werden über den Druck auf Nervenpunkte oder über das Überstrecken von Gelenken gezielt Schmerzen zugefügt. Diese Techniken hinterlassen zwar meist keine sichtbaren Verletzungen, können aber Kreislaufstörungen oder Nervenschäden hervorrufen und wirken außerdem regelmäßig traumatisierend auf die Betroffenen. Sie werden bewusst dazu eingesetzt, in extremem Ausmaß körperliches Leiden hervorzurufen, dem die Betroffenen schutzlos ausgeliefert sind.

Schmerzgriffe sind in der polizeilichen Praxis kein neues Phänomen. Mittlerweile gehören sie aber offenbar zum polizeitaktischen Standardrepertoire im Umgang mit bestimmten Versammlungslagen. Ihr Einsatz gegen friedlich Protestierende ist nicht erforderlich und daher rechtswidrig. Er ist mit der Versammlungsfreiheit nach Artikel 8 Absatz 1 GG unvereinbar und hat erhebliche Abschreckungseffekte.

Von willensbeugenden und willensbrechenden Maßnahmen

Die Polizei nutzt Schmerzgriffe regelmäßig, um Platzverweise durchzusetzen. Solche Anordnungen ergehen häufig, weil Straßenblockaden wie die der sogenannten Klimakleber*innen in der Regel als Störungen der öffentlichen Sicherheit gewertet werden. Strafrechtlich kann dies u. a. den Tatbestand der Nötigung (§ 240 Strafgesetzbuch) erfüllen (dazu Wolf, Grundrechte-Report 2023). Zur Durchsetzung eines Platzverweises kann die Polizei sogenannten unmittelbaren Zwang nutzen, etwa in Form des Wegtragens der betroffenen Person. Problematisch ist es jedoch, wenn die Polizei die Person nicht einfach wegträgt, sondern bewusst Schmerzen zufügt, um Gehorsam zu erzwingen. In diesem Fall stellt sich die Frage, ob die Vorschriften über unmittelbaren Zwang noch anwendbar sind, da die Schmerzzufügung selbst zum Ziel der Maßnahme wird und das Räumen der Straße in den Hintergrund rückt.

Der gezielte Einsatz von Schmerzen, nicht zur Gefahrenabwehr, sondern vordergründig als fast pädagogisch anmutende Disziplinierungs- oder Bestrafungsmaßnahme, wäre zudem eine erniedrigende Behandlung, die unter das Folterverbot nach Artikel 3 der Europäischen Menschenrechtskonvention fällt. Der Staat darf sein Gewaltmonopol niemals willkürlich ausüben.

Eine Frage der Verhältnismäßigkeit

Diesen Erwägungen ging das VG in seiner Entscheidung jedoch nicht nach, sondern nahm an, dass die Schmerzzufügung nicht der Zweck, sondern nur Mittel zum Zweck gewesen sei, und konzentrierte sich daraufhin auf die Verhältnismäßigkeit der Maßnahme.

Für die praktische Prüfung der Verhältnismäßigkeit und insbesondere der Erforderlichkeit – also der Frage, ob es ein gleich geeignetes, aber milderes Mittel gegeben hätte – sind mehrere Faktoren entscheidend: Wie ist das Kräfteverhältnis zwischen Polizei und Demonstrierenden? Wehrt sich der*die Betroffene?

Im konkreten Fall verneinte das Gericht die Erforderlichkeit der Schmerzgriffe: Ein einfaches Wegtragen hätte gereicht. Das VG betonte zwar, dass nicht davon auszugehen sei, dass das Wegtragen stets ein milderes, gleich geeignetes Mittel gegenüber der Anwendung von Schmerzgriffen sei. Im konkreten Fall hatten aber bereits drei Beamte ausgereicht, um den Demonstranten wegzutragen. Er hatte keinen aktiven Widerstand geleistet und war auch nicht etwa zu schwer, um ihn ohne unzumutbare Kraftaufwendung von der Straße zu tragen. Die Beamten trugen den Aktivisten schlussendlich tatsächlich von der Fahrbahn – nur eben während bzw. nach dem Einsatz von Schmerzgriffen. Das Wegtragen war also offensichtlich möglich, und die zusätzliche Schmerzzufügung förderte den Zweck nicht. Sie war nicht notwendig und im Ergebnis eindeutig nicht erforderlich.

Ein Einzelfall?

Das Urteil des VG Berlin im Fall des Klimaaktivisten hat über den Einzelfall hinaus Signalwirkung. Auch wenn es das Gericht hier versäumt hat, sich mit der Frage auseinanderzusetzen, ob es sich bei Schmerzgriffen per se um eine rechtswidrige Polizeimaßnahme im Rahmen von Versammlungen handelt, so ist das Urteil doch richtungsweisend. Es bleibt zu hoffen, dass die Polizei ihr Vorgehen im Versammlungskontext entsprechend anpassen wird.

Denn Schmerzgriffeinsätze gegen friedlich Demonstrierende scheinen immer häufiger und routinemäßig angewendet zu werden; außerhalb von Klimaprotesten kommen sie nicht zuletzt bei palästinasolidarischen Versammlungen zum Einsatz. Praktische Erwägungen – Effizienz, Personaleinsparung – sowie eine Missachtung des Deeskalationsgebots und offene Ressentiments gegen bestimmte Protestgruppen führen dazu, dass diese Techniken auch dort eingesetzt werden, wo mildere Mittel verfügbar sind. Man kann von einer Verselbständigung und Normalisierung von Schmerzgriffen als Technik in der polizeilichen Praxis sprechen (dazu Espín Grau/Singelnstein, Grundrechte-Report 2024). Wenn Schmerz zum üblichen Werkzeug wird, verändert dies nicht nur die Polizeipraxis, sondern auch das Verhältnis zwischen Staat und Bürger*innen. Maßnahmen wie Schmerzgriffe haben starke Abschreckungseffekte, und zwar nicht nur auf Protestierende selbst, sondern auch auf Unbeteiligte, die aus Angst vor ähnlicher Behandlung zukünftig von einer Teilnahme an Demonstrationen absehen könnten (sogenannte Chilling Effects).

Dass das Verhalten der Polizeibeamt*innen in diesem Fall vor Gericht überprüft und dessen Rechtswidrigkeit festgestellt wurde, schafft Hoffnung. Viel zu oft kommt es aber gar nicht so weit. Der Fall vor dem VG Berlin war gut dokumentiert, und der Aktivist wurde bei seiner Klage auch zivilgesellschaftlich unterstützt. In anderen Fällen führen schon das Risiko einer polizeilichen Gegenanzeige wegen Widerstands und fehlender Zugang zum Recht oft dazu, dass Fälle von Polizeigewalt entweder gar nicht erst vor Gericht landen oder dort wegen mangelnder Beweise oder abgesprochener Aussagen von Polizeibeamt*innen anders entschieden bzw. eingestellt werden. So wurde auch in dem hier besprochenen Fall das Ermittlungsverfahren gegen den Beamten eingestellt.

Der Einsatz von Schmerzgriffen kann nachhaltig davon abschrecken, auf die Straße zu gehen und die Grundrechte auf Meinungs- und Versammlungsfreiheit auszuüben. Körperliche Gewalt als Bestrafung oder zur Abschreckung von Protestierenden ist mit dem Rechtsstaat unvereinbar. Dass das VG Berlin die Rechtswidrigkeit des Einsatzes von Schmerzgriffen zur Auflösung der Versammlung der Letzten Generation so klar festgestellt hat, ist gut – darüber hinaus braucht es aber insgesamt besseren, effektiven Rechtsschutz gegen solche Polizeimaßnahmen.

Literatur

Espín Grau, Hannah/Singelnstein, Tobias: Schmerzgriffe als Technik in der polizeilichen Praxis: Schmerzgriffe als Form polizeilicher Gewaltausübung, Grundrechte-Report 2024.

Mooser, Dorothee: Nervendrucktechniken im Polizeieinsatz. Unzulässiges Zwangsmittel und Verstoß gegen die Menschenrechte?, 2022.

Abdul-Rahman, Laila/Espín Grau, Hannah/Klaus, Luise/Singelnstein, Tobias: Gewalt im Amt. Übermäßige polizeiliche Gewaltanwendung und ihre Aufarbeitung, Frankfurt am Main 2023.

Artikel 3 (1) **Alle Menschen sind vor dem Gesetz gleich.**

Einar Aufurth/Carolin Kaufmann/Lukas Theune

Opfer erster Klasse

Polizeibeamt*innen als Opfer in Strafverfahren

Zentrale Aufgabe des Strafrechts ist der Schutz von Rechtsgütern wie Leben, Freiheit und Unversehrtheit. Dieser Schutz soll nach Artikel 3 Absatz 1 GG allen Menschen gleichermaßen zugutekommen. Diese Gleichheit vor dem Strafgesetz erfährt aber Einschränkungen, wenn Polizeibeamt*innen sich als Opfer einer Straftat definieren und – anders als bei anderen Opfern – eine Einstellung des Strafverfahrens wegen Geringfügigkeit von vornherein ausscheidet.

Bevorzugung per Gesetz

Polizeibeamt*innen sind bereits im Strafgesetzbuch (StGB) die bessergestellten Opfer. Wenn ich eine Person anremple oder schubse, ist das in der Regel nicht strafbar, wenn ich sie nicht verletze. Anders sieht es aus, wenn ich eine Polizeibeamt*in anremple oder schubse. Die §§ 113 und 114 StGB – Widerstand gegen Vollstreckungsbeamte und tätlicher Angriff – regeln solche Fälle, in denen Beamt*innen in Ausübung ihres Amtes den Bürger*innen gegenübertreten. Nach der ursprünglichen Gesetzeskonzeption sollte § 113 StGB eine Privilegierung für Bürger*innen darstellen. Wer sich zum Beispiel darüber echauffiert, öffentlich von der Polizei bloßgestellt zu werden, und deshalb Widerstand leistet, sollte milder bestraft werden, weil er der übermächtigen Staatsmacht gegenüberstand. Seit den 1970er Jahren hat steter Tropfen polizeigewerkschaftlicher

Lobbyarbeit den gesetzlichen Stein derart ausgehöhlt, dass diese Absicht ins Gegenteil verkehrt wurde. Wer sich heute gegenüber Beamt*innen aufmüpfig verhält, wird nicht nur härter bestraft, sondern durch die allgegenwärtige Sorge vor Gegenanzeigen der Polizei selbst davon abgehalten, unrechtmäßige Polizeieinsätze zur Anzeige zu bringen. Auch zeigen empirische Untersuchungen der Uni Bochum, dass es oft benachteiligte Personen sind, die Polizeigewalt erfahren.

Vor dem G20-Gipfel in Hamburg 2017 wurde die Situation weiter verschärft. Seitdem wird ein tätlicher Angriff gegenüber Amtsträger*innen nach § 114 StGB besonders hart bestraft (dazu Stolle, Grundrechte-Report 2018). Die Vorschrift sieht ein Mindeststrafmaß von drei Monaten Freiheitsstrafe vor. Nur wer mit dem Mindestmaß bestraft wird, erhält keine Eintragung im Führungszeugnis. Dabei wird jede mit feindseliger Willensrichtung auf den Körper zielende Einwirkung unabhängig von ihrem Erfolg als tätlicher Angriff qualifiziert. Bagatellen wie Drängeln, Schubsen oder Festhalten machen den überwiegenden Anteil dieser Verfahren aus. Pünktlich zu Silvester 2025 erfolgten – entsprechend dem Trend der letzten Jahre – weitere Rufe nach Verschärfungen der §§ 113 und 114 StGB.

Unparteilich in eigener Sache?

Das Ermittlungsverfahren wird auch dann von der Polizei durchgeführt, wenn diese selbst (vermeintlich) Opfer einer Straftat geworden oder tatverdächtig ist. In Fällen wechselseitiger Anzeigen zwischen Bürger*innen und Beamt*innen werden Verfahren nicht von unabhängigen Stellen geleitet, sondern von Polizist*innen, die oft entlastend für ihre Kolleg*innen und belastend gegen die Bürger*innen ermitteln.

Hierbei werden Beamt*innen regelmäßig nicht vernommen, sondern reichen schriftliche Angaben ein, was nach den Richtlinien für das Strafverfahren nur dann zulässig ist, wenn der*die Zeug*in »glaubwürdig erscheint und eine vollständige Auskunft von ihm [*ihr] erwartet werden kann«. Die Glaubwürdigkeit wird polizeilichen Zeug*innen also schon attestiert, bevor ihre Angaben zur Akte gelangen, und zwar auch dann, wenn sie selbst die einzigen Belastungszeug*innen sind. In ähnlichen Konstellationen, in denen Geschädigte die einzigen Belastungszeug*innen sind, folgt in der Regel eine Einstellung des Ermittlungsverfahrens oder ein Freispruch.

Auch im gerichtlichen Verfahren wird polizeilichen Angaben eine besondere Glaubhaftigkeit zugesprochen. Dabei stützt sich diese Annahme nicht auf Empirie und berücksichtigt nicht, dass Ereignisse wie polizeiliche Gewaltanwendungen und vermeintliche Widerstandshandlungen häufig vorkommen und deshalb regelmäßig nicht erinnert werden. Die gängige Praxis, in der sich die Beamt*innen ihre schriftlichen Berichte vor ihrer Aussage vor Gericht noch mal durchlesen, führt nach aussagepsychologischen Erkenntnissen dazu, dass die Angaben weniger belastbar sind. Hinzu kommen weitere Falschbelastungsmotive: Polizeibeamt*innen definieren sich auch über den Erfolg ihrer Arbeit, und als Erfolg fassen sie nur eine Verurteilung der Gegenseite, nicht aber einen Freispruch auf. In der soziologischen Forschung ist zudem anerkannt, dass gerade Polizeiarbeit sich auf eine ganz bestimmte Form der Loyalität stützt – Korpsgeist oder Cop Culture –, so dass voneinander abweichende Aussagen mehrerer Beamt*innen kaum vorkommen.

Einstellungspraxis bei Straftaten mit Polizeibeamt*innen als »Opfer«

In neun von 16 Bundesländern existieren Weisungen, wonach die Staatsanwaltschaft Verfahren nicht einstellen darf, wenn Polizeibeamt*innen die (vermeintlichen) Tatopfer sind. Doch selbst in Ländern, in denen keine derartige Weisung vorliegt, stellt die Staatsanwaltschaft Verfahren zuweilen nicht ein, auch wenn es offensichtlich um Bagatellen wie Beleidigung oder Versteifen des Körpers bei der Festnahme geht.

Das ist der Alltag von Strafverteidiger*innen bundesweit und zeigt die besondere Haltung der Justiz gegenüber Polizeibeamt*innen. Dass es sich dabei aber nicht nur um eine persönliche Einstellung einzelner Staatsanwält*innen handelt, zeigt eine Recherche vom April 2025 von Aiko Kempen für

FragDenStaat. Exemplarisch veröffentlichte Kempen etwa die entsprechende Rundverfügung des Justizministeriums NRW, wonach eine Einstellung nach den §§ 153 und 153a Strafprozessordnung (StPO) »regelmäßig nicht in Betracht« komme, wenn es sich bei dem »Opfer« der Straftat um eine*n Polizeibeamt*in handelt.

Polizeibeamt*innen werden strukturell bevorzugt: Selbst bei Bagatelltaten können sie mit einer Bestrafung des Gegenübers rechnen, während Verfahren gegen »gewöhnliche« Geschädigte in vergleichbaren Fällen oft eingestellt werden. Kempen bezeichnet dies zu Recht als »Zwei-Klassen-Justiz«.

Unabhängige Ermittlungsstellen fehlen weiter

Für ein gerechteres Verfahren wäre es erforderlich, dass von der Polizei unabhängige Stellen mit den Ermittlungen betraut werden. Staatsanwält*innen sollten kritische Distanz zur Polizei wahren und die Justiz ohne Angst vor der polizeilichen Lobby Recht sprechen. Schriftliche Äußerungen sind ungeeignet, objektive Beweismittel wie Videoaufnahmen müssen gesichert und dürfen nicht kriminalisiert werden. Exekutive und Legislative sollten den Gerichten vertrauen, die Sachverhalte aufzuklären und angemessene Lösungen zu entwickeln, die die in diesen Verfahren oft auftretenden Konflikte ausreichend berücksichtigen, anstatt Mindeststrafen und Einstellungsverbote vorzuschreiben. Der Trend geht indes nicht nur durch die Weisungen der Justizministerien, gerade angesichts neuer gesetzgeberischer Reformen, in die entgegengesetzte Richtung: Polizeiliche Befugnisse werden ausgeweitet und Bürger*innenrechte eingeschränkt.

Literatur

Starkgraff, Karoline: Polizeizeugen aus polizeilicher Sicht oder: Spieglein, Spieglein, an der Wand …, in: Schriftenreihe der Strafverteidigervereinigungen, Band 40, Berlin 2016, S. 235 ff.

Theune, Lukas: Polizeibeamte als Berufszeugen in Strafverfahren, in: Studien zum Strafrecht, Baden-Baden 2020.

Abdul-Rahman, Laila / Espín Grau, Hannah / Klaus, Luise / Singelnstein, Tobias: Gewalt im Amt 2023. Übermäßige polizeiliche Gewaltanwendung und ihre Aufarbeitung, Frankfurt am Main 2023.

Artikel 3 (3) **Niemand darf wegen seines Geschlechtes, seiner Abstammung, seiner Rasse, seiner Sprache, seiner Heimat und Herkunft, seines Glaubens, seiner religiösen oder politischen Anschauungen benachteiligt oder bevorzugt werden. Niemand darf wegen seiner Behinderung benachteiligt werden.**

Bianca Rohde

Frauen in Teilzeit

Geschlechterdiskriminierende Zuschlagsregelung in Tarifverträgen

Frau G. arbeitet als Teilzeitbeschäftigte in einem Dialysezentrum in Nordhessen. Ihre tatsächliche Arbeitszeit überschreitet regelmäßig die vertraglich vereinbarte Wochenarbeitszeit. Aufgrund des für sie geltenden Haustarifvertrages werden Überstunden ab Überschreiten der wöchentlichen Arbeitszeit von 38,5 Stunden durch Zuschläge in Höhe von 30 Prozent zusätzlich vergütet. Das heißt: Vollzeitbeschäftigte erhalten ab ihrer ersten Überstunde einen Zuschlag von 30 Prozent oder Freizeitausgleich – Teilzeitbeschäftigte nicht. Sie leisten Überstunden bis zum Erreichen der Vollzeitarbeitszeit zuschlagsfrei.

Mehrere Frauen klagten sich deswegen durch die Instanzen der Arbeitsgerichtsbarkeit. Sie beriefen sich auf die Diskriminierung als Teilzeitbeschäftigte, verlangten die Gutschrift der geleisteten Überstunden auf ihren Arbeitszeitkonten und beantragten die Zahlung einer Entschädigung wegen mittelbarer Diskriminierung aufgrund des Geschlechts. Nachdem die Vorinstanzen bereits die Gutschrift auf den Arbeitszeitkonten anerkannten, zahlte sich ihre Hartnäckigkeit aus: Mit Urteil vom 5. Dezember 2024 verurteilte das Bundesarbeitsgericht (BAG) den Arbeitgeber auch zu einer Entschädigungszahlung wegen Verstoßes gegen das im allgemeinen Gleichbehandlungsgesetz (AGG) verankerte Benachteiligungsverbot (Az. 8 AZR 370/20).

Das AGG setzt die in Artikel 3 Absatz 3 GG verankerten Diskriminierungsverbote einfachgesetzlich um. Es regelt Verbote zum Schutz vor Benachteiligungen sowie Entschädigungs- und Schadensersatzansprüche, unter anderem im Bereich der Beschäftigungsbedingungen. Nach dem AGG ist sowohl die unmittelbare als auch die mittelbare Benachteiligung wegen des Geschlechts verboten. Erstere beschreibt die Schlechterbehandlung einer Person wegen eines Geschlechts, zweitere die Benachteiligung eines Geschlechts durch scheinbar neutrale Vorschriften, Kriterien oder Verfahren. In § 4 des Teilzeit- und Befristungsgesetzes ist das Verbot der Diskriminierung von Teilzeitbeschäftigten geregelt.

Luxemburg sieht mittelbare Diskriminierung aufgrund des Geschlechts

Nachdem die Vorinstanzen eine Entschädigung wegen Benachteiligung aufgrund des Geschlechts abgelehnt hatten, legte das BAG dem Europäischen Gerichtshof (EuGH) im Vorabentscheidungsverfahren Fragen über die Auslegung des Unionsrechts zur mittelbaren Diskriminierung aufgrund des Geschlechts vor. Dabei war eine maßgebliche Frage, ob eine Diskriminierung vorliegt, wenn nicht nur unter Teilzeitbeschäftigten, sondern auch unter den Vollzeitbeschäftigten signifikant mehr Frauen arbeiten.

Unionsrechtlicher Anknüpfungspunkt ist der direkt anwendbare Artikel 157 des Vertrages über die Arbeitsweise der Europäischen Union (AEUV), in dem der Grundsatz des gleichen Entgelts von Frauen und Männern bei gleicher und gleichwertiger Arbeit geregelt ist. Des weiteren ist das in Artikel 2 Absatz 1 Buchstabe b und Artikel 4 Absatz 1 der Richtlinie zur Verwirklichung des Grundsatzes der Chancengleichheit und Gleichbehandlung von Männern und Frauen in Arbeits- und Beschäftigungsfragen (RL 2006/54/EG) enthaltene Verbot der Diskriminierung aufgrund des Geschlechts entscheidend.

Der EuGH entschied am 29. Juli 2024 (Az. C-184/22, C-185/22), dass das Unionsrecht so auszulegen ist, dass eine mittelbare Diskriminierung aufgrund des Geschlechts vorliegt, wenn Teilzeitbeschäftigte Überstundenzuschläge erst ab Erreichen der regelmäßigen Arbeitszeit von Vollzeitbeschäftigten erhalten. Das gelte auch dann, wenn unter den Vollzeitbeschäftigten überwiegend Frauen arbeiten. Es reiche für eine mittelbare Diskriminierung aufgrund des Geschlechts aus, wenn innerhalb der benachteiligten Gruppe der in Teilzeit Beschäftigten signifikant mehr Frauen als Männer arbeiten. Der EuGH führte auch aus, dass die angegriffene tarifliche Regelung einen Anreiz für den Arbeitgeber schaffe, Überstunden eher bei Teilzeitbeschäftigten als bei Vollzeitbeschäftigten anzuordnen.

Das BAG verurteilte daraufhin den Arbeitgeber zu einer Entschädigungszahlung nach § 15 Absatz 2 AGG aufgrund Benachteiligung wegen des Geschlechts. Dem Argument der Arbeitgeberseite, die Zuschläge seien ein Ausgleich bzw. ein Schutz vor körperlicher Belastung ab Überschreiten der Vollzeitarbeit, folgte das Gericht nicht.

Die Rechtsfolge einer sogenannten Anpassung nach oben, d. h. die Beseitigung der Ungleichbehandlung durch Zahlung der höheren Zuschläge, geriet nach Beschluss des Bundesverfassungsgerichts (BVerfG) vom 11. Dezember 2024 etwas ins Wanken. Das BVerfG entschied hinsichtlich einer Ungleichbehandlung bei Nachtzuschlägen, dass Tarifverträge bei allgemeinen Gleichheitsverstößen nach Artikel 3 Absatz 1 GG gerichtlich nur auf Willkür kontrolliert werden und die Tarifvertragsparteien vor einer gerichtlichen Anpassung nach oben Gelegenheit haben müssen, die Ungleichbehandlung selbst zu beseitigen (siehe Ulber in diesem Band, S. 130 ff.). In Kenntnis dieser Rechtsprechung entschied das BAG jedoch erneut mit Urteil vom 26. November 2025 (Az. 5 AZR 118/23) in einem Fall von Teilzeitdiskriminierung, dass den Teilzeitbeschäftigten ein Anspruch auf die Mehrarbeitszuschläge zusteht, ohne dass den Tarifvertragsparteien zuvor die Korrekturmöglichkeit eingeräumt werden müsse. Dies folge aus dem Anwendungsbereich des Unionsrechts. Dieses gebiete bei festgestellten unionsrechtswidrigen Diskriminierungen wirksame und abschreckende Sanktionen, begrenze die Korrekturkompetenz der Tarifvertragsparteien und rechtfertige eine sogenannte Anpassung nach oben. Es bleibt abzuwarten, wie diese Differenzierung in der Rechtsprechung fortgeführt wird.

Formelle Gleichstellung prallt auf gesellschaftliche Realität

Es handelt sich nicht um einen Einzelfall. Die Regelung, dass Mehrarbeitszuschläge erst ab dem Erreichen der Arbeitszeit in Vollzeit gezahlt werden, ist bundesweit in vielen Tarifverträgen enthalten. Das Urteil hat bedeutende Ausstrahlungswirkung auf die Tariflandschaft. Es ist nun an der Zeit, die diskriminierenden Regelungen in Tarifverträgen und in Betriebsvereinbarungen anzupassen.

Im Jahr 2024 haben erstmals mehr Frauen in Teilzeit (50,3 Prozent) als in Vollzeit (49,7 Prozent) gearbeitet. Im Vergleich dazu arbeiteten nur 13,4 Prozent der Männer in Teilzeit. Die Schlussfolgerung liegt auf der Hand: Diskriminierung von Teilzeitbeschäftigten führt nicht ausnahmsweise, sondern in der Regel auch zu einer Benachteiligung von Frauen.

Die Entscheidungen sensibilisieren für mittelbare Diskriminierung von Frauen, die noch so oft unsichtbar bleibt. Der Fall zeigt, dass Regelungen, die auf den ersten Blick keine Diskriminierung erkennen lassen, immer im Kontext der gesellschaftlichen Realität bewertet werden müssen. Der Blick auf die formelle Gleichbehandlung verkennt die faktische strukturelle Ungleichheit der Geschlechter und führt dazu, dass bestehende geschlechtsspezifische Diskriminierung in der Erwerbstätigkeit verstärkt wird.

Die Debatte wirft ein Schlaglicht auf das gesellschaftliche Unverständnis gegenüber Frauen in Teilzeitarbeit. So wird von der Arbeitgeberseite oft versucht, die Diskriminierung mit der Angst vor Missbrauch der Teilzeitmodelle zu rechtfertigen. Die Idee, dass Beschäftigte nunmehr bewusst Teilzeitmodelle vereinbaren, um bereits früher Zuschläge zu erhalten, verkennt die Lebenswirklichkeit vieler Frauen. Sie arbeiten zum Beispiel wegen gesellschaftlicher Rollenbilder oder steuerlicher Vorteile häufiger in Teilzeit, um unbezahlter Sorgearbeit nachzukommen. Zwischen Kinderbetreuung und der Pflege Angehöriger ist die Anordnung von Überstunden kein gut vergüteter Gefallen, sondern eine zeitliche Zerreißprobe. Vor diesem Hintergrund erscheint es auch paradox, Mehrarbeitszuschläge mit einer besonderen körperlichen oder psychischen Belastung zu rechtfertigen. Die ebenfalls belastende Sorgearbeit von teilzeitbeschäftigten Frauen nach Verrichtung ihrer Lohnarbeit wird damit völlig ausgeblendet.

Literatur

Bundesagentur für Arbeit, 6.3.2025, Presseinfo Nr. 10: Frauen auf dem Arbeitsmarkt: Beschäftigung auf Höchststand, aber erstmals mehr Teilzeit als Vollzeit.

Levin Reichmann / Hannah Weisbach / Dyana Rezene / Nicole Bögelein

»Nicht jeder Konsument rechter Propaganda hat ein rechtes Weltbild.«

Rassistische Morde vor Gericht

Wer an das Attentat von Solingen im Jahr 2024 denkt, hat den Messeranschlag im Kopf: den islamistischen Terroranschlag auf dem Stadtfest, bei dem drei Menschen ihr Leben verloren und acht weitere verletzt wurden. An den wenige Monate zuvor verübten Brandanschlag auf ein Haus, in dem ausschließlich migrantisierte Menschen lebten, denken dagegen nur wenige. Dabei kam die vierköpfige Familie – Emily Kancheva Zhilova, Galia Kancheva Zhilova, Katya Todorovo Zhilova und Kancho Emilov Zhilov – ums Leben, 21 weitere Menschen wurden verletzt. Von dem Fall nahm die überregionale Presse zunächst kaum Notiz. Nur durch Betroffene und eine aktive

Zivilgesellschaft wurde die Öffentlichkeit darauf aufmerksam. Ein Tatverdächtiger wurde wenige Tage später festgenommen – ein rassistisches Motiv schloss die Staatsanwaltschaft jedoch zu Beginn der Ermittlungen aus. Ab Januar 2025 musste sich Daniel S. vor dem Landgericht Wuppertal verantworten. Auch hier war von Rassismus zunächst nicht die Rede. Erst eine der Nebenklageanwält:innen führte einen vorherigen Brandanschlag sowie zahlreiche Anhaltspunkte für ein rassistisches Motiv in das Verfahren ein. In seinem Urteilsspruch am 30. Juli 2025 folgte das Gericht dennoch der eingangs aufgestellten These eines rein persönlichen Beweggrunds und lehnte ein rassistisches Motiv ab.

Das Rechtsstaatsprinzip aus Artikel 20 Absatz 3 GG verpflichtet die Strafverfolgungsbehörden zu einer sorgfältigen, offenen und nachvollziehbaren Untersuchung. Aus Artikel 3 Absatz 3 GG folgt die Pflicht, diskriminierende Tatmotive ernsthaft und unvoreingenommen zu untersuchen. Die Staatsanwaltschaft im Solinger Brandanschlagsfall hielt jedoch an ihrer anfänglichen Deutung fest, ohne die zahlreichen vorgebrachten Hinweise in eine umfassende Motivanalyse einzubeziehen. Dieser voreilige Ausschluss eines rassistischen Motivs wirkte sich unmittelbar auf das rechtliche Gehör der Betroffenen aus (Artikel 103 Absatz 1 GG). Dieses Grundrecht garantiert, dass Vorträge und Beweisanträge der Beteiligten vom Gericht gehört und bei der Urteilsfindung nachvollziehbar berücksichtigt werden müssen. Der Prozess warf jedoch Zweifel daran auf, dass Beweisanträge der Nebenklage, die auf ein mögliches rassistisches Motiv hinwiesen, sorgfältig geprüft wurden. Diese Versäumnisse verletzen das Recht der Hinterbliebenen auf umfassende Aufklärung und schädigen das Vertrauen in die (Straf-)Justiz nachhaltig.

Die Rolle der Nebenklage in der Aufklärung

Das Gerichtsverfahren in Wuppertal wäre ohne die Nebenklageanwältin Seda Başay-Yıldız wohl ohne eine einzige Erwähnung von Rassismus als Tatmotiv abgehandelt worden.

Die Strafprozessordnung (StPO) sieht für Geschädigte im Strafverfahren keine originäre Rolle vor. Sie können sich jedoch bei besonders schwerwiegenden Taten im Rahmen der Nebenklage nach § 395 StPO am Verfahren beteiligen. Die Aufgabe der Nebenklage besteht dabei in erster Linie darin, die Interessen der Geschädigten durchzusetzen und die Staatsanwaltschaft zu kontrollieren. Insbesondere Letzteres nahm die Nebenklagevertreterin Başay-Yıldız durch Ermittlungsarbeiten, die eigentlich bei Staatsanwaltschaft und Polizei liegen, gezwungenermaßen selbst in die Hand. In den nicht ausgewerteten Google-Suchen des Angeklagten stieß sie dabei auf einen weiteren, bisher unbekannten Brandanschlag, den der Angeklagte mutmaßlich zwei Jahre zuvor verübt hatte. Zudem fanden sich in den Google-Suchen zahlreiche Bezüge zum Rechtsextremismus. Einen Vermerk der durchsuchenden Polizeibeamt:innen zum Motiv anlässlich des Fundes rassistischer Lektüre im Haus des Angeklagten strichen andere Ermittlungsbeamt:innen später handschriftlich ohne nachvollziehbare Begründung. Auch das Gericht erkannte in der Hauptverhandlung trotz der von der Nebenklage vorgebrachten Beweismittel kein rassistisches Motiv: Laut Verteidigung, Staatsanwaltschaft und Polizei bekunden die Google-Suchen »historisches Interesse«, die Ausgabe von »Mein Kampf« gehöre dem Vater und die rassistischen Bilder auf der Festplatte seien einem Bekannten der Lebensgefährtin zuzuordnen. Im Einzelnen mögen diese Erklärungen plausibel erscheinen, in der Gesamtschau zeichnete sich das Bild eines Angeklagten ab, der sich fortlaufend mit rechtsextremem Gedankengut beschäftigte und wiederholt migrantisierte Menschen ins Visier nahm.

Der Unwille, ein rassistisches Motiv anzuerkennen

Zu Beginn des Verfahrens wurde das rassistische Motiv ausgeschlossen, an dieser Bewertung hielten die Behörden trotz entgegenstehender Beweismittel fest. Während der Verhandlung war die Haltung spürbar, dass das Motiv nicht von Bedeutung sei, da sich schnell abzeichnete, dass der Täter zu einer lebenslangen Freiheitsstrafe mit anschließender Sicherungsverwahrung verurteilt werden würde.

In den polizeilichen Auswertungen wurde der im Titel genannte Satz gebetsmühlenartig wiederholt: »Nicht jeder Konsument rechter Propaganda hat ein rechtes Weltbild.« Ist rechte Propaganda schon so normal, dass sie als bloßes Objekt historischen Interesses verstanden wird? Das Gericht schloss sich zudem der Sicht des nicht auf Fragen der Radikalisierung spezialisierten Sachverständigen an: Es könne sich nur um eine beginnende Radikalisierung handeln, für eine bereits bestehende wäre eine intensivere Beziehung zum Thema oder ein Bezug zur rechten Szene nötig. Beides ist in der Forschung umstritten.

Die Debatte darüber, ob Behörden ein Problem damit haben, rassistische Gewalt zu erkennen, ist alt. Sicherheitsbehörden verkannten wiederholt rechtsextreme Gewalttaten, weil sie unpassende Analysewerkzeuge nutzen. Sie hatten als Muster linksradikale Gruppierungen mit intellektuellen Führungspersonen vor Augen. Allerdings werden so Formen rechter Gewalt übersehen: Oft verzichten rechte Täter:innen bewusst auf Tatbekenntnisse. Das war beim Prozess in Wuppertal ein Problem, da das fehlende Bekenntnis als Ausschlussgrund für politisch motivierte Gewalt galt. Dabei ist das Ziel rechter Gewaltakte, das Sicherheitsgefühl zu stören (Botsch 2019). Täter:innen verlassen sich darauf, dass direkt und indirekt Betroffene die Botschaft verstehen und das rassistische Motiv erkennen.

Lernen aus Fehlern der Vergangenheit?

Wie bereits bei anderen rechtsextremen Anschlägen waren es auch in diesem Verfahren die Betroffenen, die auf die rassistische Motivation des Täters verwiesen. Dieses Wissen fand trotz der juristischen Aufarbeitung durch die Nebenklage keinen Einzug in das Urteil. Zentrale Fragen zur Beweislage blieben bis zum Schluss offen. Das Gericht erkannte ungeachtet zahlreicher Hinweise kein rassistisches Motiv an, weil der Täter nicht in das »erwartete« Täter:innenprofil passte – er trug keine sichtbaren neonazistischen Abzeichen und war nicht aktiver Teil einer rechtsradikalen Gruppe.

Trotz des Solinger Brandanschlages von 1993 sahen die Ermittlungsbehörden keinen Anlass, ein rassistisches Motiv zumindest eingehend zu untersuchen. Dabei nehmen rechte Täter:innen explizit oder implizit auf vorherige Taten Bezug. Seit Dezember 2025 muss sich erneut ein Mann vor dem Landgericht Wuppertal wegen versuchter Brandstiftung an einem Wohnhaus in Solingen verantworten. Der Angeklagte gestand am ersten Verhandlungstag, er habe sich bei seiner Tat an dem Brandanschlag von 2024 orientiert.

Das Verfahren reiht sich in eine Serie von Anschlägen ein, bei denen Ermittlungsbehörden ein rassistisches Motiv nicht oder nur unzureichend berücksichtigten, wie etwa bei den NSU-Morden der 2000er Jahre. Das Landgericht Wuppertal verletzte mit dem Urteil die Rechte der Angehörigen und Überlebenden auf umfassende Aufklärung aus Artikel 20 Absatz 3 und Artikel 3 Absatz 3 GG und verdeutlichte, dass die Justiz auch in Zeiten zunehmender rassistischer Gewalt die Schutzbedürftigkeit betroffener Gruppen verkennt.

Literatur

Botsch, Gideon: Was ist Rechtsterrorismus?, in: Aus Politik und Zeitgeschichte 49–50/2019, S. 9–14.

Shino Ibold

Kopftuchverbote in der Justiz

Neutralität um den Preis des verfassungsrechtlichen Gleichheitsversprechens?

Das Verwaltungsgericht (VG) Darmstadt entschied mit Urteil vom 30. Oktober 2025 (Az. 1 K 2792/24.DA), dass die Ablehnung einer muslimischen Bewerberin für das Richterinnen- und Staatsanwältinnenamt rechtmäßig sei, da diese angekündigt hatte, ihr Kopftuch im Kontakt mit Verfahrensbeteiligten tragen zu wollen.

Nachdem Kopftuchverbote für Lehrerinnen hier (dazu Britz, Grundrechte-Report 2003) und andernorts bereits seit Jahrzehnten diskutiert werden, ist die Entscheidung des VG Darmstadt Konsequenz des anhaltenden »Kopftuchverbotstrends«, der in jüngerer Zeit vermehrt den Bereich der Justiz betrifft. Die Grundlage bilden Regelungen zum Erfordernis eines »neutralen« Erscheinungsbildes aus § 34 Absatz 2 Beamtenstatusgesetz. Im entschiedenen Fall berief sich das Gericht auf diesen Paragraphen. Der verwaltungsgerichtlichen Entscheidung ging ein wegweisender Beschluss des Bundesverfassungsgerichts (BVerfG) vom 14. Januar 2020 voraus, an dessen Wortlaut sich weite Teile der Entscheidung des VG eng anlehnen (Az. 2 BvR 1333/17). Dieser betraf formal ein Kopftuchverbot für eine Rechtsreferendarin, formulierte jedoch faktisch bereits rechtliche Maßstäbe, die auf den gesamten Bereich der Justiz übertragbar sind.

Kopftuchverbote beschränken die Grundrechte der betroffenen Frauen massiv. Während sie im Grundrechte-Report bisher vor allem unter dem Gesichtspunkt der Religionsfreiheit des Artikels 4 GG beleuchtet wurden (vgl. zuletzt Wiese, Grundrechte-Report 2021), sollen hier Artikel 33 Absatz 3 GG – das Recht auf Zulassung zu öffentlichen Ämtern unabhängig vom religiösen Bekenntnis – und damit die gleichheitsrechtliche Dimension im Mittelpunkt stehen.

Grundrechtsdimensionen

Neben der Beschränkung der Religionsausübungsfreiheit bildet die Beeinträchtigung des verfassungsrechtlichen Gleichheitsversprechens den Kern des Unrechtsgehalts von Kopftuchverboten. Artikel 3 Absatz 3 GG verbietet die Benachteiligung aufgrund sensibler Merkmale wie der Religion und des Geschlechts. Dieses Verbot erstreckt sich nicht allein auf Fälle expliziter Benachteiligung, sondern erfasst auch Konstellationen sogenannter mittelbarer Diskriminierung, d.h. benachteiligende Wirkungen solcher Regelungen, die sich ihrem Wortlaut nach an alle Menschen richten. Maßgeblich ist danach allein, dass sich Verbote religiöser Bekleidung faktisch zu Lasten einer bestimmten, besonders vulnerablen Gruppe auswirken: muslimischer Frauen.

Die Benachteiligung, die muslimische Frauen aufgrund der Verbotsregelungen erleiden, ist vielschichtig. Die Verbote entfalten eine exkludierende Wirkung, indem sie den Zugang zu qualifizierten beruflichen Positionen wie dem Richterinnenamt verwehren, die ökonomische Unabhängigkeit versprechen. Wird einer muslimischen Juristin mit Kopftuch – trotz ihres Wunsches, sich beruflich für den Rechtsstaat zu engagieren – allein aufgrund ihrer erkennbaren Religionszugehörigkeit die Ausübung des Richterinnenamtes verwehrt, bestätigt dies zugleich Vorurteile dahingehend, eine kopftuchtragende Muslimin sei nicht in der Lage, an Recht und Gesetz orientierte Entscheidungen zu fällen. Indem eine islamische Praxis durch Verbotsgesetze sanktioniert wird, verstärkt dies unweigerlich bereits verbreitete islamfeindliche Haltungen in der Gesellschaft. Dabei verlangt das Gleichheitsrecht, derartigen Einstellungen entgegenzutreten.

Kopftuchverbote für die Justiz laufen schließlich auch dem besonderen Diskriminierungsverbot des Artikels 33 Absatz 3 GG zuwider. Die Norm verbietet eine Beschränkung des Zugangs zu öffentlichen Ämtern aufgrund der Religionszugehörigkeit ausdrücklich und erklärt die Zulassung zu öffentlichen Ämtern als »unabhängig von dem religiösen Bekenntnis«. Jegliche Zweifel, ob ein religiöses Bekenntnis die Eignung für ein öffentliches Amt in Frage stellen könnte, räumt die Norm aus – sollte man meinen. Und doch gründete sich die Entscheidung des VG Darmstadt auf vermeintlich berechtigte Zweifel an der Eignung der Bewerberin – allein wegen ihres Kopftuchs.

Rechtfertigung im Namen weltanschaulich-religiöser Neutralität?

Mit der Grundrechtsposition der Bewerberin kollidiere der Grundsatz weltanschaulich-religiöser Neutralität des Staates, da das Kopftuch eine Beeinträchtigung dieses Grundsatzes darstelle, so das VG. Dem dürfte ein Fehlverständnis des staatlichen Neutralitätsgebotes zugrunde liegen. Denn in ständiger Rechtsprechung definiert das BVerfG die dem Staat gebotene weltanschaulich-religiöse Neutralität nicht als strikte Trennung von Staat und Religion, sondern als »offene und übergreifende, die Glaubensfreiheit für alle Bekenntnisse gleichermaßen fördernde Haltung«. Das Neutralitätsgebot verfolgt als zentrales Anliegen den Minderheitenschutz: Dem Staat wird verboten, sich mit einer bestimmten Religion zu identifizieren, wodurch staatskirchliche Rechtsformen verhindert und eine Benachteiligung Andersgläubiger vermieden werden. Doch steht eine Identifikation des deutschen Staates mit der Minderheitenreligion des Islam zu befürchten, wenn einzelne Amtsträger:innen Kopftuch tragen? Die Existenz von Artikel 33 Absatz 3 GG spricht dagegen.

Auch das vom VG herangezogene Argument der Funktionsfähigkeit der Rechtspflege überzeugt im Ergebnis nicht: Ein Kopftuch sei geeignet, das Bild der Justiz in ihrer Gesamtheit zu beeinträchtigen – sein Verbot diene demnach der Stärkung des Vertrauens in die Justiz. Zwar ist die Förderung des Vertrauens in die Justiz ein legitimes Anliegen im Hinblick auf die Stärkung unseres Rechtsstaates. Ein fehlendes Vertrauen gegenüber einer religiösen Minderheit jedoch, das auf diskriminierenden Vorurteilen beruht, genießt unter der Verfassung keinen Schutz. Um derartige Vorurteile handelt es sich bei näherer Betrachtung, denn wie das BVerfG 2020 festgestellt hat, ist das bloße Tragen religiöser Symbole im richterlichen Dienst für sich genommen nicht geeignet, vernünftige Zweifel an der Objektivität der betreffenden Richter*innen zu begründen.

Repräsentanz schafft Vertrauen

Das Argument der Funktionsfähigkeit lässt sich schließlich gar in sein Gegenteil verkehren. Artikel 33 Absatz 3 GG ist ein Repräsentationsgedanke zu entnehmen: die Entscheidung des verfassungsgebenden Gesetzgebers, Angehörige sämtlicher in der Gesellschaft vertretener religiöser Gruppen gleichermaßen an der Ausübung öffentlicher Gewalt zu beteiligen (Rusteberg, JZ 2015, S. 637 ff.). Und gerade auf der Richter*innenbank können Repräsentanz und (sichtbare) religiöse Vielfalt eine wichtige Funktion erfüllen: Sie sind in der Lage, das Vertrauen in die Justiz und in unseren Rechtsstaat zu stärken, welches gerade bei bislang unterrepräsentierten Minderheiten oftmals fehlt.

Dies gilt umso mehr, wenn neben Berufsrichter*innen auch Schöff*innen von Verbotsregelungen betroffen sind – ist der Gedanke gesellschaftlicher Repräsentation doch dem Schöff*innenamt als Ausprägung demokratischer Teilhabe immanent. Umso kritischer sind die Entscheidungen der Oberlandesgerichte Hamm (11. April 2024, Az. 5 Ws 64/24) und Braunschweig (14. Oktober 2025, Az. 1 OGs 1/25) zu sehen, die das Kopftuch für unvereinbar mit dem Schöff*innenamt erklärten. Über die Verfassungskonformität dieser Beschlüsse wird das BVerfG in absehbarer Zeit zu entscheiden haben.

Dem berechtigten Interesse, die Unterordnung der eigenen Person unter das Amt nach außen erkennbar zu machen – einem Interesse, das auch bestehenden Regelungen zur Amtstracht zugrunde liegt –, lässt sich auch ohne pauschale Verbotsregelungen begegnen. Als milderes Mittel kommt eine Anpassung der Regelungen zur Amtstracht in Betracht: Die Vorgabe, dass etwaige religiöse Kopfbedeckungen farblich und stofflich an die Robe anzupassen sind, wäre geeignet, ein einheitliches Erscheinungsbild der Justiz zu wahren, ohne den Zugang zum Richter*innen- und Staatsanwält*innenamt faktisch an die Bedingung religiöser Anpassung zu knüpfen.

Literatur

Ibold, Shino: The Added Value of Equality. Reframing Legal Perspectives on Muslim Veiling Bans, Baden-Baden 2025.

Sandhu, Aqilah: Justizneutralitätsgesetze als Exklusionsmechanismen, in: Dux, Elisabeth/Groß, Johanna/Kraft, Julia et al. (Hrsg.), FRAU.MACHT.RECHT. 100 Jahre Frauen in juristischen Berufen, Baden-Baden 2023, S. 135 ff.

Samour, Nahed: Neutralität. Liberales Gleichheitsversprechen oder Ermöglichung der Exklusion?, in: Sabel, Anna/Loinaz, Natalia Amina/Verband binationaler Familien und Partnerschaften (Hrsg.): (K)ein Kopftuchbuch, Bielefeld 2023, S. 97ff.

Artikel 4 (1) **Die Freiheit des Glaubens, des Gewissens und die Freiheit des religiösen und weltanschaulichen Bekenntnisses sind unverletzlich.**

Rosemarie Will

Der Fall »Egenberger«

Ein »Pyrrhussieg« für die kirchlichen Arbeitgeber

Wenn man eine Schlacht gewinnt, aber dadurch beginnt, einen Krieg zu verlieren, sprechen wir von einem Pyrrhussieg. Die Entscheidung im Fall Egenberger ist für die Kirchen ein solcher Pyrrhussieg. Das Bundesverfassungsgericht (BVerfG) hat mit Beschluss vom 23. Oktober 2025 (Az.: 2 BvR 934/19) der Verfassungsbeschwerde des Evangelischen Werks für Diakonie und Entwicklung e. V. stattgegeben und den Fall zur erneuten Entscheidung an das Bundesarbeitsgericht (BAG) zurückverwiesen. Die konfessionslose Vera Egenberger hatte sich 2012 bei der Diakonie, dem sozialen Dienst der evangelischen Kirchen, auf eine Referent*innenstelle beworben, um einen Bericht zu einem UN-Übereinkommen zur Beseitigung von rassistischer Diskriminierung zu erstellen. Die Stellenausschreibung verlangte eine Mitgliedschaft in einer evangelischen oder der Arbeitsgemeinschaft Christlicher Kirchen in Deutschland angehörenden Kirche. Nachdem Egenberger nicht zum Vorstellungsgespräch eingeladen wurde, klagte sie wegen Diskriminierung vor dem Arbeitsgericht. Für die Rechte der 1,3 Millionen kirchlichen Arbeitnehmer*innen und für die Klärung des Verhältnisses des deutschen Religionsverfassungsrechts zum Europarecht hatte der Rechtsstreit eine grundsätzliche Bedeutung.

Einschränkung der Rechte von Arbeitnehmer*innen

Religions- und Weltanschauungsgemeinschaften können auf der Grundlage ihres Selbstbestimmungsrechts aus Artikel 137 Absatz 3 Weimarer Reichsverfassung, der nach Artikel 140 GG inkorporiertes Verfassungsrecht ist, bis heute kollektive wie individuelle Arbeitnehmer*innenrechte einschränken. So dürfen kirchliche Arbeitnehmer*innen keine Betriebs- oder Personalräte bilden, ihre Löhne und Arbeitsbedingungen werden nicht durch Tarifverträge festgelegt, Arbeitskampfmaßnahmen wie Streik sind für sie verboten. Von den Arbeitnehmer*innen kann gefordert werden, dass sie mit den kirchlichen Glaubens- und Moralvorstellungen übereinstimmen.

Die von Egenberger verlangte Kirchenmitgliedschaft griff in ihre negative Religionsfreiheit aus Artikel 4 Absatz 1 GG ein, nach der jede*r auch die Freiheit hat, sich nicht zu einer Religion bekennen zu müssen. Sie wurde damit als Konfessionslose diskriminiert. Das Arbeitsgericht Berlin gab ihrer Klage 2013 statt und sprach ihr eine Entschädigung zu. Das Landesarbeitsgericht Berlin-Brandenburg hob das Urteil 2014 mit der Begründung auf, dass die Ungleichbehandlung gemäß § 9 Absatz 1 Alternative 1 Allgemeines Gleichbehandlungsgesetz (AGG) zulässig sei.

Das BAG hielt es daraufhin für notwendig, das Verhältnis zwischen europarechtlich determiniertem Antidiskriminierungsrecht und dem Recht der Kirchen auf Selbstbestimmung genauer zu bestimmen. Es setzte den Rechtsstreit aus und legte dem Europäischen Gerichtshof (EuGH) die Frage vor, ob Artikel 4 Absatz 2 der Antidiskriminierungsrichtlinie (RL 2000/78/EG) erlaube, dass ein kirchlicher Arbeitgeber verbindlich selbst bestimmen könne, ob die Konfessionszugehörigkeit einer Bewerber*in eine wesentliche, rechtmäßige und gerechtfertigte berufliche Anforderung darstellt.

Das kirchliche Selbstbestimmungsrecht vor dem EuGH

Im Urteil vom 17. April 2018 (Az. C-414/16) ging der EuGH davon aus, Artikel 4 Absatz 2 der RL 2000/78/EG bezwecke einen Ausgleich zwischen dem kirchlichen Selbstbestimmungsrecht und dem Recht der Arbeitnehmer*innen, nicht wegen ihrer Religion diskriminiert zu werden. Deshalb müsse eine Abwägung zwischen beiden Rechten vorgenommen werden und diese müsse von nationalen Gerichten überprüfbar sein. Eine Kirche, die eine*n Stellenbewerber*in wegen fehlender Konfessionszugehörigkeit ablehnt, müsse diese Begründung gerichtlich überprüfen lassen. Kirchen könnten sich bei Stellenbesetzungen danach nicht einfach auf ihr religiöses Selbstbestimmungsrecht berufen. Vorgaben wie eine Kirchenzugehörigkeit bei Stellenbesetzungen müssten immer »wesentlich, rechtmäßig und gerechtfertigt« sein. Zugleich betonte der EuGH, dass eine Ungleichbehandlung von konfessionell gebundenen und konfessionell ungebundenen Bewerber*innen keine Diskriminierung sei, wenn die Konfessionszugehörigkeit auch in Dienstverhältnissen mit weltlichem Charakter einer glaubwürdigen Vertretung der Kirche oder Religionsgemeinschaft nach außen dient. Zudem habe die EU-Rechtsprechung Vorrang vor nationalen Regelungen.

Das BAG prüfte in seinem Urteil vom 25. Oktober 2018 (Az. 8 AZR 501/14) daraufhin, ob eine Diskriminierung der Klägerin gemäß § 9 Absatz 1, 2. Alternative AGG vorliegt. Es urteilte, es handele sich bei der in Rede stehenden Tätigkeit zwar um eine Tätigkeit, in der die christlichen Positionen der Beklagten glaubwürdig nach außen zu tragen seien, jedoch komme es hierbei nicht notwendigerweise auf eine Konfessionszugehörigkeit an. Das BAG gab daher der Klage von Egenberger teilweise statt.

Zwischen Anerkennen und Unterlaufen der EuGH-Rechtsprechung

Die Verfassungsbeschwerde der Diakonie war gegen das Urteil des BAG und mittelbar gegen die Entscheidung des EuGH gerichtet. Das BVerfG musste dazu klären, inwieweit die Gerichte das kirchliche Selbstbestimmungsrecht überprüfen können. Das BVerfG betont, das Urteil des EuGH anzuerkennen. Luxemburg habe, anders als in der Verfassungsbeschwerde gerügt, im Rahmen seiner Kompetenzen geurteilt und dürfe nationale Entscheidungen kirchlicher Arbeitgeber*innen zur Einstellung konfessionell gebundener bzw. konfessionell ungebundener Bewerber*innen überprüfen. Die EU-Rechtsprechung, dass eine geforderte Kirchenzugehörigkeit für Stellenbesetzungen »wesentlich, rechtmäßig und gerechtfertigt« sein müsse, habe Vorrang vor nationalem Recht. Arbeitsgerichte müssten daher prüfen, inwieweit »die konkrete Tätigkeit für die Wahrung des religiösen Selbstverständnisses geeignet, erforderlich und angemessen« sei. Je größer die Bedeutung der ausgeschriebenen Stelle »für die religiöse Identität der Religionsgemeinschaft nach innen oder außen ist«, desto eher könne eine Kirchenmitgliedschaft verlangt werden.

Folgt man dem, wäre das Urteil des BAG nicht zu beanstanden gewesen. Das BVerfG selbst folgt aber seinen eigenen Bekundungen zum Vorrang der EuGH-Rechtsprechung nicht, sondern unterläuft sie: Das BAG habe übersehen, dass der EuGH von einem breiten Beurteilungsspielraum ausgehe. Diesen Spielraum habe das BAG nicht ausgeschöpft, es habe vielmehr sein eigenes Verständnis an die Stelle des Verständnisses der Diakonie gesetzt.

Wie aber soll eine Überprüfung funktionieren, ohne dass sich das Gericht ein Urteil durch eigene Bewertungen bildet? Das BVerfG versucht sich hier an der Quadratur des Kreises. Nicht zum ersten Mal unterläuft es europarechtliche Vorgaben dadurch, dass es sich selbst eigene zusätzliche Spielräume zuerkennt. Karlsruhe gibt damit sich selbst die Möglichkeit, die fachgerichtliche Bewertung des BAG zu verwerfen und der des kirchlichen Arbeitgebers zu folgen. Abgesehen davon, dass das BVerfG nicht befugt ist, Entscheidungen über einfaches Gesetzesrecht zu korrigieren, hat es versäumt, die von ihm selbst geforderte verfassungsrechtliche Prüfung vorzunehmen.

Man kann also gespannt sein, wie das BAG und das BVerfG die vom EuGH entwickelten und vom BVerfG verbal anerkannten Maßstäbe künftig anwenden. Eine gerichtliche Überprüfung des kirchlichen Selbstbestimmungsrechtes ist nur dann eine, wenn das Gericht dazu eigene Bewertungen vornimmt. Insoweit müssen Gerichte nun nach dem Egenberger-Beschluss die Einschränkungen von Arbeitnehmer*innenrechten inhaltlich auf ihre verfassungsrechtliche Zulässigkeit überprüfen und können nicht mehr auf das kirchliche Selbstbestimmungsrecht abstellen, wie es das BVerfG hier noch einmal getan hat. Zukünftig wird die Ausübung des kirchlichen Selbstbestimmungsrechtes durch die Arbeitsgerichte stärker überprüft werden und damit eine Stärkung der Arbeitnehmer*innenrechte einhergehen.

Literatur

Kreß, Hartmut: Gutachten – ethisch-rechtlich – zur Verfassungsbeschwerde des Ev. Werks für Diakonie und Entwicklung e.V. gegen das Urteil des BAG vom 25.10.2018 und gegen das Urteil des EuGH vom 17.4.2018.

Pieroth, Bodo/Barczak, Tristan: Gutachten im Auftrag des Instituts für Weltanschauungsrecht (ifw) zu den Erfolgsaussichten der Verfassungsbeschwerde der Diakonie, 2019.

Hamed, Jessica: Der Fall Egenberger: Pyrrhussieg der Kirche, Kommentar ifw, 24.10.2025.

Artikel 4 (3) **Niemand darf gegen sein Gewissen zum Kriegsdienst mit der Waffe gezwungen werden.**

Martin Singe

Im Kriegsfall: Verweigerer an die Front?

Der Bundesgerichtshof greift Grundrecht auf Kriegsdienstverweigerung an

Die Ukraine hat die Auslieferung von einem in Deutschland lebenden Ukrainer beantragt, weil diesem ein strafbarer Angriff auf einen Polizeibeamten vorgeworfen wird. Im Auslieferungsverfahren berief sich der Betroffene darauf, aus Gewissensgründen den Kriegsdienst zu verweigern, zu welchem er in der Ukraine verpflichtet werden würde. Denn obwohl die Ukraine »die westlichen Werte« verteidigt, hat sie das Grund- und Menschenrecht auf Kriegsdienstverweigerung seit Kriegsbeginn ausgesetzt. Aufgrund dieser Umstände kamen dem Oberlandesgericht (OLG) Dresden mit Blick auf das Kriegsdienstverweigerungsrecht in Artikel 4 Absatz 3 GG Bedenken. Das Gericht legte deshalb dem Bundesgerichtshof (BGH) die Frage zur Entscheidung vor, ob die Auslieferung eines Kriegsdienstverweigerers »gegen wesentliche Grundsätze der deutschen Rechtsordnung« verstoße, wenn in seinem Heimatland eine Verpflichtung zum Kriegsdienst sowie eine Bestrafung im Falle der Verweigerung zu erwarten sein könnte (Beschluss vom 9.8.2024, Az. OAus 174/24).

Der BGH entschied daraufhin, es komme zunächst darauf an, ob Artikel 4 »auch für den Fall einer kriegsbedingten Aussetzung des Kriegsdienstverweigerungsrechts uneingeschränkt Geltung beansprucht« (Beschluss vom 16.1.2025, Az. 4 ARs 11/24). Denn das Grundrecht auf Kriegsdienstverweigerung (KDV) könne im Verteidigungsfall außer Kraft gesetzt werden: »Ein unabdingbarer Grundsatz der einschränkungslosen Aufrechterhaltung des Kriegsdienstverweigerungsrechts auch im Verteidigungsfall lässt sich [der Verfassung] bereits auf nationaler Ebene nicht entnehmen.«

Damit stellt der BGH das Grundrecht aus Artikel 4 Absatz 3 GG in seinem nach Artikel 19 Absatz 2 Satz GG unantastbaren Wesensgehalt in Frage. Außerdem könnte der Beschluss aufgrund der »axiologischen [wertemäßigen; d. Verf.] Zuordnung des Kriegsdienstverweigerungsrechts zur Menschenwürde« (Albert Krölls) als verfassungswidrig qualifiziert werden. Denn der BGH bestreitet ein der »Ewigkeitsgarantie« aus Artikel 79 Absatz 3 in Verbindung mit Artikel 1 Absatz 3 GG unterliegendes Grundrecht.

Auslieferung an die Ukraine trotz Kriegsdienstverweigerung?

Der BGH sieht keine Hinderungsgründe für die Auslieferung, da die angegriffene Ukraine das KDV-Recht nicht gewährleisten müsse und Verweigerer strafrechtlich verfolgen dürfe. Demgegenüber meint Connection e. V., eine zum internationalen KDV-Recht arbeitende Organisation, eine Auslieferung verstoße gegen Artikel 9 der Europäischen Menschenrechtskonvention (EMRK), der die Gewissensfreiheit einschließlich des Rechtes auf KDV garantiert. Ohnehin darf bei Gefahr des Todes im Zielland nicht ausgeliefert werden. Eine zwangsweise Verpflichtung an die Front in der Ukraine ist aber eindeutig mit der Gefahr des Todes verbunden.

Dass das KDV-Recht auch hierzulande im Kriegsfall aufgehoben werden könne, versucht der BGH damit zu begründen, dass der Schutz des Gewissens des Einzelnen durch Artikel 4 GG im Verteidigungsfall »nicht unbeträchtliche Modifikationen« erfahre. Wehrpflichtige könnten »in außerordentlicher Lage zusätzlichen Einschränkungen unterliegen und in letzter Konsequenz sogar gehindert sein […], den Kriegsdienst an der Waffe aus Gewissensgründen zu verweigern«, so der Beschluss. In der Tat wurden durch die Notstands- und Sicherstellungsgesetze in den 1960er Jahren weitgehende Grundrechtseinschränkungen für den Verteidigungsfall beschlossen.

Allerdings behauptet der BGH später im Beschluss fälschlich, dass Kriegsdienstverweigerer im Ernstfall auch bei den Streitkräften zu zivilen Diensten verpflichtet werden könnten. Dies ist grundgesetzlich ausdrücklich ausgeschlossen: Nach Artikel 12a Absatz 2 GG muss auch im Ernstfall ein Ersatzdienst möglich sein, der »in keinem Zusammenhang mit den Verbänden der Streitkräfte [...] steht«.

Gewissensfreiheit versus Verteidigungsfähigkeit

Der BGH steigert sich zur Aussage, »dass ungeachtet des besonders hohen Rangs der in Artikel 4 GG verbürgten Gewissensfreiheit auch die deutsche verfassungsrechtliche Ordnung es gestatten oder sogar erfordern könnte, den Schutz des Kriegsdienstverweigerungsrechts in außerordentlicher Lage gegenüber anderen hochrangigen Verfassungswerten zurücktreten zu lassen«. Fraglich ist aber schon, ob die militärische Landesverteidigung ein hochrangiger Verfassungswert ist. Das Bundesverfassungsgericht (BVerfG) hatte u.a. in seiner KDV-Entscheidung 1978 von einer verfassungsrechtlichen Grundentscheidung für die militärische Landesverteidigung gesprochen. Der dafür bemühte Artikel 87a GG enthält aber lediglich eine Kompetenzzuteilung, nämlich die Zuständigkeit des Bundes. Die militärische Landesverteidigung ist somit kein hochrangiges Verfassungsgut. Sie könnte z.B. jederzeit aufgegeben und etwa durch die Einführung einer »Sozialen Verteidigung« ersetzt werden. Nur durch diese falsche Adelung zum Verfassungsgut entsteht die Möglichkeit, die militärische Landesverteidigung in eine Abwägungssituation zur Gewissensfreiheit zu bringen.

An anderer Stelle hat auch das BVerfG selbst klargestellt, dass im Zweifelsfall der Wert der Gewissensfreiheit über dem Wert der Funktionsfähigkeit der Streitkräfte stehe. Das Grundrecht auf Kriegsdienstverweigerung ist ausdrücklich auf den Kriegsfall bezogen und wurde vom Parlamentarischen Rat 1949 – lange bevor an eine Wiederbewaffnung gedacht wurde – in das Grundgesetz aufgenommen. Deshalb verlangt der unantastbare Kernbereich dieses Grundrechts gerade im Kriegsfall uneingeschränkte Gültigkeit.

Müssen Kriegsdienstverweigerer Deserteure werden?

Zur Erinnerung: Das KDV-Recht beruht auf der Erfahrung mit dem Schicksal der Deserteure im Zweiten Weltkrieg. Die NS-Militärjustiz verhängte etwa 30000 Todesurteile gegen Deserteure und »Wehrkraftzersetzer«. Etwa 22000 dieser Urteile wurden durch Hinrichtungen vollstreckt.

Gemäß der neuen Rechtsprechung des BGH könnte nun das KDV-Recht im Kriegsfall aufgehoben werden. Damit würden alle Kriegsdienstverweigerer, die ihrer Überzeugung treu blieben, automatisch zu Deserteuren, die nach § 16 Wehrstrafgesetz als Fahnenflüchtige verfolgt und verurteilt werden könnten. Ob im Kriegsfall noch ein erfolgversprechender Rechtsweg gegen eine Außerkraftsetzung des KDV-Rechts offenstünde, kann bezweifelt werden.

Der BGH stellt ein elementares Grundrecht in seinem Wesenskern in Frage. Dies ist angesichts der bevorstehenden Reaktivierung der Wehrpflicht und der aktuellen Kriegsvorbereitungen sowie des Aufbaus von »Kriegstüchtigkeit« von besonderer Brisanz. Um gegen den BGH-Beschluss vorzugehen, müsste das BVerfG angerufen werden. Allerdings sind alle betroffenen Kriegsdienstverweigerer nicht beschwerdebefugt, obwohl durch den BGH-Beschluss in ihr Grundrecht fundamental eingegriffen wird. Die Wirksamkeit ihrer Anerkennungsbescheide, also der amtlichen Bescheide, zur Verweigerung des Kriegsdienstes mit der Waffe berechtigt zu sein, ist zumindest fraglich geworden. Der hier betroffene Ukrainer wollte aus unbekannten Gründen keine Verfassungsbeschwerde einlegen. Es bleibt also abzuwarten, ob es in einem ähnlich gelagerten Auslieferungsfall zu einer solchen Beschwerde kommt. Jedenfalls muss dem BGH politisch widersprochen werden. Sinnvoll wäre auch eine klarstellende Bestätigung durch den Bundestag, dass Artikel 4 Absatz 3 GG vorbehaltlos für den Kriegsfall gilt.

Das OLG Dresden hat dem Verfasser auf Anfrage mitgeteilt, dass die Auslieferung nach dem BGH-Beschluss vom Strafsenat am 28. Februar 2025 für zulässig erklärt wurde und der Verfolgte von der Bundespolizei am 7. April 2025 an der Grenzübergangsstelle Flughafen Frankfurt/Main den ukrainischen

Behörden übergeben worden ist. Das OLG ging bei seinem Auslieferungsbeschluss davon aus, dass der Betroffene nach der Überstellung in der Ukraine inhaftiert würde, und hat deshalb die dortigen Haftbedingungen auf Menschenrechtskonformität und Kriegstauglichkeit (Luftschutzbunkerkapazitäten) überprüft.

Literatur

Deutscher Bundestag, Wissenschaftliche Dienste: Kriegsdienstverweigerung als Menschenrecht und Fluchtgrund im Völkerrecht. AZ: WD2-3000-117/15; 1. September 2015.

Groh, Kathrin: Kriegsdienstverweigerung im Kriegsfall verboten, Verfassungsblog v. 24.2.2025.

Krölls, Albert: Kriegsdienstverweigerung. Das unbequeme Grundrecht, Frankfurt am Main 1980.

Artikel 5 (1) **Jeder hat das Recht, seine Meinung in Wort, Schrift und Bild frei zu äußern und zu verbreiten und sich aus allgemein zugänglichen Quellen ungehindert zu unterrichten. Die Pressefreiheit und die Freiheit der Berichterstattung durch Rundfunk und Film werden gewährleistet. Eine Zensur findet nicht statt.**

Nicola Bier

Sieg für die Pressefreiheit oder Freibrief für Hetze?

Das Compact-Verbot vor Gericht

Der Streit um das Verbot der rechtsextremen Zeitschrift Compact und der dazugehörigen Videoformate ist vorerst beendet – und Compact erscheint weiter. Darf sich die Presse insgesamt nun freuen, dass ihre im Grundgesetz garantierte Freiheit gegen politische Einflussnahme gesichert wurde – auch für das Szenario einer Regierung mit AfD-Beteiligung? Oder haben Rechtsextreme jetzt freie Fahrt und dürfen sich dabei durch das Grundgesetz abgesichert fühlen?

Das Bundesinnenministerium (BMI) unter Nancy Faeser (SPD) hatte im Juni 2024 die Compact-Magazin GmbH verboten. Wegen u.a. rassistischer, fremden- und minderheitenfeindlicher Äußerungen in den von ihr herausgegebenen Formaten sei sie verfassungsfeindlich – einer von drei Verbotstatbeständen nach dem Vereinsgesetz. Auf Antrag von Compact setzte das Bundesverwaltungsgericht (BVerwG) das Verbot im August 2024 vorläufig aus. Die im damaligen Eilverfahren überwiegenden Zweifel des Gerichts an der Rechtmäßigkeit des Verbots bestätigten sich ein Jahr später im Hauptverfahren: Nach der Bewertung aller Beweise und zwei intensiven Verhandlungstagen hob das BVerwG das Verbot mit Urteil vom 24. Juni 2025 auf (Az. 6 A 4.24). Hatte das BMI die juristische Durchsetzbarkeit des Verbots falsch eingeschätzt? Oder hat es aus politischem Kalkül in Kauf genommen, dass der kurzfristig symbolstarke »harte Schlag gegen die rechtsextremistische Szene« vor Gericht nicht bestehen würde? Das Herausgeber-Ehepaar Elsässer und der rechtsextreme Unterstützerkreis triumphierten jedenfalls. Jürgen Elsässer verkündete vor laufenden Kameras, nun sei klar, dass die AfD ebenso wie Compact nicht verboten werden könne.

Natürlich hat das BVerwG nicht über ein AfD-Verbot entschieden und kann das auch nicht. Was es entschieden hat und was nicht, ist trotzdem nicht nur für Compact bedeutend, sondern für die Presse insgesamt und für die Menschen, die auf den Schutz ihrer Grundrechte in einer Demokratie vertrauen: Wer kann ein durch die Pressefreiheit nach Artikel 5 Absatz 1 Satz 2 GG geschütztes Medium nach welchen Vorschriften verbieten? Wie nahe kann die Linie eines Blattes an menschenverachtende Positionen rücken, bevor die Verfassungsfeindlichkeit zum Verbotsgrund wird? Und welche Risiken für die Demokratie bestehen mit, welche ohne Verbot?

Ein Verein? Ein Medium? Oder mehr?

Faeser verkündete im Juli 2024: »Ich habe heute das rechtsextremistische Compact-Magazin verboten.« Das Zitat stammt aus einer Pressemitteilung des BMI mit der Überschrift: »Harter Schlag gegen die rechtsextremistische Szene: Bundesinnenministerin […] verbietet die ›Compact-Magazin GmbH‹«. Ob eine GmbH verboten wurde oder ein Magazin, ist mehr als eine sprachliche Geschmacksfrage. Juristisch stecken darin ein Streit um Gesetzgebungszuständigkeiten zwischen Bund und Ländern sowie die Diskussion darüber, ob sich ein Verbot neben der Vereinigungsfreiheit gemäß Artikel 9 Absatz 1 GG auch an der Pressefreiheit messen lassen muss.

Das Presserecht regeln die Länder, das Vereinsrecht ist Bundesrecht. Die Presseregulierung hat nur begrenzte Möglichkeiten, um z. B. gegen strafbare Inhalte in Medien einzuschreiten.

Das Vereinsrecht setzt dort an, wo Presse produziert wird. Ein Medium, das wirtschaftlich als GmbH organisiert ist, kann wie ein eingetragener Verein über § 17 Vereinsgesetz verboten werden, wenn ein Verbotsgrund vorliegt. Das BVerwG hält hierzu fest, dass die Bundesgesetzgebungskompetenz für das Vereinsrecht »›blind‹ für den von der jeweiligen Organisation verfolgten Zweck« sei und »das von einem Kollektiv ausgehende spezifische Gefahrenpotential im Blick« habe. Darauf stützt sich auch die Kritik an Vereinsverboten gegen Medien – und das nicht erst seit dem Compact-Verbot: Der grundrechtliche Schutz der Presse bleibt durch die vereinsrechtliche Zweckblindheit und den Blick auf das Kollektiv formal außen vor.

Das BVerwG hat das Vereinsrecht dennoch wiederholt für auf Medien anwendbar erklärt (z.B. Urteil v. 29.1.2020, Az. 6 A 1.19) und hält auch in der Compact-Entscheidung daran fest. Das so in Kauf genommene Risiko schwerer Grundrechtseingriffe muss das BVerwG demnach bei der inhaltlichen Verbotsprüfung wieder einfangen. Nun macht es da einen Schritt in Richtung seiner Kritiker*innen und betont, dass bei der Verhältnismäßigkeit des Verbots »vor allem auch dem Zweck« der Pressefreiheit »angemessen Rechnung getragen werden« müsse.

Das BVerwG sieht in der Compact-Magazin GmbH also einen Verein und ein Medium – aber auch noch mehr: »Über die journalistische Tätigkeit hinaus« habe sie »Veranstaltungen und Kampagnen« organisiert, etwa eine Wahlkampftour »unter dem Slogan ›Die blaue Welle rollt‹«.

Demokratische Meinungsvielfalt oder reine Menschenwürdeverstöße?

Die folgenschwere Frage, wann ein Medienverbot an der freien Presse als einem Pfeiler demokratischer Meinungsbildung rütteln darf, will das BVerwG am Maßstab der Grundrechte beantworten, in erster Linie anhand Artikel 9 GG: Eine Vereinigung soll erst verboten werden können, wenn ihr gesamtes Handeln von der einen Verbotsgrund erfüllenden Tätigkeit

Einzelner bestimmt wird. Diese Tätigkeiten beurteilt das Gericht für ein Medium auch anhand der Pressefreiheit.

Dem gegenüber stehen die Grundrechte, gegen die sich Compact in Ausübung der Presse- und Vereinigungsfreiheit richtet: Es fallen Begriffe wie »völkische Vorstellungen«, »ethnokulturelle Identität« und »De-Islamisierung«. Das vom Identitären Martin Sellner vertretene »Remigrationskonzept« benennt das Gericht klar als nicht mit Menschenwürde, Diskriminierungsverbot und Demokratieprinzip vereinbar. Sellner erhielt bei Compact viel Raum, seine Ideen wurden verherrlicht. Damit und mit den Verbindungen einzelner Redaktionsmitglieder zur Identitären Bewegung oder zur Partei »Die Heimat« (ehemals NPD) begründet das BVerwG, dass die verfassungsfeindlichen Tätigkeiten dem hinter dem Compact-Magazin stehenden Verein zugerechnet werden können.

Doch laut BVerwG »prägen« die menschenwürdewidrigen Äußerungen und Aktivitäten die Vereinigung noch nicht. Ob kopfschüttelnd oder alarmiert: Nach der Urteilsbegründung sind es ausgerechnet die – inhaltlich nicht verfassungsfeindlichen – Texte zu Coronamaßnahmen und zum Ukrainekrieg, die Compact vor einem Verbot bewahrt haben.

Echte demokratische Auseinandersetzung

Bleibt es also der »Kraft der freien gesellschaftlichen Auseinandersetzung« (BVerfG, Beschluss v. 4.11.2009, Az. 1 BvR 2150/08) überlassen, Grundrechte und demokratische Strukturen zu bewahren? Am Beispiel des unter Rechtsextremen weit verbreiteten »Remigrationskonzepts« skizziert das BVerwG eine rote Linie, jenseits derer es staatlicherseits eine Pflicht zum Einschreiten sieht. Auch wenn Compact sie noch nicht überschritten haben soll: Diese rote Linie hat an Klarheit gewonnen und gilt für alle, die das »Remigrationskonzept« propagieren, an seiner politischen Umsetzung arbeiten oder sonst die Menschenwürde und die Regeln des demokratischen Zusammenlebens mit Füßen treten. Wer sie überschreitet, verlässt den Raum der freien gesellschaftlichen Auseinandersetzung und muss mit Einschränkungen der Grundrechte rechnen. Die

Frage, wann eine garantierte Freiheit von staatlichem Einfluss beschränkt werden darf, um die Verfassung als das Fundament dieser Freiheit zu schützen, ist dabei zu komplex, um in einem einzelnen Urteil beantwortet zu werden.

Die Herausforderung für eine demokratische Auseinandersetzung besteht darin, die Diskussionen über dieses komplizierte Verfahren als Warnung für diejenigen zu gestalten, die sich wegen ihrer Verachtung für Menschenwürde und Demokratie an der Schwelle zum Verbot besonders stark fühlen. Das Compact-Urteil ist keine Anleitung zur Rettung der Demokratie. Es ist aber auch kein Freibrief für ihre Zerstörung von rechts.

Literatur

Rhein-Fischer, Paula: Nur gelbes Licht? Was die Pressemitteilung zur Compact-Entscheidung über faktische Medienverbote durch das Vereinsrecht verrät, Verfassungsblog v. 25.6.2025.

Werdermann, David/Thurn, John Philipp: Medienverbote leicht gemacht, Verfassungsblog v. 31.1.2020.

Ulrich Kraetzer: Droht der Identitären Bewegung ein Verbotsverfahren?, CORRECTIV v. 21.10.2025.

Franziska Drohsel

Marx und die Verfassungswidrigkeit

Zunächst schien es, als sei das Urteil des Verwaltungsgerichts (VG) Hamburg ein großer Erfolg für die »Marxistische Abendschule Forum für Politik und Kultur« (MASCH). Die MASCH ist ein eingetragener Verein, der laut Satzung u.a. Grundlagenwissen über den Marxismus vermittelt. Seit 1997 berichtete der Hamburger Verfassungsschutz in seinem jährlichen Bericht über sie, 2021 im Abschnitt »Linksextremismus«. Gegen diese Nennung im Verfassungsschutzbericht wandte sich die MASCH und forderte eine Streichung. Als dies abgelehnt wurde, erhob sie schließlich Klage.

Das VG urteilte nun im April 2025, dass die Passagen über die MASCH entfernt oder unleserlich gemacht werden müssen oder der Verfassungsschutzbericht für das Jahr 2021 nicht mehr veröffentlicht und zugänglich gemacht werden darf (Urteil vom 8.4.2025, Az. 17 K 2550/23): Die MASCH weise keine »aktiv-kämpferische« Haltung auf, die darauf gerichtet sei, Grundsätze der Verfassung zu beseitigen. Das Ergebnis war ein Erfolg für die Abendschule – die Begründung des Urteils ist aber höchst problematisch, da sie ein Verständnis von Meinungsfreiheit und Demokratie offenbart, nach dem zahlreiche Gruppierungen und Einzelpersonen dem Vorwurf verfassungswidriger Betätigung ausgesetzt werden könnten.

Widerspruch zur freiheitlich-demokratischen Grundordnung

Die öffentliche Berichterstattung im Verfassungsschutzbericht ist nach Auffassung des VG rechtswidrig und verletzt die MASCH in ihrem allgemeinen Persönlichkeitsrecht aus Artikel 2 Absatz 1 in Verbindung mit Artikel 1 Absatz 1 GG. Gleichwohl sei sie ein Personenzusammenschluss, bei dem es Äußerungen, Druckerzeugnisse und Veranstaltungen gebe, die mit Elementen der freiheitlich-demokratischen Grundordnung, insbesondere dem Demokratieprinzip nach Artikel 20 Absatz 1 und 2 GG, nicht in Einklang stünden. Eine auf die Theorien von Karl Marx zentrierte Betätigung stehe »prinzipiell im Widerspruch zur freiheitlich demokratischen Grundordnung«, da die von Marx begründete Gesellschaftstheorie damit unvereinbar sei. Laut VG seien Marx' Vorstellungen von einer zukünftigen Gesellschaftsordnung »rudimentär«, und es fehle darin am Recht auf Bildung und Ausübung einer Opposition, an den Prinzipien der Gewaltenteilung und an unabhängigen Gerichten.

Die Behauptung, eine von »Marx begründete Gesellschaftstheorie« stehe prinzipiell im Widerspruch zur freiheitlich-demokratischen Grundordnung, mutet fast absurd an. Es stellt sich bereits die Frage, was mit der einen von Marx begründeten Gesellschaftstheorie überhaupt gemeint sein soll, da Marx' Werk sich im Laufe seines Lebens entwickelt hat. Zudem sind sich dem Marxismus zuordnende Strömungen Denkrichtungen, in denen die Ausführungen von Karl Marx und Friedrich Engels eine zentrale Rolle einnehmen, die jedoch von großer Unterschiedlichkeit geprägt sind und sich teilweise erheblich widersprechen. Eine einheitliche verfassungsrechtliche Bewertung sämtlicher sich dem Marxismus zuordnender Positionen ist daher pauschal nicht möglich.

Wirtschaftsordnung des Grundgesetzes

Vor allem aber bietet das Grundgesetz Spielräume zur Gestaltung von Wirtschaft und Gesellschaft. Diese sind seit der Gründung der Bundesrepublik rechtswissenschaftlich diskutiert worden. Nach dem Marburger Verfassungsrechtler und Politologen Wolfgang Abendroth ist der Dreiklang aus Demokratie, Sozial- und Rechtsstaatlichkeit nur zu verfolgen, wenn sich das Demokratieprinzip in der Wirtschafts- und Sozialordnung auf rechtsstaatliche Weise niederschlägt. Das hätte zur Konsequenz, die Wirtschaft zu demokratisieren. Der Freiburger Jurist und spätere Bundesverfassungsrichter Konrad Hesse hat darauf hingewiesen, dass Besitzende und Nichtbesitzende unter den gleichen rechtlichen Bedingungen in faktischer Ungleichheit leben. Hieraus ergibt sich, den Sozialstaat so zu denken, dass er sozialer Ungleichheit entgegenwirkt. Artikel 15 GG bringt die wirtschaftspolitische Offenheit des Grundgesetzes auf den Punkt, indem er die Möglichkeit demokratischer Vergesellschaftung als ein Mittel politischer Gestaltung verfassungsrechtlich verankert. Vergesellschaftung, Wirtschaftsdemokratie und ein Fokus auf die Reduzierung sozialer Ungleichheit sind Ansätze, die durchaus auch im Rahmen einer an »Marx begründeten Gesellschaftstheorie« gesehen werden können und die dem Grundgesetz mitnichten zuwiderlaufen.

Marx' Aussage, die Demokratie sei »der wahre Bestand aller

Staatsformen«, zeigt, dass es schlicht falsch ist, seine Lehre als antidemokratisch darzustellen. Dass es zwischen einem freiheitlich-konstitutionellen und einem egalitären oder radikaldemokratischen Demokratieverständnis Unterschiede gibt, liegt auf der Hand. Aber dass das Grundgesetz nur ein Verständnis kennen und anderen Auffassungen keinen Raum lassen würde, ist wiederum nicht zutreffend.

Theoretische Auseinandersetzung gleich verfassungswidrige Betätigung?

Das Problem dieser Entscheidung geht jedoch weit über eine verdrehte Marx-Rezeption hinaus. In § 2 Absatz 1 Satz 1 der Satzung der MASCH heißt es, dass Volksbildung, Wissenschaft und Forschung u.a. durch »die offene und streitbare Auseinandersetzung mit den Erkenntnissen der marxistischen Philosophie, der politischen Ökonomie und der materialistischen Geschichtswissenschaft« gefördert werden sollen. Bereits die »offene und streitbare Auseinandersetzung« mit Ideen von Marx als Verstoß gegen die freiheitlich-demokratische Grundordnung zu werten, offenbart ein problematisches Verständnis der Meinungsfreiheit nach Artikel 5 Absatz 1 Satz 1 GG und des Demokratieprinzips nach Artikel 20 Absatz 1 und 2 GG. Der freie Meinungsaustausch ist essenzieller Bestandteil der Demokratie: Er ermöglicht die Auseinandersetzung mit und die Kritik an den herrschenden Verhältnissen, basiert auf der Meinungspluralität und der Möglichkeit der Teilhabe – also sich zu informieren, sich mit anderen auszutauschen und gemeinsam aktiv zu werden.

Allein die Beschäftigung mit marxistischer Theorie als verfassungswidrig zu bezeichnen und dafür beispielhaft auf Äußerungen, Druckerzeugnisse und Veranstaltungen zu verweisen, ist problematisch. Nicht nur in gemeinnützigen Vereinen, sondern auch in politischen Parteien, an den Universitäten oder auf öffentlichen Veranstaltungen wird über Marx und Marxismus diskutiert. Müssten alle daran Beteiligten in Zukunft befürchten, damit einer verfassungsfeindlichen Betätigung nachzugehen, kann dies nur erschrecken – insbesondere vor dem

Hintergrund weltweit zunehmender autoritärer Tendenzen, in denen missliebige Meinungen sanktioniert werden.

Es bleibt zu hoffen, dass solche Interpretationen, wie das VG Hamburg sie vornahm, einmalig bleiben werden. Vielleicht vertieft auch das Gericht die Lektüre sozialistischer Theorie und orientiert sich in Zukunft an einem Ausspruch von Rosa Luxemburg: »Freiheit ist immer Freiheit der Andersdenkenden.«

Literatur

Abendroth, Wolfgang: Zum Begriff des demokratischen und sozialen Rechtsstaats im Grundgesetz der Bundesrepublik Deutschland, in: Alfred Hermann, Festschrift für Ludwig Bergstraesser, Düsseldorf 1954, S. 279 ff.

Hesse, Konrad: Der Gleichheitsgrundsatz im Staatsrecht, in: Archiv des öffentlichen Rechts Nr. 77, 1951, S. 167 ff.

Marx, Karl: Zur Kritik der Hegelschen Rechtsphilosophie, 1843, zitiert nach: Marx/Engels Werke, Berlin 1976, Band 1, S. 203 ff.

Clemens Arzt

Meinungsfreiheit in Sachen Palästina polizeilich boykottiert

Verbot der politischen Betätigung eines Ausländers

Seit dem Überfall der Hamas auf Israel am 7. Oktober 2023 und dem folgenden Krieg Israels im Gazastreifen mit Zehntausenden von Toten wie auch Angriffen auf Syrien, Libanon und Iran wird u. a. in Deutschland diskutiert, ob die israelische Kriegsführung mit dem Völkerrecht vereinbar ist. Dabei sieht sich eine israelkritische Position schnell dem Vorwurf des Antisemitismus ausgesetzt, was außerordentlich hinderlich für eine offene Diskussion ist, besonders bezüglich der Geschichte Palästinas seit 1917. Berlin mit der wohl größten palästinensischen Diaspora in Europa hat sich schnell zum Hotspot der Proteste entwickelt (dazu Arzt, Grundrechte-Report 2025). Nicht nur versammlungsrechtlich, strafrechtlich und durch brutale Polizeigewalt wird in Berlin hiergegen vorgegangen, auch das »Ausländerrecht« wird in Stellung gebracht (dazu Engel in diesem Band, S. 195 ff.). Im hier vorgestellten Fall ging es um das Verbot und die Beschränkung der – grundsätzlich erlaubten – politischen Betätigung von Ausländer*innen nach § 47 Aufenthaltsgesetz (AufenthG).

Unter dem Motto »Wir klagen an« sollte vom 12. bis 14. April 2024 in Berlin ein Kongress zur Lage in Palästina stattfinden. Das internationale Treffen unterstützten neben Einzelpersonen verschiedene »propalästinensische« Gruppen und Initiativen. Im Vorfeld des Kongresses erließ die Polizei, die in Berlin – rechtsstaatlich wenig sinnvoll – zugleich als Versammlungsbehörde agiert, umfangreiche Beschränkungen. Kurz nach Beginn unterbrach die Polizei die Stromversorgung für die Videoübertragung des Kongresses, löste sodann die Versammlung auf und verbot, diese an den Folgetagen fortzusetzen (dazu Michaels, Grundrechte-Report 2025).

Mit Verboten gegen Meinungsfreiheit

Der Kongress erfuhr im Vorfeld großes politisch-mediales Interesse und erzeugte Kontroversen wegen dort angeblich zu erwartender Terrorverherrlichungen und Forderungen nach der Vernichtung Israels. Der Regierende Bürgermeister Kai Wegner (CDU) äußerte am 12. April 2024 gegenüber der *dpa*, man dulde in Berlin keinen Antisemitismus und keine Hetze gegen Jüdinnen und Juden: Die Polizei werde konsequent durchgreifen, sollte es zu einschlägigen Äußerungen oder Straftaten kommen. Damit war die politische Richtung für das behördliche Handeln vorgegeben und wurde im Folgenden nicht selten brutal durchgesetzt.

Bereits vor Beginn des Kongresses untersagte das Berliner Landesamt für Einwanderung einem der eingeladenen Redner,

Ghassan Abu-Sittah, die Beteiligung. Ihm wurde die Auflage erteilt, dort oder im Kontext des Kongresses keine Interviews zu geben. Zudem wurde ihm für den Zeitraum vom 12. bis 14. April 2024 die Veröffentlichung von Medienbeiträgen untersagt, soweit diese einen Bezug zum Kongress hatten. Außerdem verbot die Behörde ihm bis zum 28. April 2024 die Teilnahme an jeglichen Veranstaltungen in Deutschland, die einen Bezug zum Palästina-Kongress oder zum israelisch-palästinensischen Konflikt aufwiesen oder sich auf Handlungen bezogen, die gegen den Staat Israel einschließlich seines Bestandes, inneren Friedens und seiner Gründungsgrundlage gerichtet waren. All dies wurde im Wesentlichen damit begründet, dass er nach »Erkenntnissen des Berliner Verfassungsschutzes« bereits zuvor mit Terrorismus unterstützenden und antisemitischen Äußerungen zum israelisch-palästinensischen Konflikt aufgefallen sei. Der Bescheid wurde ihm am 12. April 2024 bei dem Versuch übergeben, nach Deutschland einzureisen. Er wurde noch an der Grenze zurückgewiesen.

Gerichtliche Klatschen für die Berliner Polizei

Nach der Verhinderung des Kongresses durch Berliner Behörden rief dessen Veranstalter das Verwaltungsgericht (VG) Berlin an und beantragte erfolgreich die Feststellung, dass die Auflösung und das Verbot rechtswidrig waren (Urteil vom 26.11.2025, Az. VG 1 K 187/24). In einem weiteren Verfahren ging es um die oben dargestellte Beschränkung der politischen Meinungsäußerung von Ghassan Abu-Sittah, einem britischen Staatsangehörigen. Der plastische Chirurg arbeitete als Freiwilliger der Hilfsorganisation »Ärzte ohne Grenzen« 2023 für 43 Tage im Gazastreifen. Er befand sich in einem Krankenhaus, in dessen Innenhof sich am 17. Oktober 2023 eine Explosion ereignet haben soll, bei der mehrere Hundert Menschen, die dort Schutz gesucht hatten, getötet wurden. Am folgenden Tag und nach seiner Rückkehr aus Gaza berichtete er über seine Erfahrungen auf Pressekonferenzen und sagte hierzu 2024 vor dem Internationalen Gerichtshof in Den Haag als Zeuge aus.

Am 14. Juli 2025 stellte das VG Berlin fest, dass das Verbot politischer Betätigung gegen Ghassan Abu-Sittah rechtswidrig war (Az. VG 24 K 493/24; Berufung abgelehnt durch das Oberverwaltungsgericht Berlin-Brandenburg am 6. 11. 2025, Az. OVG 2 N 287/25). Die Voraussetzungen von § 47 AufenthG seien nicht erfüllt. Zudem seien die Ermessenserwägungen der Ausländerbehörde rechtsfehlerhaft gewesen. § 47 Absatz 1 Satz 1 AufenthG stelle klar, dass sich Ausländer*innen im Rahmen der allgemeinen Meinungsfreiheit politisch betätigen dürfen. Dies ergebe sich aus den auch ihnen zustehenden Grundrechten wie dem Recht auf freie Meinungsäußerung aus Artikel 5 Absatz 1 GG und aus völkerrechtlichen Vereinbarungen wie Artikel 10 der Europäischen Menschenrechtskonvention. Mit Blick auf den Kläger habe keiner der gesetzlichen Verbotsgründe vorgelegen. Offen ließ das Gericht, ob Unterstützungshandlungen zugunsten ausländischer terroristischer Organisationen von § 47 Absatz 2 Nr. 1 Alt. 1 AufenthG erfasst werden, oder ob sie unter § 47 Absatz 1 Satz 2 Nr. 1 AufenthG fallen. Während erstgenannte Regelung zwangsläufig zu einem Verbot der politischen Betätigung führt, ist dies im zweitgenannten Fall eine Ermessensentscheidung.

Entgegen der Ansicht der Berliner Behörden sei nicht damit zu rechnen gewesen, dass Abu-Sittah im Zusammenhang mit dem Palästina-Kongress oder anderen Veranstaltungen eine terroristische Vereinigung unterstütze oder den von der Hamas und anderen Gruppen verübten Überfall glorifiziere. Zu Recht gehe zwar das Land Berlin davon aus, dass der Kläger von 2019 bis 2022 bei verschiedenen Anlässen mit terroristischen Organisationen sympathisiert und diese unterstützt habe. Seit Beginn seines Einsatzes für »Ärzte ohne Grenzen« 2023 habe er sich, soweit ersichtlich, indes jeglicher öffentlicher Sympathiebekundungen und Unterstützungshandlungen für terroristische palästinensische Gruppierungen enthalten. Daher sei mit derartigen politischen Betätigungen prognostisch nicht zu rechnen gewesen. Etwaige zu erwartende Äußerungen stellten auch keine die Menschenwürde von Jüdinnen und Juden missachtende antisemitische Propaganda dar, die als Volksverhetzung im Sinne von § 130 Strafgesetzbuch anzusehen wäre.

Palästina-Proteste vor Gericht in Berlin

Während das auf gezielten Körperverletzungen basierende Vorgehen der Berliner Polizei gegen Meinungskundgaben bei Versammlungen im Kontext des Krieges in Gaza bisher nicht gerichtlich überprüft wurde, gelang dies hier wie auch bei einem Protestcamp im Sommer 2025 nahe dem Bundeskanzleramt. Damit konnte die Meinungsfreiheit bei Protesten wenigstens in Teilen geschützt werden. Solche gerichtlichen Erfolge beseitigen indes nicht die Machtstellung von Polizei und Versammlungsbehörden im Einzelfall, vor Ort gegen politisch unliebsame Meinungen einzuschreiten, weil eine gerichtliche Klärung meist erst im Nachgang möglich ist.

Mit Blick auf den Palästina-Kongress zeigt sich, dass Polizei und Ausländerbehörde offenbar nicht die Gesetzesgebundenheit der Verwaltung und die Grundrechtsausübung als Ausgangspunkt ihres Handelns sahen, sondern politische Erwartungen und Opportunitätserwägungen. Hier immerhin hat das VG Berlin Grenzen gezogen, und auch andere Verwaltungsgerichte äußern zunehmend Unmut über politische anstelle plausibler rechtlicher Bewertungen der Versammlungs- und Meinungsfreiheit seit dem 7. Oktober 2023.

Literatur

Arzt, Clemens: Versammlungsfreiheit unter Druck, in: Kritische Justiz 2025, S. 553 ff.

Jessica Grimm

Meinungsfreiheit unter Vorbehalt

Strafverfolgung palästinasolidarischer Proteste

Seit dem Angriff der Hamas auf Israel am 7. Oktober 2023 geraten Meinungsäußerungen im Zusammenhang mit palästinasolidarischem Protest verstärkt ins Visier staatlicher Institutionen. Demonstrationen wurden wiederholt untersagt oder mit Auflagen versehen, die bereits im Vorfeld bestimmte Aussagen unterbinden sollten (dazu Arzt, Grundrechte-Report 2025). Versammlungen fanden häufig unter intensiver polizeilicher Beobachtung statt, wobei der Fokus auf gerufenen Parolen und den Inhalten mitgeführter Plakate lag, beispielsweise auf »Free Palestine« oder »Stop the Genocide«, die von der Polizei als strafbare Äußerungen identifiziert wurden. Auch der Ausruf »From the river to the sea« wurde teilweise als Volksverhetzung oder Billigung von Straftaten verfolgt (dazu Thurn, Grundrechte-Report 2024). Anschließende Festnahmen und Auflösungen der Demonstrationen gingen häufig mit dem Einsatz erheblicher Polizeigewalt einher.

Als Folge wurden allein in Berlin seitdem rund 10000 Ermittlungsverfahren mit Palästina-Bezug eingeleitet, viele davon wegen Äußerungsdelikten wie Volksverhetzung (§ 130 Strafgesetzbuch [StGB]), Billigung von Straftaten (§ 140 StGB) oder Verwenden von Kennzeichen verbotener Organisationen (§ 86a StGB). Diese verschärfte strafrechtliche Praxis hat erhebliche Auswirkungen auf die Grundrechte der Betroffenen.

Verunsicherung

Die unterschiedlichen Wertungen von als provokant empfundenen Meinungen durch Strafverfolgungsbehörden und Gerichte schüren Verunsicherung und zeigen sich exemplarisch am Fall einer Demonstrierenden, die im November 2023 mit den Plakaten »Haben wir aus dem Holocaust nichts gelernt?«

und »Nein zu der Ermordung von derzeit 8500 Zivilisten in Gaza« durch das Regierungsviertel lief. Das Amtsgericht Tiergarten verurteilte sie wegen Volksverhetzung zu einer Geldstrafe und wertete die Äußerung als Gleichsetzung mit dem orchestrierten Massenmord des Holocausts. Die Angeklagte legte Berufung ein, woraufhin das Landgericht Berlin sie freisprach (Urteil vom 8.10.2025, Az. 568 NBs 65/25). Es begründete die Straflosigkeit damit, dass die Äußerung erkennbar als Mahnung und politische Kritik verstanden werden könne und der Holocaust lediglich als negative historische Referenz verwendet worden sei.

Artikel 5 Absatz 1 GG schützt politische Meinungsäußerungen, auch wenn sie provozieren oder irritieren. Bei mehrdeutigen Aussagen ist nach den Vorgaben des Bundesverfassungsgerichts grundsätzlich eine nicht strafbare Auslegung zugrunde zu legen, solange sie nicht fernliegend ist. Diese verfassungsrechtlichen Maßstäbe geraten bei Äußerungen im Kontext palästinasolidarischer Demonstrationen zunehmend in den Hintergrund. Die strafrechtliche Bewertung erfolgt häufig situativ im laufenden Versammlungsgeschehen. Polizei und Staatsanwaltschaft stimmen sich im Vorfeld über zulässige Parolen ab und halten bei Unsicherheiten erneut Rücksprache. Sie orientieren sich dabei augenscheinlich an politischen Erwägungen und Vorgaben.

Für die Betroffenen führt dies zu erheblicher Rechtsunsicherheit. Welche Aussagen von der Meinungsfreiheit gedeckt sind, ist kaum vorhersehbar. Selbst wenn sich später eine gerichtliche Klärung zugunsten der Meinungsfreiheit ergibt, ist der grundrechtliche Schaden bereits eingetreten: Versammlungen wurden aufgelöst, politische Meinungsäußerungen unterbunden, Personen festgenommen – nicht selten unter Einsatz körperlicher Gewalt. Hinzutreten oftmals weitere Strafverfahren infolge der Festnahmen, etwa wegen Widerstands gegen Vollstreckungsbeamte. Diese Anschlussvorwürfe bleiben meist bestehen, auch wenn der ursprüngliche Verdacht eines Äußerungsdelikts entfällt.

Vor Gericht: Abschreckung statt Öffentlichkeit

Viele Strafverfahren wegen palästinabezogener Äußerungsdelikte beginnen mit dem Erlass eines Strafbefehls, also einer schriftlichen Verurteilung auf Antrag der Staatsanwaltschaft ohne öffentliche Hauptverhandlung, die innerhalb von zwei Wochen rechtskräftig zu werden droht. Erst durch einen Einspruch der Betroffenen kommt es zu einer mündlichen Gerichtsverhandlung. Obwohl die verhängten Geldstrafen gering sind, legen viele Demonstrierende Einspruch ein – zumeist aus politischer Überzeugung und mit Hilfe unterstützender Strukturen.

Auffällig ist, dass palästinabezogene Verfahren in Berlin fast ausschließlich in sogenannten Sicherheitssälen verhandelt werden, die eigentlich für Verfahren mit besonderer Gefahrenlage vorgesehen sind. Die damit verbundenen Sicherheitsmaßnahmen erschweren die Prozessbeobachtung erheblich: Vor dem Zutritt werden Kleidung und Schuhe des Publikums akribisch kontrolliert, Ausweisdokumente werden kopiert, Mobiltelefone sind verboten, und Mitschriften dürfen nur auf ausgegebenem Papier angefertigt werden.

Die systematische Ahndung über Strafbefehle und die Verhandlung in sogenannten Sicherheitssälen sind aus grundrechtlicher Perspektive problematisch: So erfolgt die Sanktionierung politischer Meinungsäußerungen weitgehend ohne Öffentlichkeit und palästinasolidarische Angeklagte werden als besonders gefährlich dargestellt.

Konsequenzen für Betroffene

Das staatliche Vorgehen zeigt bei den Betroffenen Wirkung. Viele nehmen aus Sorge vor strafrechtlichen Konsequenzen nicht mehr an Demonstrationen teil oder äußern Meinungen nicht mehr öffentlich. Die Unvorhersehbarkeit staatlicher Reaktionen führt dazu, dass politische Beteiligung zunehmend als Risiko wahrgenommen wird.

Für Personen ohne deutsche Staatsangehörigkeit sind die Konsequenzen besonders gravierend. Eine Verurteilung kann ein Ausweisungsinteresse begründen (dazu Engel in diesem Band, S. 195 ff.); laufende Einbürgerungsverfahren drohen zu scheitern. Bewertungen, die für das Aufenthaltsrecht relevant sind, können bereits in Strafbefehlen enthalten sein. Erfolgt kein Einspruch, entfällt eine gerichtliche Überprüfung. Damit werden die staatsanwaltlichen Einschätzungen verbindlich und können von Ausländerbehörden genutzt werden. Der Verlust von Visa, Aufenthaltstiteln oder Studienplätzen droht.

Hinzutritt die erhebliche persönliche Belastung: Für viele ist es der erste Kontakt mit der Justiz, die Erfahrung von Ungerechtigkeit ist verbunden mit Angst und einem hohen psychischen Druck. Die finanziellen Belastungen durch Anwalts- und Verfahrenskosten verschärfen die Situation zusätzlich. Diese Umstände führen insgesamt zu einem ausgeprägten Abschreckungseffekt. Grundrechte bestehen dann formal fort, werden jedoch faktisch nicht mehr ausgeübt.

Erosion des Rechtsstaats

Der Umgang mit palästinasolidarischem Protest verdeutlicht die Fragilität grundrechtlicher Garantien. Zwar bestehen Meinungs- und Versammlungsfreiheit weiterhin, ihre tatsächliche Ausübung wird jedoch durch Rechtsunsicherheit, abschreckende Verfahrensgestaltung, Polizeigewalt und das Risiko weitreichender persönlicher Konsequenzen erheblich eingeschränkt.

Besonders problematisch ist die strukturelle Wirkung dieser Praxis: Wenn politische Äußerungen situativ kriminalisiert, Versammlungen präventiv reglementiert und Strafverfahren unter weitgehendem Ausschluss der Öffentlichkeit geführt werden, weitet sich der Bereich staatlicher Reaktionen auf politischen Protest aus. Das Strafrecht entfaltet damit eine disziplinierende Wirkung über die Ahndung konkreten Unrechts hinaus in die politische Willensbildung.

Setzt sich diese Entwicklung fort, droht eine Normalisierung repressiver Maßnahmen gegenüber politischem Protest, von der insbesondere marginalisierte Gruppen betroffen sind. Politische Teilhabe wird zum Risiko, Grundrechtsausübung zur

Frage individueller Belastbarkeit. Für den Rechtsstaat bedeutet dies eine schleichende Erosion: Grundrechte verlieren ihre Wirksamkeit durch faktische Entwertung. Es wird darauf ankommen, ob staatliche Institutionen die Grundrechte bei Auslegung und Anwendung der Strafgesetze wieder ernst nehmen oder ob sich ein Zustand normalisiert, in dem Grundrechte formell gewahrt, praktisch jedoch entwertet sind.

Artikel 5 (3) **Kunst und Wissenschaft, Forschung und Lehre sind frei. Die Freiheit der Lehre entbindet nicht von der Treue zur Verfassung.**

Artikel 6 (1) **Ehe und Familie stehen unter dem besonderen Schutze der staatlichen Ordnung.**

Elisa Costadura / Therese Herrmann

Unzumutbare Familientrennung

Verfassungs- und menschenrechtliche Bedenken zur Aussetzung des Familiennachzugs

Am 24. Juli 2025 wurde der Familiennachzug zu subsidiär Schutzberechtigten für zwei Jahre ausgesetzt. Die Aussetzung erfolgte im Zuge der von CDU/CSU ausgerufenen »Migrationswende«, die vermeintlich illegaler Fluchtmigration nach Deutschland den Kampf ansagte. Als eine geeignete Stellschraube hierfür wählten die Regierungsparteien von Union und SPD mit dem Familiennachzug zu subsidiär Schutzberechtigten – der nach einer ersten Aussetzung von 2016 bis 2018 ohnehin auf 1000 Personen pro Monat beschränkt war – einen der wenigen verbliebenen legalen Zugangswege für Schutzsuchende. Subsidiären Schutz erhalten Menschen, denen im Herkunftsland beispielsweise Folter oder Lebensgefahr wegen eines bewaffneten Konflikts droht. Sie und ihre Familien sind daher, anders als in der öffentlichen Debatte oftmals dargestellt, keineswegs weniger schutzwürdig als nach der Genfer Konvention anerkannte Flüchtlinge.

Von der aktuellen Aussetzung sind auch alle laufenden Verfahren betroffen. Dies war bei der ersten Aussetzung noch anders: Wegen einer sogenannten Stichtagsregelung galt sie nur für

Fälle, in denen das bereits in Deutschland lebende Familienmitglied erst nach Inkrafttreten der Aussetzung subsidiären Schutz erhielt. Mangels einer vergleichbaren Regelung sind jetzt auch Familien betroffen, die ihre Verfahren schon seit Jahren betreiben. An vielen deutschen Botschaften müssen die Familien um die zwei Jahre auf einen Termin zur Antragstellung warten (dazu Lehrian / Weigelt, Grundrechte-Report 2025). Das darauffolgende Visumverfahren kann ebenfalls mehrere Jahre dauern, teilweise schließen sich Gerichtsverfahren an. Diese ohnehin jahrelange Wartezeit wird durch die Aussetzung nun nochmals um mindestens zwei weitere Jahre verlängert. Der Koalitionsvertrag lässt darüber hinaus sogar eine erneute Verlängerung zu.

Die hierdurch in vielen Fällen entstehenden Trennungszeiten sind mit dem nach Artikel 6 GG und Artikel 8 der Europäischen Menschenrechtskonvention (EMRK) gewährleisteten Schutz der Familie unvereinbar.

Grund- und menschenrechtliche Vorgaben

Dem deutschen Gesetzgeber lagen Entscheidungen des Europäischen Gerichtshofs für Menschenrechte (EGMR) vor, an deren Vorgaben er sich konkret hätte orientieren können und müssen. Der EGMR hatte sich 2021 und 2022 mit Aussetzungen des Familiennachzugs in Dänemark und Schweden befasst (Urteile vom 9.7.2021, Az. 6697/18 sowie vom 6.3.2023, Az. 22105/18). Den Verfahren lagen zwei unterschiedlich gestaltete Regelungen zugrunde, die beide dreijährige Wartefristen enthielten und laufende Familiennachzugsverfahren von der Aussetzung ausnahmen. Der Dauer der Familientrennung kam in beiden Entscheidungen eine bedeutende Rolle zu: Während Trennungszeiten von zwei Jahren seit Erhalt der Aufenthaltserlaubnis der Referenzperson laut EGMR noch zulässig sein können, sei eine Verweigerung des Familiennachzugs darüber hinaus nur schwer mit Artikel 8 EMRK vereinbar. Aus den Entscheidungen folgt auch, dass Staaten den Betroffenen während dieser Zeit eine effektive Einzelfallprüfung ermöglichen müssen. Hierbei müsse jeweils konkret abgewogen werden zwischen dem staatlichen Interesse an der Migrationskontrolle und den Interessen der betroffenen Familien. Letztere wiegen besonders schwer, wenn die Familientrennung bereits lange andauert und die Familieneinheit nicht im Herkunfts- oder einem Drittstaat wiederhergestellt werden kann.

Während das Bundesverfassungsgericht (BVerfG) in mehreren Eilrechtsschutzverfahren zur ersten Aussetzung von 2016 letztlich nicht über ihre Verfassungsmäßigkeit entschied, verwies es sehr wohl darauf, dass die Möglichkeit einer »Härtefallprüfung« mitentscheidend für die Verfassungsmäßigkeit ist (u.a. Beschluss vom 20.3.2018, Az. 2 BvR 1266/17).

Sehenden Auges in die Verfassungs- und Menschenrechtswidrigkeit?

Die erforderliche Einzelfallbetrachtung soll in der gegenwärtigen Aussetzung eine sogenannte Härtefallprüfung auf Erteilung eines humanitären Visums nach § 22 Satz 1 Aufenthaltsgesetz (AufenthG) gewährleisten. Die Kriterien für Härtefälle sind nach einer aktuellen Weisung des Auswärtigen Amts (AA) jedoch so streng, dass praktisch kaum Anwendungsfälle übrig bleiben. Besonders eklatant sind die für zumutbar gehaltenen Trennungszeiten: Danach soll jenseits des Kleinkindalters erst eine Familientrennung von zehn Jahren einen Härtefall begründen. Dies ist nicht mit der EGMR Rechtsprechung in Einklang zu bringen. Es dürfte auch nicht mit nationaler Rechtsprechung zum Recht auf Familie vereinbar sein. So urteilte das Bundesverwaltungsgericht in einem anderen Kontext, dass in der Regel Trennungszeiten von maximal zwei bis fünf Jahren mit Artikel 6 GG vereinbar sind. Eine Übertragung dieser Richtwerte hat das AA jüngst abgelehnt, da sonst derart viele Familien einreisen dürften, dass der Gesetzeszweck der Aussetzung ausgehöhlt würde. Das stellt die verfassungsmäßige Ordnung auf den Kopf, denn nicht die Verfassung muss sich dem einfachen Recht beugen, vielmehr muss § 22 AufenthG verfassungskonform ausgelegt werden. Der Gesetzgeber versteht diese Regelung nach dem Entwurf zum Aussetzungsgesetz (BT- Drs. 21/321, S. 13) schließlich selbst als Instrument zur Sicherstellung der verfassungs- und menschenrechtlich gebotenen Einzelfallprüfung während der Aussetzung.

Dass derart viele Fälle mit extrem langen Trennungszeiten betroffen sind, hätte zudem durch eine Stichtagsregelung vermieden werden können. So wären viele Familien, die bereits jahrelang getrennt sind, von der Aussetzung ausgenommen gewesen. Eine Stichtagsregelung wäre auch mit Blick auf das sogenannte Rückwirkungsverbot aus Artikel 20 Absatz 3 GG verfassungsrechtlich geboten gewesen. Gesetze, die in bereits laufende und noch nicht abgeschlossene Sachverhalte eingreifen, sind danach nur zulässig, wenn sie verhältnismäßig sind. Das BVerfG hat diesbezüglich etabliert, dass bei der gebotenen Abwägung zwischen den Interessen des Gesetzgebers und den Schutzgütern der Betroffenen insbesondere angemessene Übergangsregelungen von Bedeutung sind, um laufende Verfahren zu schonen.

Keine »nationale Notlage«

Diese schwerwiegenden Eingriffe in das Recht auf Familie sind verfassungs- und menschenrechtlich nur zu rechtfertigen, wenn sie unter Abwägung mit dem staatlichen Interesse an der Migrationskontrolle im Einzelfall verhältnismäßig sind. Dass Deutschland mit Blick auf die Fluchtmigration vor einer »nationalen Notlage« stehe, hat die Bundesregierung medienwirksam suggeriert. Bei Betrachtung der tatsächlichen Aufnahmekapazitäten zeigt sich jedoch ein anderes Bild. So sind die Asylantragszahlen 2025 bereits das zweite Jahr in Folge stark gefallen und nunmehr mit Ausnahme des Pandemiejahres 2020 auf dem niedrigsten Niveau der vergangenen zehn Jahre. Es lässt sich außerdem bezweifeln, dass gerade die Aussetzung des Familiennachzugs geeignet ist, die Kommunen bei der Integration zu entlasten. Jahre der unfreiwilligen Familientrennung erschweren nachweislich die Integration der Neuankommenden – ganz zu schweigen von der emotionalen Belastung, die sie für die Betroffenen bedeuten.

Es bleibt abzuwarten, welche Kriterien die nationalen Gerichte für die Anwendung von § 22 AufenthG definieren werden. Anders als bei der ersten Aussetzung, in der laufende Verfahren ausgenommen waren, wird der Fokus nun voraussichtlich auf den jahrelangen Trennungsdauern liegen. Sollten die deutschen Gerichte bis hin zum BVerfG die restriktiven Vorgaben des AA bestätigen, bliebe den Betroffenen nur noch der Gang zum EGMR. Eine Entscheidung wäre dann frühestens in einigen Jahren zu erwarten. Für viele Familien werden so oder so die Jahre des Wartens weitergehen.

Literatur

Auswärtiges Amt: Bewertung von Härtefallanzeigen nach § 22 S. 1 AufenthG im Kontext des Familiennachzugs zu subsidiär Schutzberechtigten, Frag den Staat v. 22. 7. 2025.

Ujkašević, Corinna: Schriftliche Stellungnahme zum Entwurf eines Gesetzes zur Aussetzung des Familiennachzugs zu subsidiär Schutzberechtigten vom 19. 6. 2025, Ausschussdrucksache 21(4)012 F.

Uerpmann-Wittzack, Robert: Aussetzung des Familiennachzugs im Lichte der Rechtsprechung des EGMR, Zeitschrift für Ausländerrecht und Ausländerpolitik 2025, S. 347 ff.

> Artikel 8 (1) **Alle Deutschen haben das Recht, sich ohne Anmeldung oder Erlaubnis friedlich und ohne Waffen zu versammeln.**

Ali Ighreiz

Freiheit für Palästina oder فلسطين حرة?

Das Arabisch-Verbot der Berliner Polizei auf propalästinensischen Versammlungen

Am 8. Februar 2025 fand in Berlin eine palästinasolidarische Versammlung statt. Der Anmelder erhielt im Vorfeld einen Bescheid der Berliner Polizei, der die Durchführung der Versammlung an die Einhaltung eines exzessiven Auflagenkatalogs knüpfte. Die Polizei untersagte den geplanten Demonstrationszug und ordnete stattdessen eine ortsfeste Kundgebung an – eine Praxis, die bei palästinasolidarischen Versammlungen in Berlin zur Regel geworden ist. Um der »Emotionalisierung« der Versammlungsteilnehmer*innen vorzubeugen, setzte der Auflagenkatalog außerdem eine Quote von Trommeln je 100 Teilnehmer*innen fest. Die rechtlich brisanteste Auflage war jedoch das Verbot von Redebeiträgen oder Parolen in anderen Sprachen als Deutsch oder Englisch.

Die Polizei begründete dieses Sprachverbot mit Erfahrungen der Vormonate. Seit dem Beginn des Kriegs in Gaza sei es bei propalästinensischen Versammlungen wiederholt zu strafbaren Rufen in arabischer Sprache gekommen. Die Polizei argumentierte, dass solche Äußerungen oft erst im Nachhinein durch soziale Medien bekannt würden und vor Ort nicht schnell genug übersetzt und bewertet werden könnten, um ein unmittelbares Eingreifen zu ermöglichen. Das Sprachverbot sei daher eine »Mindermaßnahme« zu einem kompletten Verbot der Versammlung. Noch bevor die Versammlung stattfand, beantragte der Anmelder Eilrechtsschutz gegen die Auflagen vor dem Verwaltungsgericht Berlin. Mit nur geringem Erfolg: Das Gericht bestätigte in seinem Beschluss (Urteil vom 8.2.2025, Az. 1 L 47/25) sowohl die Umwandlung in eine stationäre Kundgebung als auch das Sprachverbot. Die Richter*innen folgten der polizeilichen Gefahrenprognose und sahen die Auflage als erforderlich an, um Straftaten zu verhindern. Den Einsatz von Dolmetscher*innen bewertete das Gericht als ungenügend, da diese nur die nachträgliche Verfolgung, nicht aber die Begehung von Straftaten selbst verhindern könnten. Für Personen, die kein Englisch oder Deutsch sprechen, sei es ohne weiteres möglich, ihre Meinung mit Hilfe von Online-Übersetzungsprogrammen »beispielsweise GoogleTranslate« ins Deutsche oder Englische zu übersetzen und dann kundzutun.

Nachdem es am Tag der Kundgebung dann zu Äußerungen kam, die gegen die Sprachauflage verstießen, löste die Polizei die Versammlung unter Gewaltanwendung auf.

Arabisch als Gefahr?

Mit dem erlassenen Sprachverbot verletzte die Berliner Polizei die Versammlungsfreiheit (Artikel 8 GG) und die Meinungsfreiheit (Artikel 5 GG) der Versammlungsteilnehmer*innen. Denn die Meinungsfreiheit schützt nicht allein den Inhalt einer Äußerung, sondern ebenso die Sprache als Medium, in dem Gedanken formuliert werden. Als kollektive Form der Meinungsäußerung schützt die Versammlungsfreiheit folglich auch das Recht, den eigenen Protest in der frei gewählten Sprache auf die Straße zu tragen. Die Polizei und das Gericht haben zwar erkannt, dass sie die Meinungs- und Versammlungsfreiheit beschneiden, sie haben jedoch die Tragweite des Sprachverbots und dessen Auswirkungen auf diese Freiheiten eklatant verkannt. Die angeführten Rechtfertigungen lassen wohl auch deshalb die notwendige analytische Tiefe vermissen. So ist die Behauptung des Gerichts, der Einsatz von Dolmetscher*innen sei ungenügend, da dadurch Straftaten nicht verhindert, sondern nur im Nachhinein aufgeklärt werden könnten, nicht überzeugend. Denn wenn Personen auf Deutsch oder Englisch strafbare Aussagen skandieren wollen, dann wird die Begehung der Straftat auch nicht dadurch verhindert, dass Polizeibeamt*innen diese Sprachen verstehen. Das Risiko, dass durch die Verwendung einer Sprache (Sprechen) Straftaten begangen werden können, ist hinzunehmen. Prävention, die dieses Risiko durch ein Totalverbot einzuhegen versucht, geht zu weit. Zumal die Meinungs- und Versammlungsfreiheit das Rückgrat einer lebendigen Demokratie bilden.

Die Polizei und das Gericht haben außerdem die wechselseitige Beziehung zwischen der Sprache und dem Anliegen des Protests verkannt. Viele Teilnehmende von palästinasolidarischen Protesten würden das Vorgehen der israelischen Regierung in Gaza und dem Westjordanland als einen Versuch beschreiben, eine Kultur und Identität auszulöschen. Zu dieser Kultur und Identität gehört auch die arabische Sprache. Wenn sich der Protest also gegen das Vorgehen der israelischen Regierung wendet, wird das Recht, auf Arabisch zu protestieren, zu einem zentralen und symbolischen Akt des Widerstands. Vor diesem Hintergrund ist der Vorschlag des Verwaltungsgerichts, Parolen einfach ins Deutsche oder Englische zu übersetzen, ignorant. Er verkennt die symbolische und inhaltliche Dimension des Protests vollständig. Zudem ignoriert das Verbot, dass die Versammlungsfreiheit die kommunikative Selbstbestimmung der Teilnehmenden garantiert. Lebendiger Protest lebt von der Möglichkeit, dass sich Teilnehmende spontan in der Sprache äußern können, in der sie sich am sichersten und authentischsten bewegen. Der Zwang zur Übersetzung wirkt hier wie eine Zensur dieser Spontaneität.

Besonders schwer wiegt schließlich der Verstoß des Sprachverbots gegen das Diskriminierungsverbot (Artikel 3 GG). Das Sprachverbot trifft nicht alle gleich, sondern schließt gezielt Menschen aus, deren Erst- oder Verkehrssprache nicht Deutsch oder Englisch ist. In einer postmigrantischen Gesellschaft wie Deutschland, in der unzählige Menschen verschiedene Erstsprachen sprechen, bedeutet das Verbot damit eine weitere Grundrechtsverletzung.

Palästinensische Ausnahme?

Dieser Fall steht nicht im luftleeren Raum. Er ist symptomatisch für einen Trend, der Deutschland international in die Kritik von Menschenrechtsorganisationen gerückt hat. Zahlreiche Berichte, unter anderem von Amnesty International und dem European Civic Forum, zeichnen das Bild eines systematisch repressiven Umgangs mit propalästinensischer Meinungsäußerung und Versammlungsfreiheit spätestens seit Oktober 2023. Diese Organisationen dokumentierten, dass deutsche Behörden im europäischen Vergleich besonders restriktiv vorgehen. Kritisiert werden dabei vor allem pauschale Demonstrationsverbote (dazu Arzt, Grundrechte-Report 2025), unverhältnismäßige Auflagen und der exzessive Einsatz von Polizeigewalt bei friedlichen Protesten. Diese Eingriffe erzeugen einen erdrückenden »Chilling Effect«: Menschen, insbesondere solche mit Migrations- oder Fluchtgeschichte, werden davon abgeschreckt, ihre Grundrechte wahrzunehmen, aus Angst vor beruflichen, aufenthaltsrechtlichen oder sozialen Konsequenzen. Die gewaltsame Auflösung der Berliner Demonstration wegen des Gebrauchs der arabischen Sprache ist somit kein Einzelfall, sondern lediglich die Spitze eines Eisbergs systematischer Grundrechtseinschränkungen.

Es ist Aufgabe der Gerichte, solche Grundrechtsverletzungen in Zukunft zu verhindern und nicht zu perpetuieren. Dass dies möglich ist, zeigte sich im Sommer 2025 in Frankfurt am Main. Dort versuchte die Stadt, eine propalästinensische Demonstration pauschal zu verbieten, scheiterte jedoch vor Gericht. Die Demonstration verlief anschließend nach Polizeiangaben überwiegend friedlich. In seiner Entscheidung hielt das Frankfurter Verwaltungsgericht, bestätigt durch den Hessischen Verwaltungsgerichtshof, fest, was auch für Berlin hätte gelten müssen: Staatlichen Stellen ist es verboten, aufgrund bestimmter Thematiken oder politischer Positionen in Grundrechte einzugreifen. Das gilt insbesondere bei der Meinungs- und Versammlungsfreiheit. Sie sind Abwehrrechte, die auch und vor allem andersdenkenden Menschen zugutekommen müssen. Eine palästinensische Ausnahme darf es nicht geben.

Literatur

Meinel, Florian: Wenn die Polizei schon gegen arabische Gesänge vorgeht, in: Frankfurter Allgemeine Zeitung v. 24.2.2025.

Laura Herbster

Schutz nur im Einzelfall erlaubt

Schutzwaffen vor dem Europäischen Gerichtshof für Menschenrechte

Ist es strafbar, sich auf einer Versammlung mit einer Plastikfolie gegen den polizeilichen Einsatz von Pfefferspray zu schützen? Ja, entschieden Amtsgericht, Landgericht und Oberlandesgericht Frankfurt am Main. Nein, entschied nun der Europäische Gerichtshof für Menschenrechte (EGMR). Er stellte fest, dass es im vorliegenden Fall mit der Versammlungsfreiheit nach Artikel 11 der Europäischen Menschenrechtskonvention (EMRK) nicht vereinbar sei, den Selbstschutz zu bestrafen (Urteil vom 20.05.2025, Az. 44241/20). Das zugrunde liegende Schutzwaffenverbot ließ er allerdings unangetastet.

Im Mittelpunkt der gerichtlichen Verfahren steht eine durchsichtige Plastikfolie in DIN-A5-Größe. Eine solche hatte sich der Aktivist Benjamin Ruß 2015 auf einer Demonstration gegen die Europäische Zentralbank im Rahmen der Blockupy-Proteste vor die Augen gebunden, um sich vor Pfeffersprayeinsätzen der Polizei zu schützen. Hierfür wurde er erstinstanzlich vom Amtsgericht zu einer Geldstrafe in Höhe von 40 Tagessätzen verurteilt. Die Plastikfolie war für das Gericht eine Schutzwaffe im Sinne des § 17a Absatz 1 des Versammlungsgesetzes (VersG), deren Nutzung nach § 27 Absatz 2 Nr. 1 VersG strafbar ist. Diese Entscheidung bestätigten auch die höheren Instanzen. Eine Verfassungsbeschwerde des Aktivisten nahm das Bundesverfassungsgericht nicht zur Entscheidung an. Damit stand der Weg zum EGMR offen.

»Schutzwaffen« = Schutzkleidung und -gegenstände

Sogenannte Schutzwaffen sind entgegen ihrer Bezeichnung keine Waffen, sondern Gegenstände, die dazu geeignet sind, sich auf Versammlungen gegen Maßnahmen der Polizei zu schützen (vgl. BT-Drs. 10/3580, 4). Um als Schutzwaffe klassifiziert zu werden, muss der Hauptzweck des Gegenstands die Verteidigung gegen Angriffe sein, zum Beispiel ein Stahlhelm oder ein Schutzschild, um sich gegen einen Schlagstockeinsatz zu schützen, oder ein Mundschutz, wie er beim Boxen verwendet wird. Von dem Verbot umfasst sind allerdings auch »Gegenstände, die als Schutzwaffe geeignet« sind, § 17a Absatz 1 VersG. Hierunter fallen gemäß der Gesetzesbegründung Gegenstände, die »nach ihrer Konstruktion und Funktionsweise einer Schutzwaffe ähnlich sind«. Zum Beispiel ein Motorradhelm, der dem militärischen Stahlhelm gleicht. Eine Regenjacke zum Schutz gegen Wasserwerfer beispielsweise soll dagegen explizit keine Schutzwaffe darstellen, da sie kein Schutzwaffenäquivalent hat.

Die Einführung des Schutzwaffenverbots im Jahr 1985 wurde von der damaligen Regierung Helmut Kohl damit begründet, sie solle Gewalt auf Demonstrationen reduzieren. Ohne Belege hierfür anzuführen, argumentierte die damalige schwarz-gelbe Regierungskoalition, dass das »martialische Erscheinungsbild« von Demonstrierenden mit Schutzwaffen aus massenpsychologischen Gründen Gewalt auf Demonstrationen fördern würde. Zudem würden Demonstrierende mit Schutzbewaffnung ihre Gewaltbereitschaft ausdrücken. 1989 stufte der Gesetzgeber die Nutzung von Schutzwaffen von einer Ordnungswidrigkeit zu einer Straftat hoch. Dabei hatte der Gesetzgeber bei der Begründung des ursprünglichen Verbots selbst gewarnt, dass die Einführung eines Straftatbestands die Polizei »in einen gefährlichen Zugzwang« bringen könnte. Dieser würde erst recht zu einer Eskalation führen, sollte die Polizei eingreifen müssen. Nach dem Legalitätsprinzip, welches bei Straftatbeständen, nicht aber bei Ordnungswidrigkeiten gilt, sind Strafverfolgungsbehörden verpflichtet, jede Straftat, von der sie erfahren, zu verfolgen. (BT-Drs. 10/3580, 2).

EGMR: Verurteilung mit der Versammlungsfreiheit nicht vereinbar

Nachdem er in Deutschland letztinstanzlich wegen der Nutzung einer Plastikfolie zum Schutz gegen Pfefferspray strafrechtlich verurteilt worden war, wandte sich der betroffene Aktivist mit einer Individualbeschwerde an den EGMR. Der Straßburger Gerichtshof prüfte eine Verletzung der Versammlungsfreiheit des Aktivisten nach Artikel 11 EMRK. Er stellte fest, dass die Verurteilung den Aktivisten in der Ausübung seiner Versammlungsfreiheit auf eine Art beschränkte, die in einer demokratischen Gesellschaft nicht zulässig sei. Zu beachten ist allerdings, dass der Gerichtshof hier nur das Merkmal des »martialischen Erscheinungsbildes« als nicht erfüllt erachtete. Das dem konkreten Fall zugrunde liegende Verbot ließ er leider unangetastet.

So gestand der EGMR dem deutschen Staat zu, dass dieser mit dem Verbot legitime Ziele verfolge, nämlich die Reduzierung von Gewalt auf Demonstrationen und den Schutz von Demonstrationsteilnehmer*innen. Zudem »akzeptierte« er die Annahme des Gesetzgebers, dass schutzbewaffnete Demonstrierende durch ihr »martialisches Erscheinungsbild« Gewalt auf Versammlungen fördern und selbst durch die Nutzung von Schutzwaffen Gewaltbereitschaft ausdrücken könnten. Zwar betonte er, dass gewaltlose Handlungen auf einer Versammlung grundsätzlich nicht unter Strafe gestellt werden sollten, sah die Strafbarkeit von Schutzbewaffnung auf Demonstrationen in Deutschland dann aber nicht in allen Fällen als problematisch an. Es bedürfe allerdings immer einer besonderen Abwägung durch die Strafgerichte zwischen der Versammlungsfreiheit des Angeklagten und dem legitimen Ziel, Gewalt auf Demonstrationen zu verhindern, um zu begründen, dass eine Verurteilung in einer demokratischen Gesellschaft notwendig ist.

Auf den konkreten Fall bezogen prüfte der EGMR sodann, ob eine strafrechtliche Verurteilung angemessen war. Hierbei stimmte er den deutschen Gerichten zu, dass es sich bei der Plastikfolie nach der gesetzgeberischen Definition um eine verbotene Schutzwaffe handelte: Diese entspricht einem Visier, welches wiederum hauptsächlich dem Zweck dient, sich gegen Angriffe zu verteidigen. Das nationale Gericht hätte aber neben der gesetzgeberischen Definition gesondert prüfen und begründen müssen, weshalb die Plastikfolie zu einem »martialischen Erscheinungsbild« führte und Gewaltbereitschaft ausdrückte. Bei einer so simplen Konstruktion wie der vorliegenden könnte diese nicht, wie beispielsweise bei einem Stahlhelm, einfach vermutet werden.

Nur eine sanfte Niederlage für Deutschland

Das Urteil des EGMR ist im Grunde positiv für den Schutz der Versammlungsfreiheit in Deutschland. Für die Strafbarkeit von Schutzwaffen muss ein nationales Gericht in Zukunft das Merkmal des »martialischen Erscheinungsbildes« gesondert prüfen und die Versammlungsfreiheit des*der Angeklagten gegen das Ziel der Gewaltprävention abwägen. Das zugrunde liegende Schutzwaffenverbot und seine Strafbarkeit ließ der EGMR allerdings unangetastet. Die grundsätzlichen Probleme des Schutzwaffenverbots bestehen weiterhin.

Die Versammlungsfreiheit nach Artikel 8 GG gewährleistet die außerparlamentarische Möglichkeit der Meinungsbetätigung und -bildung. Damit ist sie für unsere Demokratie unentbehrlich. Einschränkungen dieser Versammlungsfreiheit sollten nur vorgenommen werden, wenn sie wirklich notwendig zum Schutz der Rechte anderer sind. Sich vor körperlichen Übergriffen zu schützen ist ein grundlegendes menschliches Bedürfnis und geht nicht automatisch mit Gewalt einher. Wie der EGMR festgestellt hat, ist die Kriminalisierung gewaltloser Handlungen auf Versammlungen mit Sorge zu betrachten. Selbstschutz dennoch pauschal zu verbieten und unter Strafe zu stellen, ist versammlungsrechtlich hoch problematisch. Eine Abschaffung des Verbots, mindestens aber der Strafbarkeit von Schutzbewaffnung ist daher politisch anzustreben.

Darüber hinaus ist die Wirksamkeit des Verbots bis heute weder evaluiert noch belegt worden. Insbesondere im sensiblen Bereich des Versammlungsrechts muss wissenschaftlich fundiertes politisches Handeln einer unwirksamen Symbolpolitik vorgezogen werden.

Literatur

Nassauer, Anne: Effective crowd policing: Empirical insights on avoiding protest violence, in: Policing: An International Journal of Police Strategies & Management 38/2015, S. 3 ff.

Herbster, Laura: Vom Verbot, sich zu schützen. Eine Analyse des versammlungsrechtlichen Schutzwaffenverbots, in: Forum Recht 2/2020.

Claus Förster

Ist eine Gegendemonstration eine »grobe Störung«?

Im Jahr 2015 führte die Piusbruderschaft in Freiburg im Breisgau eine Demonstration gegen Schwangerschaftsabbrüche unter dem Motto »Schutz des ungeborenen Lebens« durch. Die christliche Organisation wird teils als Randerscheinung der katholischen Kirche, teils als deren Abspaltung angesehen. Gegen die Versammlung mobilisierten zahlreiche Gruppierungen zu Gegendemonstrationen. Im Rahmen der Proteste setzten sich dann rund 70 Gegendemonstrant*innen in mehreren Reihen, zum Teil untergehakt, quer über die Fahrbahn hinter das Martinstor. Die Polizei forderte sie über Lautsprecher dazu auf, den Aufzugsweg freizugeben. Als 44 Gegendemonstrant*innen weiter am Martinstor blieben, löste die Polizei die Versammlung auf. Anschließend wurden die Gegendemonstrant*innen von Polizeibeamt*innen von der Fahrbahn getragen, so dass der östliche Torbogen wieder passierbar war.

Gegen viele Protestierende gab es anschließend Strafverfahren. Einen Gegendemonstranten verurteilte das Amtsgericht Freiburg 2019 wegen Störung von Versammlungen und Aufzügen gemäß § 21 des Versammlungsgesetzes (VersG) zu einer Geldstrafe. Nach dieser Vorschrift wird u. a. bestraft, wer in der Absicht, nicht verbotene Versammlungen oder Aufzüge zu verhindern oder zu sprengen oder sonst ihre Durchführung zu vereiteln, grobe Störungen verursacht. Gegen diese vom Oberlandesgericht Karlsruhe bestätigte Verurteilung legte der Gegendemonstrant Verfassungsbeschwerde ein. Diese wurde 2025 vom Bundesverfassungsgericht (BVerfG) zurückgewiesen (Beschluss vom 1. 10. 2025, Az. 1 BvR 2428/20).

Strafe für Gegenprotest verfassungskonform?

In seinem Beschluss legte das BVerfG zunächst dar, dass das Verhalten des Protestierenden unter den Schutzbereich der Versammlungsfreiheit fällt: Er war als Teilnehmer einer friedlichen Versammlung von Artikel 8 GG geschützt. Den Eingriff in die Versammlungsfreiheit durch die strafrechtliche Verurteilung sah das Gericht jedoch als gerechtfertigt an.

An keiner Stelle des Beschlusses wird dabei erkennbar, ob der Beschwerdeführer sich nach Auflösung vom Ort der Versammlung entfernte oder ob er zu den Teilnehmer*innen gehörte, die Polizeibeamt*innen sodann von der Fahrbahn trugen. Das BVerfG machte aber deutlich, dass die Rechtslage auch nicht anders zu beurteilen gewesen wäre, wenn er sich unmittelbar nach der Auflösung entfernt hätte. Bereits die bloße Teilnahme an der friedlichen, nicht aufgelösten Versammlung genügt also nach Ansicht des Gerichts für eine Strafbarkeit.

§ 21 VersG als Rechtsgrundlage der strafrechtlichen Verurteilung sei verfassungskonform. Verboten sei danach lediglich – neben Gewalt und Gewaltandrohung – die Verursachung »grober Störungen«, und zwar konkret in der Absicht, die nicht verbotene Ausgangsversammlung zu verhindern oder zu sprengen oder sonst ihre Durchführung zu vereiteln. Damit werde die Versammlungsfreiheit der Teilnehmer*innen der störenden Gegenversammlung lediglich punktuell hinsichtlich der Art und Weise ihrer Versammlungsdurchführung begrenzt.

Schweigen zum Begriff der »groben Störung«

Nicht dargelegt hat das Gericht, ob § 21 VersG mit dem Bestimmtheitsgebot des Artikels 103 Absatz 2 GG vereinbar ist. Dieses sieht vor, dass eine Tat nur bestraft werden kann, wenn die Strafbarkeit gesetzlich bestimmt war, bevor die Tat begangen wurde. Die Voraussetzungen der Strafbarkeit sind also im Gesetzeswortlaut so konkret zu umschreiben, dass Tragweite und Anwendungsbereich der Straftatbestände zu erkennen sind und sich durch Auslegung ermitteln lassen. Zwar wird dies auch schon bisher nicht streng gehandhabt, beispielsweise im Falle des Begriffs der Beleidigung, der als auslegungsfähig angesehen wird. Der im Versammlungsgesetz enthaltene Begriff der »groben Störung« ist aber nicht mit dem Beleidigungsbegriff vergleichbar, da er nicht älter als das Grundgesetz und auch nicht durch jahrzehntelange Rechtsprechung präzisiert ist. Es erschließt sich nicht ohne weiteres, wann eine Versammlung grob gestört wird. Das gilt insbesondere, weil das BVerfG auch die Teilnahme an einer noch nicht aufgelösten Gegendemonstration genügen lässt. Für die Demonstrationsteilnehmer*innen ist daher nicht vorhersehbar, was ein Strafgericht als »grobe Störung« ansehen wird.

Die sich an die Prüfung der Verfassungsmäßigkeit von § 21 VersG anschließende Frage, ob das auf diese Norm gestützte staatliche Handeln, also die Verurteilung im konkreten Fall, verfassungskonform war, behandelt das BVerfG dann denkbar knapp. Zu den verfassungsrechtlichen Anforderungen an den Begriff der »groben Störung« in einer Situation, in der sich der Beschuldigte selbst auf das Grundrecht der Versammlungsfreiheit berufen kann, sagt der Beschluss nichts. Diese für Demonstrierende wichtige Kernfrage bleibt so unbeantwortet.

Nicht nur wie hier bei einer Sitzblockade, sondern immer, wenn Menschen mit gegensätzlichen Intentionen räumlich aufeinandertreffen, können sie einander »stören«. Dies ist aber in einem bestimmten Umfang hinzunehmen. Im berühmten Brokdorf-Beschluss von 1985 hatte das BVerfG Demonstrationen als die »gemeinsame körperliche Sichtbarmachung von Überzeugungen« beschrieben. Die Teilnehmenden nähmen »schon durch die bloße Anwesenheit, die Art des Auftretens und des Umgangs miteinander oder die Wahl des Ortes im eigentlichen Sinne des Wortes Stellung«. Das Gericht entschied auch 2007, dass das »Grundrecht auf Versammlungsfreiheit [...] das Interesse des Veranstalters [schützt], auf einen Beachtungserfolg nach seinen Vorstellungen zu zielen, also gerade auch durch eine möglichst große Nähe zu dem symbolhaltigen Ort« (Beschluss vom 6.6.2007, Az. 1 BvR 1423/07). Wenn der zu bezeugende Standpunkt die Missbilligung des von einer anderen Versammlung bezeugten Standpunkts ist, muss ein Ort in deren Nähe legitim sein. Die Teilnehmer*innen der ursprünglichen Versammlung müssen es hinnehmen, dass sie und die Öffentlichkeit mit dem Protest konfrontiert werden. Sie müssen sich also in einem gewissen Umfang »stören« lassen.

Eine Auslegung des Begriffs der »groben Störung«, die schon die Behinderung einer anderen Versammlung als »grobe Störung« ansieht, kann daher im Lichte von Artikel 8 GG nicht verfassungskonform sein. Dies gilt erst recht, wenn die Grundrechtsträger*in an einer friedlichen, nicht aufgelösten Versammlung teilnimmt, die ihrerseits grundrechtlich geschützt ist.

Nach dem BVerfG soll für die Strafbarkeit nicht der Zeitpunkt der Versammlungsauflösung maßgeblich sein. Eigentlich liegt es aber doch nahe, dass erst nach einer Auflösung die Teilnahme an einer grundrechtlich geschützten Blockade strafbar sein kann.

Stattdessen befasst sich das Gericht lange mit der am Ende nicht entscheidenden Frage, ob das Verhalten des Versammlungsteilnehmers grundsätzlich durch die Versammlungsfreiheit geschützt ist, und prüft ausführlich die Verfassungsmäßigkeit des Straftatbestands, § 21 VersG. Es schweigt dagegen dazu, ob die konkrete Verurteilung mit der Versammlungsfreiheit vereinbar ist. Genau dagegen, also gegen die Auslegung und die Anwendung des Straftatbestands im Freiburger Fall, richtete sich aber die Verfassungsbeschwerde.

Strafbarkeitsrisiken für Gegenproteste

Der Beschluss des BVerfG reiht sich in eine Serie von Entscheidungen von Gerichten und Behörden ein, die die Versammlungsfreiheit in Deutschland einengen. Dies zeigen beispielsweise die Versammlungsverbote und andere rechtswidrige Maßnahmen gegen Proteste gegen den Völkermord in Gaza. Auch Auflagen – wie sie mittlerweile in Berlin verfügt werden –, nach denen Versammlungen so leise stattfinden müssen, dass nur die Teilnehmer*innen selbst und nicht andere Anwesende sie hören können, belegen dies.

Die Gefahr, für eine Versammlungsteilnahme bestraft zu werden, kann Menschen von Demonstrationen abschrecken. Diese rechtliche Unsicherheit belastet zukünftige Protestierende. Das BVerfG versäumte es im Freiburger Fall, sich einer Kriminalisierung von Gegendemonstrationen entgegenzustellen.

Literatur

Piperidou, Xenia: Gegendemonstration ja – Vollblockade nein, LTO v. 13.11.2025.

Reermann, Antonia/Wagner, Jakob: Versammlungsfreiheit zwischen Theorie und Realität. Der Martinstor-Beschluss des Bundesverfassungsgerichts als nächstes Kapitel der Sitzblockaden-Rechtsprechung, Verfassungsblog v. 26.11.2025.

Saskia Piotrowski

»Rheinmetall Entwaffnen« gewaltsam gestoppt

Polizei löst Friedensdemo rechtswidrig auf

Ein breites zivilgesellschaftliches Bündnis meldete anlässlich des Weltfriedenstags im August 2025 eine Demonstration in Köln an. Die Demo sollte als Abschluss des einwöchigen Protestcamps des Bündnisses »Rheinmetall Entwaffnen« stattfinden.

Zahlreiche weitere Gruppen und Einzelpersonen hatten sich für den 30. August 2025 angeschlossen. Geplant war, um 14:30 Uhr am innerstädtischen Heumarkt zu starten und am Abend zur Abschlusskundgebung am regionalen Rekrutierungscenter der Bundeswehr im Kölner Süden zu enden, um gegen die Wiedereinführung der Wehrpflicht zu demonstrieren. Bei Kundgebungen auf dem Weg war geplant, gegen den Ausbau der Rüstungsindustrie und für eine Politik, die Kriege verhindert und die soziale Daseinsvorsorge sichert, zu sprechen. Nahezu nichts davon konnte stattfinden. Einzelne Aktivist*innen wurden durch die Polizei bereits an der Anreise mit der U-Bahn zur Versammlung gehindert, das Loslaufen der Demo wurde erheblich verzögert, und sie wurde dann dreimal für mindestens 30 Minuten gestoppt. Es stellte sich schnell heraus, dass es sich bei mitgeführten angeblichen Metallstangen um PVC-Stangen mit daran befestigten Plakaten handelte. Die wenigen Einzelpersonen, die als Vermummung gewertete Schlauchschals trugen, nahmen diese auf Aufforderung ab. Zahlreiche Polizeikräfte, Wasserwerfer und Räumpanzer wurden bereitgestellt, was bereits ein erhebliches Einschüchterungspotenzial hatte. In der Mechthildisstraße, einer schmalen Straße in einem Wohngebiet in der Kölner Südstadt, ließ die Polizei die Situation eskalieren und stoppte die Demo durch gewaltsames Einziehen einer Polizeikette hinter einem Lautsprecherwagen. Diesen wollten die Beamt*innen mit der

Begründung durchsuchen, von dort sei zuvor Pyrotechnik an die Versammlung ausgehändigt worden. Zutreffend ist, dass einen Kilometer vorher wenige Personen erlaubte Rauchtöpfe gezündet hatten.

Rechtswidriger Polizeikessel statt Gesprächsbereitschaft

Zum Zeitpunkt des Einziehens der Polizeikette zeigte sich die Versammlungsleitung inklusive anwaltlicher Begleitung gesprächsbereit. Ab diesem Zeitpunkt um ca. 18 Uhr gewährleistete die Polizei keine Kommunikationsmöglichkeit mehr und teilte auf Nachfrage mit, dass die zuständige Polizeidienststelle Feierabend habe. Ein Verbindungsbeamter äußerte gegenüber der anwesenden Anwältin, jedes Kind wisse, dass gelte, was die Polizei sagt. Die Polizei verwehrte damit das Besprechen und Prüfen des möglichen milderen Mittels, in diesem Fall das kurzfristige Herausziehen des Wagens und gegebenenfalls dessen Durchsuchung.

Die Polizei spaltete die Demo und kesselte einen Teil vollständig ein. Um 18 Uhr waren bereits etwa 300 Teilnehmer*innen ihrer Freiheit beraubt und am Ende waren es knapp 525 Festgehaltene. Zur Einziehung der Kette ging die Polizei mit Pfefferspray, Schlägen und mit Schlagstöcken, Tritten und Würgegriffen vor. Vieles davon ist auf YouTube-Videos durch Anwohner*innen festgehalten worden. Unter den Betroffenen waren auch Minderjährige, Menschen im Rollstuhl und eine als solche gekennzeichnete parlamentarische Beobachterin. Insgesamt wurden nach Angaben der Sanitätsgruppe Süd-West e.V. 147 Personen verletzt, wovon fünf Demonstrierende ins Krankenhaus kamen und in zwölf Fällen der Rettungsdienst zum Einsatz kam. Ein Polizeibeamter musste ebenfalls medizinisch versorgt werden. Die anwesenden Demo-Sanitäter*innen wurden daran gehindert, den verletzten Personen zu helfen. Ebenso wurde ausgewiesenen Pressevertreter*innen der Zugang zum Kessel verweigert. Anwaltliche Beratung wurde ebenfalls untersagt. Die anwesende Anwältin wurde weggestoßen und geschubst. Insgesamt wurde der Polizeikessel bis 5 Uhr morgens, sprich elf Stunden lang, aufrechterhalten und den Gekesselten wurde lange der Zugang zu Nahrung, Wasser und Toiletten versagt. Während die anwaltlich begleitete Versammlungsleitung und Beamt*innen über den möglichen Fortgang berieten, wurde die Demo überraschend durch polizeiliche Durchsage um 19:30 Uhr aufgelöst.

Gängelung durch Polizei im Vorfeld

Schon das Protestcamp wollte die Kölner Polizeibehörde verbieten. Das Verbot wurde vom Verwaltungsgericht (VG) Köln bestätigt. In der zweiten Instanz entschied das Oberverwaltungsgericht (OVG) NRW im Sinne der Versammlungsfreiheit. Das zugelassene Protestcamp fand vom 26. bis 31. August 2025 unter dem Motto »Mach was wirklich zählt! Rheinmetall Entwaffnen« statt. Etwa 500 Teilnehmer*innen versammelten sich zu Diskussionen, Vorträgen und Workshops sowie künstlerischen Aktionen. Das Kölner Polizeipräsidium hatte dem Camp Unfriedlichkeit attestiert, als Aufhänger diente der Slogan »Krieg dem Krieg«. Das Bündnis »Rheinmetall Entwaffnen« hatte eine Aktionskarte und mögliche Blockadepunkte – etwa der Rheinmetall-Bundesgeschäftsstelle – veröffentlicht. Das OVG NRW sah die konkrete Gefahr für die öffentliche Sicherheit durch das Protestcamp zu Recht nicht und entschied, dass die Freiheit, sich friedlich zu versammeln, im Lichte von Artikel 8 GG zu schützen und eine unabhängige rechtliche Überprüfung erforderlich sei. Ein Protestcamp könne nicht verboten werden, weil die Annahme bestünde, dass es außerhalb des Camps zu Blockadeaktionen komme.

Ungehinderte Ausübung des Freiheitsrechts notwendig

Im Nachgang gab es viel regionale und bundesweite Öffentlichkeit und eine Pressekonferenz vor dem Kölner Polizeipräsidium. Gegen einen Polizeibeamten wurde ein Ermittlungsverfahren wegen Körperverletzung im Amt eingeleitet. Gleichwohl bleibt es erforderlich, auch hier durch zivilgesellschaftlichen Protest und durch gerichtliche Feststellung der Rechtswidrigkeit den Narrativen der Legitimation von polizeilichem Einschreiten entgegenzuwirken. Das Bündnis hat im November 2025 Klage beim VG eingereicht. Ziel ist die Feststellung der Rechtswidrigkeit des Anhaltens und des Kesselns der Teilnehmer*innen, des Kommunikationsabbruchs und der Beendigung der Demo. Der Ausgang des Klageverfahrens ist bei Redaktionsschluss noch offen.

Die Demo unter freiem Himmel war zu keinem Zeitpunkt (kollektiv) unfriedlich, so dass das gewaltsame Eindringen und die darauffolgenden polizeilichen Maßnahmen nicht gerechtfertigt waren. Auch die Verweigerung der Kommunikation mit den Betroffenen und der Versammlungsleitung war rechtswidrig. § 3 Absatz 4 Versammlungsgesetz NRW regelt, dass »im Rahmen der Kooperation« die zuständige Behörde die Person, der die Leitung der Versammlung übertragen worden ist, »vor und während der Versammlung über erhebliche Änderungen der Gefahrenlage« informiert. Die Körperverletzungstaten durch Polizeibeamt*innen sowie das stundenlange Festhalten der Demonstrierenden über Nacht ohne die Gewährung von Wasser, medizinischer Versorgung und Möglichkeit zur Kontaktaufnahme mit Erziehungsberechtigten oder Rechtsbeistand dürften sich ebenfalls als rechtswidrig herausstellen. Dasselbe gilt für das Auflösen der Versammlung ohne Feststellung einer konkreten Gefahrenlage.

2025 feierte der zu Recht viel zitierte Brokdorf-Beschluss des Bundesverfassungsgerichts (BVerfG, Beschluss 14.05.1985, 1 BvR 233/81) sein vierzigjähriges Jubiläum, und es bleibt weiterhin erforderlich, für die Versammlungsfreiheit zu streiten und dem staatlichen Gewaltmonopol rechtsstaatlich Grenzen zu setzen. Das BVerfG schrieb 1985, dass die Versammlungsfreiheit ein grundlegendes und unentbehrliches Funktionselement der repräsentativen Demokratie ist.

Literatur

Komitee für Grundrechte und Demokratie: Polizei setzt Faustrecht durch. Rede zur Pressekonferenz anlässlich der Zerschlagung der antimilitaristischen Parade durch die Polizei am 30. August in Köln, 4.9.2025.

Entscheidung des Oberverwaltungsgerichts Nordrhein-Westfalen, Beschluss vom 23. 08. 2025, 15 B 925/25.
Rheinmetall Entwaffnen: Klage gegen die Kölner Polizei eingereicht, rheinmetallentwaffnen.noblogs.org, 10. 11. 2025.

Artikel 9 (1) **Alle Deutschen haben das Recht, Vereine und Gesellschaften zu bilden.**

Bettina Lösch/Holger Oppenhäuser

Neutralitätsforderungen an die Zivilgesellschaft

Unter der Überschrift »Politische Neutralität staatlich geförderter Organisationen« stellte die CDU/CSU-Bundestagsfraktion im Februar 2025 eine kleine Anfrage an die damalige Bundesregierung. Mit 551 Fragen bezweifelte sie darin im Kern die Gemeinnützigkeit bzw. die Förderwürdigkeit bestimmter NGOs im Rahmen von Bundesprogrammen wie »Demokratie leben!« (BT-Drucksache 20/15101). Hintergrund waren Proteste gegen rechts, die sich auch gegen das Handeln der CDU/CSU richteten und aufkamen, nachdem Ende Januar 2025 ein Antrag der Unionsfraktion im Bundestag mit Stimmen der AfD und der FDP die Mehrheit erhalten hatte. Wer seine Grundrechte auf Meinungs-, Vereinigungs- und Versammlungsfreiheit nutzt, um gegen die Politik der Union zu protestieren, könne – so der Tenor der Anfrage – nicht gemeinnützig oder förderfähig sein. Dieses Vorgehen entspricht einer seit Jahren zu beobachtenden Praxis der AfD.

Rückenwind bekommt es durch die Rechtsprechung des Bundesfinanzhofes (BFH). Dieser entscheidet letztinstanzlich über Fragen der Gemeinnützigkeit und entzog sie etwa mit Urteil vom 12. Dezember 2024 der Petitionsplattform innn.it (Az. V R 28/23): Zwar könne eine Petitionsplattform den in § 52 der Abgabenordnung (AO) genannten Zweck der Förderung des demokratischen Staatswesens erfüllen. Doch dafür sei »geistige Offenheit« nötig, es müssten alle möglichen Anliegen »neutral« zur Abstimmung gestellt werden. Die Förderung der

Meinungs- und Willensbildung gehöre nicht zu den in der AO genannten Zwecken, also dürften nicht bestimmte Auffassungen bevorzugt werden.

In der Urteilsbegründung bezieht sich der BFH auf sein Urteil von 2019 im Fall der globalisierungskritischen Organisation Attac (dazu Müller-Heidelberg, Grundrechte-Report 2020). Hier hatte der BFH erstmals das Kriterium der »geistigen Offenheit« ins Spiel gebracht und festgelegt, dass gemeinnützige Vereine keinen allgemeinen Einfluss auf die politische Willensbildung nehmen dürfen. Seither können sie sich nicht mehr darauf berufen, politische Bildungsarbeit zu ihren spezifischen Zwecken zu betreiben, geschweige denn dafür zu protestieren oder Petitionen zu initiieren, sofern diese Zwecke nicht explizit in der AO genannt sind.

Neutralisierung der Zivilgesellschaft?

Aberkennungen der Gemeinnützigkeit sowie Forderungen nach Neutralität sind aktuell wirksame Hebel, um unbequeme Vereinigungen einzuschüchtern beziehungsweise ihr politisches Handeln, ihre Kritik und ihre politische Bildungsarbeit zu behindern. Sie stellen Eingriffe in individuelle Grundrechte wie die Vereinigungs-, Versammlungs- und Meinungsfreiheit dar. Sie können aber auch als Einschränkungen des demokratischen Prinzips und demokratischer Grundstrukturen gewertet werden. Es entsteht ein »demokratisches Paradoxon«, wenn diejenigen, die eigentlich den freien politischen Meinungs- und Willensbildungsprozess gewährleisten sollen, von staatlichen Institutionen und Parteien zur Nicht-Positionierung aufgefordert werden. Der ursprünglich demokratisch gemeinte Grundgedanke, dass die Staatsorgane sich aus dem Prozess der politischen Meinungs- und Willensbildung heraushalten sollen, wird zunehmend auf andere übertragen: Es trifft diejenigen, die sich mit ihrer Arbeit und ihrem Engagement für Menschenrechte, für mehr Demokratisierung, gegen Diskriminierung und Unterdrückung einsetzen.

Im Hinblick auf Demokratie sind insbesondere zwei Artikel der Verfassung relevant. Laut Artikel 20 Absatz 2 GG geht

»alle Staatsgewalt vom Volke« aus. Dazu hat das Bundesverfassungsgericht 1966 (Az. 2 BvF 1/65) ausgeführt, dass sich die politische Willensbildung frei aus der Gesellschaft heraus entwickeln muss. Der zweite Passus ist Artikel 21 GG: Um den freien politischen Meinungs- und Willensbildungsprozess zu ermöglichen, soll der Staat die Chancengleichheit und Freiheit der Parteien gewährleisten, die an der politischen Meinungs- und Willensbildung mitwirken, allerdings kein Monopol darauf haben. Beim Verfassen des Grundgesetzes wurde davon ausgegangen, dass sich die Menschen vorwiegend in Parteien organisieren und diese den Prozess der politischen Meinungs- und Willensbildung – je nach politischer Grundüberzeugung und Programmatik – gestalten. Insofern galt auch hier der Grundgedanke, dass Staatsorgane sich nicht in diesen Prozess einmischen sollen.

Das ist auch in der Diskussion um die Gemeinnützigkeit relevant. Der BFH argumentiert, dass der Gesetzgeber nur die Verfolgung von bestimmten, in der AO ausdrücklich genannten, politischen Zwecken steuerlich fördern wollte. Grundrechte wie die Vereinigungs- oder Meinungsfreiheit wären demnach nicht berührt, denn sie könnten ja frei wahrgenommen werden, nur eben in manchen Fällen steuerlich begünstigt und in anderen nicht. Dies lässt jedoch die zahlreichen weiteren Benachteiligungen nicht gemeinnütziger Vereine außer Acht, denn eine fehlende Gemeinnützigkeit verhindert vielfach Kooperationen mit anderen Organisationen sowie den Zugang zu öffentlichen Räumen oder zu finanziellen Förderungen. Vor allem aber müssen die Meinungs-, Versammlungs- und Vereinigungsfreiheit in ihrem inneren Zusammenhang und in Bezug auf den demokratischen Willensbildungsprozess betrachtet werden, wie Andreas Fisahn und Wolfram Cremer in der Verfassungsbeschwerde von Attac gegen das BFH-Urteil von 2019 argumentierten. Ohne intermediäre, zivilgesellschaftliche Organisationen sowie Institutionen können beispielsweise kaum Meinungsbildungsprozesse oder Versammlungen organisiert werden. So gesehen lässt sich die gesetzliche Bevorzugung bestimmter, aus der Gesellschaft hervorgehender politischer Zwecke nicht rechtfertigen. Um zu verhindern, dass Organisationen als gemeinnützig anerkannt werden, die mittelbar der intransparenten Parteienfinanzierung dienen oder demokratiegefährdend agieren, gibt es bereits konkrete Forderungen der »Allianz für Rechtssicherheit für politische Willensbildung« sowie einen Gesetzentwurf der »Gesellschaft für Freiheitsrechte«. In den Worten der Politologin und Erziehungswissenschaftlerin Julika Bürgin: »Gemeinnützige Organisationen sind keine Parteien und dürfen diese weder offen noch verdeckt fördern.«

Demokratische Zivilgesellschaft stärken

Derzeit werden die demokratischen Grundprinzipien, die eigentlich zur Absicherung einer unabhängigen freien Meinungs- und Willensbildung gedacht waren, unter dem Schlagwort »Neutralität« so umgedeutet, als müssten zivilgesellschaftliche Akteure ihre Kritik an Parteien, an Regierungen, an Macht- und Herrschaftsverhältnissen begrenzen. Dabei stellt die lebendige, emanzipative und plurale Zivilgesellschaft mit ihrer Kritikfähigkeit sowie ihrer politischen Bildungs- und Protestkultur eine Erfolgsgeschichte der Demokratisierung dar. Sie zum Schweigen bringen zu wollen ist demokratiegefährdend. Insofern ist Heribert Prantl (Süddeutsche Zeitung vom 27.6.25) zuzustimmen, wenn er mit Blick auf die Verfassungsbeschwerde von Attac gegen das BFH-Urteil schreibt: »Ein Grundurteil zu Grundfragen der Demokratie ist dringend nötig.«

Literatur

Bürgin, Julika: Gemeinnützigkeit im Sinne der Abgabenordnung. Wie Steuerpolitik politische Bildungsarbeit gefährdet, Journal für politische Bildung, Heft 3/2025.

Deyda, Jonas: Ein etatistisches Missverständnis. Warum parteipolitische Neutralität den Staat nicht verpflichtet, der geförderten Zivilgesellschaft parteifeindliche Äußerungen zu verbieten, Verfassungsblog v. 28.8.2024.

Lösch, Bettina: Verordnetes Schweigen. Die Aufforderung zur Neutralität begrenzt Kritik und gefährdet demokratische Strukturen, 2025 (online abrufbar über www.grundrechtekomitee.de).

Artikel 9 (3) Das Recht, zur Wahrung und Förderung der Arbeits- und Wirtschaftsbedingungen Vereinigungen zu bilden, ist für jedermann und für alle Berufe gewährleistet.

Daniel Ulber

Zwischen Gestaltungsmacht und Kontrollfreiheit

Karlsruhe stärkt die Tarifautonomie auf Kosten des Rechtsschutzes

Das Bundesverfassungsgericht (BVerfG) hat eine Grundsatzentscheidung zum Schutz der Tarifautonomie getroffen, dem verfassungsrechtlich gewährleisteten Recht der Sozialpartner, unabhängig von staatlichen Eingriffen Tarifverträge zu verhandeln (Beschluss vom 11.12.2024, Az. 1 BvR 1109/21). Die Anfang 2025 veröffentlichte Entscheidung ist durchaus ambivalent. Einerseits stärkt sie die grundsätzlichen Voraussetzungen der Tarifautonomie. Andererseits entzieht sie tarifvertragliche Regelungen, die durch die Verbände gesetzt werden, weitgehend der gerichtlichen Kontrolle und mindert damit den Grundrechtsschutz der Beschäftigten.

Hintergrund war ein Urteil des Bundesarbeitsgerichts (BAG) zu Nachtarbeitszuschlägen: Das BAG hatte beanstandet, dass nach einer tarifvertraglichen Regelung Beschäftigte, die regelmäßig Nachtarbeit in Schichtdienst leisten, geringere Zuschläge erhielten als diejenigen, die dies nur sporadisch tun, ohne dass dies gerechtfertigt war. Die Regelungen fanden sich in Tarifverträgen, die hauptsächlich auf Personen anwendbar waren, die dauerhaft Nachtschichtarbeit leisteten, etwa in Brauereien. Als Rechtsfolge des Verstoßes gegen den allgemeinen Gleichheitssatz (Artikel 3 Absatz 1 GG) sah das BAG eine sogenannte Anpassung nach oben vor: Wer regelmäßig Nachtarbeit erbrachte, konnte als Folge den gleichheitswidrig vorenthaltenen höheren Zuschlag beanspruchen. Da die meisten von der tarifvertraglichen Regelung Betroffenen regelmäßig Nachtarbeit leisteten, löste die Entscheidung eine Klagewelle aus. Die betroffenen Unternehmen fürchteten dadurch Kosten in Millionenhöhe.

BVerfG beschränkt Rechtsschutz gegen nachteilige tarifvertragliche Regelungen

Das BVerfG hob das BAG-Urteil auf, weil ihm der Eingriff in die Tarifautonomie zu weit ging. Die Entscheidung mit über 230 Randnummern darf als eine der wichtigsten zur Gewährleistung der Koalitionsfreiheit in Artikel 9 Absatz 3 GG begriffen werden. Sie klärt unter anderem die seit Gründung der Bundesrepublik umstrittene Frage, ob Tarifvertragsparteien an die Grundrechte der Tarifgebundenen bzw. den allgemeinen Gleichheitssatz gebunden sind. Zugleich ist diese Entscheidung zweischneidig. Das BVerfG stärkt im ersten Teil der Entscheidung grundsätzlich die Tarifautonomie. Bestimmte Regelungen, die existieren müssen, damit die Tarifautonomie funktioniert, beispielsweise dass der Gesetzgeber Tarifverträgen zur Geltung in den Arbeitsverhältnissen verhelfen muss, werden als durch Artikel 9 Absatz 3 vorgegeben angesehen. Staatliche Eingriffe in die Tarifautonomie sieht das BVerfG skeptisch. Im Ausgangspunkt ist das zu begrüßen.

Tarifverträge, Gestaltungsmacht und Schutz der Beschäftigten

Tarifverträge wirken wie Gesetze. Vereinbart werden sie von Gewerkschaften und Verbänden bzw. einzelnen Unternehmen. Sie gelten für die Arbeitsverhältnisse von Beschäftigten, die diese Verträge nicht selbst ausgehandelt und ihnen – im Regelfall – auch nicht individuell zugestimmt haben. Damit gestalten die Tarifparteien die Rechtsverhältnisse Dritter, nämlich ihrer

Mitglieder. Diese wiederum partizipieren dadurch an den Regelungen des Tarifvertrags.

Eigentlich sollte es in einem demokratischen Rechtsstaat selbstverständlich sein, dass niemand die Möglichkeit haben sollte, Rechte und Pflichten Dritter zu regeln, ohne dabei rechtlicher Kontrolle zu unterliegen. Das sieht das BVerfG im Prinzip genauso und führt aus, dass die verbindliche Wirkung von Tarifverträgen die individuelle Freiheit der Tarifgebundenen zugleich erweitert und gefährdet: »Das Koalitionsgrundrecht schützt die Mitglieder der Tarifvertragsparteien vor den mit der verbindlichen Wirkung verbundenen Freiheitsgefährdungen, indem die Tarifvertragsparteien jedenfalls den allgemeinen Gleichheitssatz bei der Tarifnormsetzung grundsätzlich zu achten haben.« Diese Rechtsprechung bewirkt also lediglich, dass niemand grundlos durch Tarifverträge ungleich behandelt werden darf, was eigentlich eine Selbstverständlichkeit sein sollte.

Das Ausmaß des Schutzes der Tarifgebundenen und umgekehrt die Gestaltungsmacht der Tarifvertragsparteien hängen davon ab, unter welchen Voraussetzungen Differenzierungen in Tarifverträgen gerechtfertigt sind: Wann bestehen legitime Gründe für eine Ungleichbehandlung? Gewerkschaften und Arbeitgeberverbände müssen bei ihrer Normsetzung unterschiedliche Interessen ihrer Mitgliedschaft berücksichtigen. Sie vertreten nicht alle Beschäftigten oder Unternehmen einer Branche, sondern nur die Organisierten. Das bedeutet aber auch, dass sie Rücksicht auf Forderungen der Mehrheit nehmen müssen und zugleich nur eingeschränkt die Interessen von denjenigen berücksichtigen können, die nur einen geringen Anteil der Mitgliedschaft stellen. Das muss nicht zwangsläufig zu illegitimen Ungleichbehandlungen führen, es begünstigt sie aber. Die Rechtskontrolle anhand von Artikel 3 Absatz 1 GG ermöglicht es, ungerechtfertigte Benachteiligungen einzelner Gruppen durch die Mehrheit zu verhindern. Beschäftigte erhalten Schutz durch den Tarifvertrag – in bestimmten Konstellationen aber eben auch Schutz vor dem Tarifvertrag. Das erkennt das BVerfG auch im Ausgangspunkt.

Unberücksichtigte Interessen der Tarifgebundenen

Dann aber gerät die Entscheidung auf schwieriges Terrain. Denn nunmehr überhöht das BVerfG in abstrakter Weise die Tarifautonomie und versucht, diese vor den Beschäftigten und ihren Rechten zu schützen. Das BVerfG meint, die Arbeitsgerichte dürften tarifvertragliche Entgeltregelungen, die Ungleichbehandlungen beinhalten, lediglich daraufhin überprüfen, ob sie willkürlich sind. Das senkt die Kontrolldichte ab, weil damit jeder Sachgrund Ungleichbehandlungen rechtfertigen könnte. Darüber begründet die Entscheidung eine Pflicht der Gerichte nach hypothetischen Gründen zu fahnden, die Ungleichbehandlungen in Tarifverträgen rechtfertigen – und, wenn solche nicht im Tarifvertrag angelegt sind, sie schlichtweg erfinden. Damit ist die vom BVerfG etablierte Rechtskontrolle de facto wirkungslos.

Als Folge der Entscheidung wird effektiver Rechtsschutz gegen tarifvertragliche Regelungen unter Verweis auf Artikel 3 Absatz 1 GG faktisch nicht mehr zu erhalten sein. Es ist für die Gerichte viel zu einfach zu erklären, es liege »jedenfalls keine Willkür« vor, und viel zu aufwendig, den gegenteiligen Weg zu gehen – ganz abgesehen von der nicht unberechtigten Befürchtung, wegen jeder Kontrolle mit dem Vorwurf der Verfassungswidrigkeit konfrontiert zu werden. Das gilt umso mehr, als das BVerfG die »Lästigkeit« einer solchen Entscheidung auch noch dadurch erhöht hat, dass das Verfahren in Zukunft nicht mehr ohne weiteres mit einer Anpassung nach oben enden darf, sondern es zunächst ausgesetzt werden muss, damit die Tarifvertragsparteien ihren »Fehler« unter Umständen mit Rückwirkung selbst beheben können. Weigern sich die Tarifvertragsparteien, etwas zu ändern, muss das Verfahren – mit gegebenenfalls monatelanger Verzögerung – fortgesetzt werden. Damit wird die Rechtsdurchsetzung erschwert und unattraktiv gemacht.

Kurzum: Der Entscheidung des BVerfG fehlt ein wenig die Ausgewogenheit und die angemessene Berücksichtigung der Interessen derjenigen, die sich gegen Diskriminierungen durch tarifvertragliche Regelungen wehren wollen. Da ist es nur ein schwacher Trost, dass Karlsruhe bei personenbezogenen Differenzierungen (also z.B. wegen des Geschlechts oder der Herkunft) eine strengere Kontrolle verlangt und im Bereich des Unionsrechts die Rechtsprechung des Europäischen Gerichtshofs eine deutlich strengere Kontrolle gebietet. Insgesamt stärkt die Entscheidung die Tarifautonomie. Sie schwächt aber auch den Rechtsschutz der Beschäftigten gegen Ungleichbehandlungen, und zwar in einer Weise, die über das anerkennenswerte Ziel der Entscheidung etwas hinausschießt.

Literatur

Ulber, Daniel, Die Grundrechtsbindung der Tarifvertragsparteien vor dem BVerfG, in: Neue Zeitschrift für Arbeitsrecht 2025, S. 449–455.

Artikel 10 (1) **Das Briefgeheimnis sowie das Post- und Fernmeldegeheimnis sind unverletzlich.**

Franziska Görlitz

Spähsoftware, Smartphone-Schutz und Sicherheitslücken

Die Trojaner-Entscheidungen des Bundesverfassungsgerichts

Getarnt in einer unauffälligen E-Mail oder SMS verschickt die Polizei Spähsoftware. So kann sie heimlich auf Handys und Computer zugreifen. Für die Installation dieser Programme nutzt der Staat Sicherheitslücken in Betriebssystemen von IT-Geräten aus. Die Verwendung solcher »Staatstrojaner« ist sowohl bundesweit zur Strafverfolgung als auch in vielen Bundesländern zur Gefahrenabwehr zulässig. Mit Spähsoftware können Sicherheitsbehörden Chats und Surfverhalten mitverfolgen und auf das gesamte Gerät mit allen darauf gespeicherten Daten zugreifen. Damit greift der Staat massiv in die grundrechtlich geschützte Privatsphäre (Artikel 2 Absatz 1 in Verbindung mit Artikel 1 Abs. 1 GG) und in das Fernmeldegeheimnis (Artikel 10 GG) ein.

Seit Einführung der gesetzlichen Regelungen zum Staatstrojaner-Einsatz gibt es Zweifel an ihrer Verfassungsmäßigkeit. Zivilgesellschaftliche Organisationen haben zahlreiche Verfassungsbeschwerden erhoben. Über zwei dieser Beschwerden hat das Bundesverfassungsgericht (BVerfG) 2025 entschieden. Das Gericht urteilte über die Verfassungsmäßigkeit von Gesetzesgrundlagen für die Nutzung von Staatstrojanern im Polizeigesetz des Landes Nordrhein-Westfalen und in der Strafprozessordnung (StPO) (Trojaner I und II, Beschlüsse vom 24. Juni

2025, Az. 1 BvR 2466/19 und 1 BvR 180/23). Dabei hat es dem Einsatz von Staatstrojanern nochmals Grenzen gesetzt und die Grundrechte von Betroffenen gestärkt, ohne ihren Einsatz ganz zu verbieten. Viele Fragen bleiben jedoch unbeantwortet.

Gesetzlich erlaubtes Hacking?

Staatstrojaner werden im Gesetz für verschiedene Maßnahmen vorgesehen: Zum einen können Trojaner für »Online-Durchsuchungen« eingesetzt werden. Bei dieser Maßnahme darf die Polizei mit der Spähsoftware das gesamte Gerät und alle dort gespeicherten Daten durchsuchen und überwachen. Trojaner können zum anderen auch für Quellentelekommunikationsüberwachungen (»Quellen-TKÜ«) verwendet werden. Hierbei wird per Spähsoftware verschlüsselte Kommunikation direkt auf dem infiltrierten Gerät, also an der Quelle, mitgelesen. Ohne ein Mitlesen an der Quelle wären bei einer Telekommunikationsüberwachung (TKÜ) verschlüsselte Inhalte für die Behörden zwar zugänglich, sie blieben aber unlesbar. Kommunikation umfasst dabei nicht nur Telefonate, SMS und Chats über z.B. WhatsApp und Signal, sondern auch Interaktion mit Clouds oder Suchanfragen und Aktivitäten im Internet.

Sowohl bei der Online-Durchsuchung als auch bei der Quellen-TKÜ kann technisch mit der Installation der Spähsoftware auf das gesamte Gerät und damit auf alle gespeicherten Daten zugegriffen werden, auch auf sensibelste Daten wie Tagebücher, Daten zum Gesundheitszustand oder zu sexuellen Vorlieben. Aber auch Informationen über politische Einstellungen, Standortdaten und Kontakte zu anderen Personen ermöglichen weitreichende Schlüsse. Beide Maßnahmen greifen massiv in die Grundrechte der Betroffenen ein. Zwischen den vorgesehenen gesetzlichen Maßnahmen ist zudem keine klare technische Abgrenzung möglich. Vielmehr kann bei einer Quellen-TKÜ teils auf mehr als aktuell laufende Kommunikation zugegriffen werden. Gleichzeitig ist bei einer (auch in der StPO vorgesehenen) »Quellen-TKÜ-plus« auch der Abruf von gespeicherter Kommunikation möglich, die zwischen richterlicher Anordnung und tatsächlicher Installation des Trojaners stattfand.

Antworten der Trojaner-Entscheidungen

In vorherigen Entscheidungen hatte das BVerfG bereits entschieden, dass der Einsatz von Trojanern einen schwerwiegenden Grundrechtseingriff darstellt. Mit seinen beiden Beschlüssen stärkte das Gericht nun das sogenannte IT-System-Grundrecht aus Artikel 2 Absatz 1 in Verbindung mit Artikel 1 Absatz 1 GG. Es sichert die »Integrität und Vertraulichkeit von IT-Systemen«. Das Grundrecht gewährt Menschen einen objektbezogenen Schutz für ihre IT-Geräte und alles, was darauf gespeichert ist. Das Gericht bekräftigt in seinen Entscheidungen die gestiegene Bedeutung von IT-Systemen. Die Überwachung dieser Systeme ermögliche einen Einblick in wesentliche Teile der Lebensgestaltung einer Person oder sogar die Gewinnung eines aussagekräftigen Persönlichkeitsbildes. Das Grundrecht sei bereits mit dem Zugriff auf das System betroffen, auch wenn noch keine Daten abgerufen oder entnommen wurden. Der Einsatz von Staatstrojanern greife daher sowohl in Artikel 10 GG als auch in das IT-System-Grundrecht ein. Das könne nur gerechtfertigt sein, wenn der Gesetzgeber strenge Voraussetzungen für den Einsatz von Trojanern vorsehe.

Darauf beruhend sah das BVerfG die Gesetzesgrundlage für die Quellen-TKÜ im Polizeigesetz des Landes Nordrhein-Westfalen als verfassungsgemäß an. Das Gesetz sehe ausreichend strenge Voraussetzungen vor, um den Eingriff in die Grundrechte zu rechtfertigen. Insbesondere sei die Quellen-TKÜ nur zur Verhinderung besonders schwerer terroristischer Straftaten zulässig, die der Gesetzgeber ausreichend begrenzt hätte. Dabei ist kritisch zu sehen, dass das Gericht seine Anforderungen an besonders schwere Straftaten als Anlass für Überwachungsmaßnahmen ohne Begründung absenkt.

Anders beurteilte das Gericht die Regelungen in der StPO. Den Trojaner-Einsatz in der Quellen-TKÜ (§ 100a Absatz 1 Satz 2, 3 und Absatz 2 StPO) erklärt das Gericht für unvereinbar mit der Verfassung und nichtig. Die StPO erlaube den Einsatz des Trojaners für die Quellen-TKÜ unter zu geringen Voraussetzungen, vor allem nicht nur zur Verfolgung besonders schwerer Straftaten. Für die Quellen-TKÜ müsste der Bund deshalb nun eine neue, strengere Regelung schaffen.

Die Regelungen zur Online-Durchsuchung (§ 100b StPO) erklärte das Gericht ebenfalls für unvereinbar mit der Verfassung. Festgestellt wurde jedoch nur ein Verstoß gegen das »Zitiergebot« aus Artikel 19 Absatz 1 Satz 2 GG, weil das Gesetz nicht ausdrücklich benennt, dass es in Artikel 10 GG eingreift. Das BVerfG hat die Norm trotzdem nicht für nichtig erklärt; sie gilt weiter. Die Verletzung des Zitiergebots, das den Gesetzgeber vor der Einschränkung der Grundrechte warnen und eine Abwägung bewirken soll, bleibt so praktisch folgenlos.

Vieles bleibt offen

Zahlreiche Fragen um den Einsatz von Staatstrojanern werden in den Entscheidungen des BVerfG nicht beantwortet. Die Verfassungsbeschwerden wies das Gericht in weiten Teilen bereits als unzulässig ab, entschied also aus formellen Gründen nicht über die Rügen. Insbesondere bei der »Online-Durchsuchung« in der StPO wurde nicht entschieden, ob die gesetzlichen Voraussetzungen die Nutzung von Trojanern rechtfertigen können. Ebenso offen bleibt, ob die angegriffenen Normen ausreichend bestimmt und klar gefasst waren. Es bestehen daher weiterhin Zweifel, ob der Trojaner-Einsatz tatsächlich auf laufende Kommunikation begrenzt ist und die Grundrechte der Betroffenen ausreichend geschützt werden. Das gilt besonders, wenn mit der Quellen-TKÜ-plus rückwirkend auf gespeicherte Kommunikation zugegriffen wird.

Ein großes Problem bleibt vor allem, dass der Staat Grundrechte auch dann schützen muss, wenn er zugleich für Staatstrojaner selbst Sicherheitslücken nutzt. Zumindest bei den Hersteller*innen noch unbekannten Sicherheitslücken müsste das Gesetz vorschreiben, dass Behörden verpflichtet sind, diese zu melden und auf ihre Schließung hinzuwirken. Anderenfalls können unentdeckte Schwachstellen auch von Kriminellen oder anderen Staaten missbraucht werden. Hier muss der Gesetzgeber tätig werden: Das Gesetz muss in Zukunft sicherstellen, dass der Staat Grundrechte aktiv schützt, auch wenn er selbst ein Interesse an Sicherheitslücken in Betriebssystemen hat. Das BVerfG hat – wie schon in früheren Urteilen – zu dieser Frage nicht entschieden. Damit leisten die Entscheidungen leider keinen Beitrag zu einem dringend notwendigen, besseren staatlichen Schwachstellenmanagement. Die Sicherheitslücken bleiben weiterhin offen.

Literatur

Dachwitz, Ingo: Teilerfolg gegen Staatstrojaner, netzpolitik.org v. 7.8.2025.

Bundesverfassungsgericht: Regelungen zur präventiven und strafprozessualen (Quellen-)Telekommunikationsüberwachung und zur strafprozessualen Online-Durchsuchung halten verfassungsrechtlicher Überprüfung weitgehend Stand, Pressemitteilung, Nr. 69/2025 vom 7.8.2025.

Sven Kersten

Grenzenloses Surfen im Internet?

Zur Überwachung der Internetnutzung im Ermittlungsverfahren

Mittels einer Internetprotokoll-Adresse (IP-Adresse) in einem Computernetzwerk, vergleichbar einer Postanschrift, können der Anschluss bzw. Standort eines technischen Gerätes und dessen Nutzer*innen lokalisiert werden. Internetanbieter speichern IP-Adressen teils mit einem Zeitstempel, wodurch erkennbar wird, welchem Anschluss welche IP-Adresse wann zugewiesen war. So können sich Nutzer*innen zwar frei im World Wide Web bewegen, hinterlassen aber bereits durch das bloße Surfen nachverfolgbare Spuren, unabhängig davon, ob sie Nachrichten austauschen oder eine Website aufrufen.

Die zunehmende Verlagerung sozialer Aktivitäten in das Internet führt dazu, dass sich auch strafrechtliche Ermittlungen auf diesen Bereich ausweiten. Ermittlungsbehörden bedienen sich des sogenannten DNS-Monitoring (Domain Name System), um von großen Telekommunikationsunternehmen in Echtzeit Informationen darüber zu erhalten, von welcher IP-Adresse eine Website mit möglicherweise strafrechtlich relevantem Inhalt aufgerufen wurde. Ein DNS-Dienst übersetzt den Namen einer Website (»beispiel.de«) in eine IP-Adresse, wodurch die Navigation im Internet ohne Eingabe numerischer Codes möglich wird. So entsteht ein Pfad zwischen der IP-Adresse der aufgerufenen Website, dem Gerät und der IP-Adresse der Nutzer*innen. Diesen Pfad können sich Ermittlungsbehörden zur Nachverfolgung in Echtzeit – »Wer ruft wann welche Website auf?« – zunutze machen. Der Aufruf von Websites mit inkriminiertem Inhalt kann zu weiteren Ermittlungsansätzen führen oder Rückschlüsse auf schwere Straftaten wie das Verbreiten von Kinderpornographie zulassen.

Letzter Stopp bei der Erfassung von Datenspuren im Internet?

In einer Eilentscheidung vom 25. November 2025 befasste sich das Bundesverfassungsgericht (BVerfG) mit einem Beschluss des Amtsgerichts Oldenburg, durch den ein Telekommunikationsunternehmen zur Protokollierung von DNS-Abfragen verpflichtet werden sollte, um Anfragen zu einem bestimmten, mutmaßlich inkriminierten Server zu überwachen (Az. 1 BvR 2317/25). Die Ermittlungsbehörden stützten ihre Maßnahme auf §§ 100a Absatz 1 und 100e der Strafprozessordnung (StPO) – die Rechtsgrundlage zur Überwachung der Telekommunikation. Das Unternehmen sollte die Daten zur Identifizierung der Anschlussinhaber*innen für die Ermittlungsbehörden bereitstellen. Es wehrte sich gegen diese Anordnung, da sie u. a. zur Folge habe, dass bei etwa 40 Millionen Kund*innen für einen Monat ca. 13 Billionen Anfragen vorzuhalten, auszuwerten und zu übermitteln seien, wodurch ein erheblicher organisatorischer und personeller Aufwand entstehe. Eine Erhebung von Daten lediglich bestimmter Nutzer*innen sei technisch bislang nicht möglich. Das Unternehmen sah sich in seiner Berufsfreiheit nach Artikel 12 Absatz 1 und 2 GG erheblich eingeschränkt.

Das BVerfG setzte die Anordnung des Amtsgerichts für sechs Monate aus, da nach der gebotenen Folgenabwägung zumindest offene Erfolgsaussichten der Verfassungsbeschwerde bestünden im Hinblick auf eine Verletzung der Grundrechte aus Artikel 10 Absatz 1 und 12 Absatz 1 GG. Ein Eingriff in das geschützte Fernmeldegeheimnis der betroffenen Kund*innen aufgrund der möglicherweise rechtswidrig angeordneten Maßnahme sei nicht hinnehmbar gewesen. Neben den Einschränkungen für die Unternehmen, die bei Ausführung einer rechtswidrigen Anordnung auch einen Reputationsverlust erleiden könnten, wiegen aus Sicht des BVerfG insbesondere die individuell betroffenen Interessen schwer. Denn die Ermittlungsbehörden könnten aus den weitreichenden und sensiblen Informationen der Telekommunikationsanbieter umfassende Erkenntnisse über das Surfverhalten einzelner Nutzer*innen erlangen. Dies betreffe auch Kund*innen, die keinen Anlass für strafrechtliche Ermittlungen geboten hätten. Der Eingriff in das Fernmeldegeheimnis sei daher erheblich. Schließlich blieben den Kund*innen aufgrund der Heimlichkeit der Maßnahme Rechtsschutzmöglichkeiten verwehrt.

Das Surfen im Internet als Telekommunikation

Die Entscheidung ist zu begrüßen, wenngleich sie im Lichte der bisherigen Rechtsprechung des BVerfG (vgl. Beschluss vom 11.7.2016, Az. 2 BvR 1454/13) so verstanden werden kann, dass eine Protokollierung von DNS-Abfragen auf Grundlage der §§ 100a ff. StPO nicht grundsätzlich ausgeschlossen ist, sondern unter bestimmten Umständen erfolgen darf. Denn nach dieser Rechtsprechung ist das Surfverhalten einzelner Nutzer*innen grundsätzlich unter den verfassungsrechtlichen und den einfachgesetzlichen Kommunikationsbegriff zu fassen. Dies bleibt kritisch zu betrachten.

Die Protokollierung von DNS-Abfragen ist aus grundrechtlicher Perspektive problematisch, weil die Ermittlungsbehörden anhand der erlangten Erkenntnisse für eine Vielzahl von – auch unbeteiligten – Personen umfassende persönliche Nutzerprofile erstellen könnten, etwa über die persönliche Lebensgestaltung und das Verhalten im Internet. Bisher ist es Unternehmen lediglich gestattet, IP-Adressen kurzfristig für betriebliche Zwecke wie die Rechnungslegung zu speichern; nach dem Prinzip der Datenvermeidung also ausschließlich zweckgebunden. Dagegen ist es bislang nicht zulässig, diese Daten anlasslos für einen späteren Abruf durch Ermittlungsbehörden vorzuhalten.

Verfassungsrechtlich schützt das Fernmeldegeheimnis den technischen Übertragungsweg von Informationen mittels Telekommunikationsanlagen. Dieses Verständnis von Telekommunikation umfasst jeden technischen Vorgang des Aussendens, Übermittelns und Empfangens von Signalen mittels Telekommunikationsanlagen und knüpft primär an das genutzte Medium an. Es erfasst daher jedes Datensignal mit einem beliebigen Informationsgehalt. Mithin unterfällt das individuelle Surfverhalten einer Person dem verfassungsrechtlichen Begriff der Telekommunikation und dem Schutzbereich des Fernmeldegeheimnisses.

Der sich entsprechend dem technischen Fortschritt und der daran anknüpfenden Rechtsprechung ausweitende Schutzbereich von Artikel 10 GG darf aber nicht zu einer automatisierten Erweiterung der Eingriffsbefugnisse führen; auch dann nicht, wenn kriminalpolitisch ein solches Bedürfnis artikuliert wird. Deshalb sollen die Befugnisse zur Telekommunikationsüberwachung in §§ 100a ff. StPO nach einigen Stimmen in der strafrechtlichen Literatur den Ermittlungsbehörden nicht die Ausforschung des Surfverhaltens erlauben. Dem ist zuzustimmen. Ausgangspunkt dieser Auffassungen ist ein unter Berücksichtigung systematischer Erwägungen eng gefasster Kommunikationsbegriff, der einen sozialen, d.h. zweiseitigen Akt erfordert. Weil es sich beim Surfen lediglich um einen an die Allgemeinheit gerichteten Akt der Informationsgewinnung handelt, liege keine Telekommunikation vor. Das technische Mittel der Kommunikation sei nämlich nicht mit der Kommunikation als Inhalt gleichzusetzen. Deshalb stellten

§§ 100a ff. StPO keine ausreichende gesetzliche Grundlage für das DNS-Monitoring dar.

Keine Überwachung ohne Gesetz

Der tiefe Eingriff in den Schutzbereich des Fernmeldegeheimnisses erfordert eine restriktive Auslegung des einfachgesetzlichen Begriffs der (Tele-)Kommunikation, um nicht jegliches Verhalten einer Person im Internet überwachen zu können.

Es fehlt den Ermittlungsbehörden für die massenhafte Erhebung von Daten mittels des DNS-Monitoring damit zurzeit an einer Rechtsgrundlage. Ein solch schwerwiegender Eingriff in Artikel 10 GG kann verfassungsrechtlich nur gerechtfertigt werden, wenn er den hohen Anforderungen an den Verdacht einer schweren Straftat, an eine klare Umgrenzung der Maßnahme sowie an die Definition des Umfangs der Speicherpflicht genügt. Sollte die Maßnahme für zulässig und erforderlich erachtet werden, ist der Gesetzgeber aufgrund des erheblichen, oftmals dauerhaften Eingriffs in den Bereich der privaten Lebensführung zukünftig gefordert, klar definierte und möglichst grundrechtsschonende gesetzliche Regelungen zu treffen.

Literatur

Hiéramente, Mayeul: Surfen im Internet doch Telekommunikation im Sinne des § 100a StPO?, in: HRR-Strafrecht 10/2016, S. 448 ff.

Weßlau, Edda: Gefährdungen des Datenschutzes durch den Einsatz neuer Medien im Strafprozess, in: Zeitschrift für die gesamte Strafrechtswissenschaft 113 (2001), S. 681 ff.

Roggan, Frederik: Moderne Telekommunikationsüberwachung: Eine kritische Bestandsaufnahme, in: Kritische Vierteljahresschrift für Gesetzgebung 2003, S. 76 ff.

Artikel 12 (1) **Alle Deutschen haben das Recht, Beruf, Arbeitsplatz und Ausbildungsstätte frei zu wählen. Die Berufsausübung kann durch Gesetz oder auf Grund eines Gesetzes geregelt werden.**

Johanna Kaufmann/Hubert Thiermeyer

Wenn der Sonntag schuften lernt

Bayern zapft den Ruhetag an

Am 10. Juli 2025 beschloss der Bayerische Landtag mit den Stimmen der Freien Wähler und der CSU ein neues Ladenschlussgesetz. Bayerns Arbeitsministerin Ulrike Scharf (CSU) betonte, dass die grundgesetzlich geschützte Sonn- und Feiertagsruhe unangetastet bleibe. Entgegen solchen Beteuerungen mobilisierte die gewerkschaftlich-kirchliche »Allianz für den freien Sonntag« bereits mit massivem Protest und scharfer Kritik gegen die Sonntagsöffnungen.

Zu den guten Nachrichten gehört, dass die Ladenöffnungszeiten auf Montag bis Samstag von 6 Uhr bis 20 Uhr begrenzt bleiben. Die schlechte Nachricht ist, dass vielfältige Ausnahmeregelungen und zahlreiche unbestimmte Rechtsbegriffe massive Angriffe auf den Schutz des freien Sonntags und die Gesundheit der Beschäftigten möglich machen.

Bei Ladenschlusszeiten treffen sehr unterschiedliche Interessen aufeinander: Es gilt, einen Ausgleich von klein- und mittelständischen Betrieben, Konzernen, Kund*innen, Anwohner*innen etc. zu schaffen. Es geht um einen wesentlichen Faktor der Strukturpolitik, der in erheblichem Ausmaß die Gesundheit und die Lebenssituation von über 500 000 Beschäftigten im bayerischen Einzelhandel und deren Familien beeinflusst. Diese haben ein Interesse an existenzsichernden

Arbeitsbedingungen, die ihnen ihr Recht auf körperliche Unversehrtheit gewährleisten. Ebenso haben sie ein Recht auf ein sozialverträgliches Familienleben, das die Teilnahme am soziokulturellen Leben nicht ausschließt. Ladenschlussgesetze regeln also weit mehr als den Rahmen für das Öffnen und Schließen von Läden – sie berühren wichtige Grundrechte.

»Personallos betriebene Kleinstsupermärkte«

Ladenöffnungszeiten sind zugleich schon immer ein starkes Instrument im Verdrängungswettbewerb der Handelskonzerne. Die bisherigen Veränderungen zeigen, dass längere Ladenöffnungszeiten nicht zu mehr Umsatz führen: Sie steuern lediglich Umsatzströme neu. Im Lebensmitteleinzelhandel, der größten Teilbranche, teilen sich vier große Konzerne über 85 Prozent des Marktes. Längere Öffnungszeiten sind ein wichtiger Hebel, um Umsatz aus der Fläche und von kleineren Betrieben zu den großen Handelskonzernen zu lenken: ein klassisches Verdrängungsinstrument für finanzstarke Handelskonzerne, bei dem die Beschäftigten die gesundheitsschädlichen Belastungen tragen.

Bereits in dem Anhörungsverfahren zum Gesetz wurden die Stimmen von gewerkschaftlicher und kirchlicher Seite ignoriert. Diese kritisierten übereinstimmend, dass das neue Ladenschlussgesetz den Schutz des arbeitsfreien Sonntags und dazu die Nachtruhe aushöhle und die Belastung der Beschäftigten im Handel massiv erhöhe. Sie äußerten erhebliche Zweifel, dass der vorliegende Gesetzesentwurf den verfassungsrechtlichen Anforderungen an den Schutz der Sonntagsruhe genüge. Aus ihrer Sicht greife der Gesetzesentwurf in nicht zu rechtfertigender Weise in Artikel 140 GG ein.

Ebenso kritisierten sie die sonntägliche Öffnung sogenannter digitaler Kleinstsupermärkte. Denn das Gesetz spricht von »personallos betriebenen Kleinstsupermärkten mit einer Grundfläche von bis zu 150 m^2«, lässt aber in den Ausnahmeregelungen die Beschäftigung von Personal zur Bewachung, zum Reinigen, zum Kommissionieren von Waren und zur Wiederbefüllung zu. Durch »hybride Lösungen« sollen auch alle bestehenden Märkte rund um die Uhr öffnen können, sobald sie 150 m² Verkaufsfläche nachts und an Sonntagen absperren. Ein hybrider Betrieb ist demnach schon bei einer Abtrennung der über 150 m² liegenden Verkaufsflächen mittels mobiler Absperrung möglich.

Die Gewerkschaft ver.di kritisiert, dass digitale Kleinstsupermärkte vor allem von den Handelskonzernen als neues aggressives Betriebsformat in umsatzstarken Gebieten eingesetzt werden und damit den wenigen vorhandenen Alternativen einer echten personalintensiven Nahversorgung das Leben noch schwerer machen. Digitale Kleinstsupermärkte seien mitnichten die Rettung der Nahversorgung, sondern ein neues, mächtiges Schwert für die Konzerne im Verdrängungswettbewerb, so ver.di.

Massive Ausweitung befürchtet

Schon das alte Bundesladenschlussgesetz erlaubte in Kur-, Erholungs-, Wallfahrts- und Ausflugsorten an bis zu 40 Sonntagen den Verkauf ausgewählter Waren. Voraussetzung hierfür war jedoch eine strenge Prüfung und die Freigabe der betreffenden Orte durch eine Landesverordnung, die die Anzahl der Öffnungen und das zulässige Sortiment festlegte.

Im neuen bayerischen Ladenschlussgesetz wird stattdessen das Sortiment massiv ausgeweitet, die strenge Prüfung ausgehebelt und die Entscheidung auf die Ebene der Kommunen verlagert. Dem »Wettlauf der Besessenen«, wie der amerikanische Ökonom Paul Krugman sagte, wird damit Tür und Tor geöffnet. Gerichte müssen gegebenenfalls jede einzelne Verordnung überprüfen. Da bereits jetzt knapp 600 von über 2000 Kommunen in Bayern von der Möglichkeit Gebrauch machen, an bis zu 40 Sonntagen zu öffnen, ist auch hier eine massive Ausweitung von grundrechtswidrigen Sonntagsöffnungen zu befürchten. Wie das Bundesverfassungsgericht in seiner Entscheidung vom 1. Dezember 2009 (Az. 1 BvR 2857/07) klarstellte, konkretisieren sich im Sonn- und Feiertagsschutz verschiedene Grundrechte wie das der Religionsfreiheit, der körperlichen Unversehrtheit, des Schutzes von Ehe und Familie oder der

Vereinigungsfreiheit. Ausnahmen von der Sonntagsruhe müssen als solche erkennbar bleiben. Das Regel-Ausnahme-Verhältnis darf nicht auf den Kopf gestellt werden wie bei der Kur- und Tourismusorte-Regelung, die den Sonntagsverkauf fast rund ums Jahr ermöglicht. Einkaufen ist nach dem Verfassungsgerichtsurteil eine werktägliche Tätigkeit.

Die Popularklage

Gegen die grundgesetzwidrigen Ausnahmen im neuen Bayerischen Ladenschlussgesetz klagen nun sieben Kläger*innen vor dem Bayerischen Verfassungsgerichtshof. Sie nutzen dabei die Popularklage, ein Rechtsmittel, das es ausschließlich in Bayern gibt. Es steht grundsätzlich jeder Person, unabhängig von Staatsangehörigkeit, Wohnsitz oder eigener Betroffenheit, offen.

Die Popularklage sieht in den Ausnahmen des Ladenschlussgesetzes einen Angriff auf wesentliche Grundrechte der Bayerischen Verfassung: das Recht auf Leben und körperliche Unversehrtheit, die Religionsfreiheit, die Versammlungsfreiheit, die Vereinigungsfreiheit, die Gleichberechtigung von Männern und Frauen, den Schutz von Ehe und Familie sowie die Koalitionsfreiheit. Schließlich hatte das Bundesverfassungsgericht 2009 entschieden, dass gerade diese Grundrechte in besonderem Maße auf die namentlich durch den Wochenrhythmus geprägte synchrone Taktung des sozialen Lebens angewiesen sind. Aus dieser Taktung ist eine Schutzpflicht des Staates für die geschützten Rechtsgüter abzuleiten.

Die Gewerkschaft ver.di stellt somit klar: Sonntagsschutz ist Grundrechtsschutz. Ver.di Bayern kündigte bereits Normenkontrollverfahren gegen kommunale Verordnungen und gemeinsam mit der Allianz für den freien Sonntag weitere öffentlichkeitswirksame Aktionen an. Schließlich geht es um nichts weniger als die Einschränkung von wichtigen Grundrechten.

Charlotte Ellinghaus

Wehrhafte statt plurale Demokratie

Gesinnungskontrolle im öffentlichen Dienst in Rheinland-Pfalz

Das rheinland-pfälzische Ministerium des Inneren und für Sport verschärfte am 7. Juli 2025 seine Verwaltungsvorschrift »Pflicht zur Verfassungstreue im öffentlichen Dienst«. Damit wurden die Anforderungen an die Loyalität zur Verfassung massiv erhöht: Die politische Treuepflicht gegenüber Staat und Verfassung, der Beamt*innen unterliegen, wird stärker als bisher an die Zugehörigkeit zu bestimmten Parteien oder politischen Gruppen geknüpft. Verschärfungen für Angestellte des öffentlichen Dienstes sollen sich an ihrer dienstlichen Stellung und ihrem Aufgabenkreis orientieren. In einer Pressemitteilung verkündete das rheinland-pfälzische Innenministerium: »Schon die Mitgliedschaft in einer als extremistisch eingestuften Partei oder Organisation kann ein disziplinarrechtlich relevantes Dienstvergehen darstellen.« Ausschlaggebend für die Bewertung von Parteien oder Organisationen sollen dabei die Einschätzungen des Bundesamtes (BfV) und des Landesamtes für Verfassungsschutz (LfV) sein. Mit der vorangegangenen Einstufung der Bundes-AfD als »gesichert rechtsextremistische Bestrebung« durch das BfV im Mai 2025 stellt sich die Frage, ob dies einen Ausschluss von AfD-Mitgliedern aus dem öffentlichen Dienst in Rheinland-Pfalz bedeutet. Doch auch über das Kokettieren mit einem AfD-Verbot im öffentlichen Dienst hinaus – welches das Innenministerium zunächst in der Verwaltungsvorschrift (VV) sah – gerät die VV in einen Konflikt mit der Meinungs- und Versammlungsfreiheit aus Artikel 10 und 11 der Europäischen Menschenrechtskonvention (EMRK).

Strengere Kontrollen für Beschäftigte und Bewerber*innen

Gleich mehrere Bundesländer strengten im Jahr 2025 eine schärfere Gesinnungskontrolle der Bewerber*innen und Beschäftigten im öffentlichen Dienst an: allen voran Hamburg, das einen Gesetzesentwurf zur Wiedereinführung der Regelanfrage, d. h. der regelmäßigen Überprüfung der Bewerber*innen und Beschäftigten durch das dortige LfV, auf den Weg brachte, und Rheinland-Pfalz, dessen VV für Schlagzeilen sorgte, wonach AfD-Mitglieder nicht mehr in den Staatsdienst eingestellt würden.

Das rheinland-pfälzische Innenministerium hat die bisherigen Anforderungen an die Überprüfung der Verfassungstreue der Beschäftigten des öffentlichen Dienstes in einer VV konkretisiert und erweitert. Durchgegriffen werden soll insbesondere gegen Beschäftigte, die »extremistische Bestrebungen [verfolgen]«. Die VV betont, Staat und Gesellschaft hätten Interesse an kritischen Beamt*innen und es sei willkommen, für eine Änderung der bestehenden Verhältnisse innerhalb des Rahmens der Verfassung einzutreten – und steckt diesen Rahmen direkt im Anschluss daran sehr eng: »[Ein] Verstoß gegen die Pflicht, sich zu dieser Grundordnung zu bekennen, […] kann beispielsweise dann vorliegen, wenn eine Beamtin oder ein Beamter Mitglied in einer Partei, einer Organisation oder einer sonstigen Personenmehrheit ist, die durch eine Verfassungsschutzbehörde oder mehrere Verfassungsschutzbehörden des Bundes und der Länder als (verfassungsfeindliches) Beobachtungsobjekt festgelegt wurde.«

Während bereits die passive Mitgliedschaft in einer beobachteten Gruppierung Indizwirkung für einen Verstoß gegen die politische Treuepflicht habe, gebe die aktive Betätigung »tatsächliche Anhaltspunkte« für eine Pflichtverletzung, die unmittelbar zur Einleitung eines Disziplinarverfahrens nach dem rheinland-pfälzischen Landesdisziplinargesetz führen. Ein Verstoß gegen die Verfassungstreuepflicht setze dabei weder ein öffentlich sichtbares noch ein strafbares Verhalten der Beamt*innen voraus.

Neue Bewerber*innen bekommen nun eine vom LfV zusammengestellte Liste verfassungsfeindlicher Organisationen, wobei betont wird, dass diese nicht abschließend sei, sondern fortlaufend durch das LfV aktualisiert werde. Zusätzlich zur Erklärung ihrer Verfassungstreue müssen Bewerber*innen versichern, dass sie kein Mitglied einer der dort genannten Gruppierungen sind. Als rechtsextremistische Gruppierungen sind neben NPD, III. Weg, Identitärer Bewegung und Compact-Magazin (dazu Bier in diesem Band, S. 85 ff.) unter anderem die AfD und ihre Jugendorganisation aufgeführt. Als linksextremistische Organisationen zählen unter anderem die anarchistische Gewerkschaft FAU, die DKP, die interventionistische Linke und die Rechtshilfeorganisation Rote Hilfe sowie schleppnetzmäßig alle »linksextremistischen autonom-antifaschistischen Gruppierungen«. Zusätzlich darf das LfV nach eigenem Ermessen nachrichtendienstliche Informationen zu Bewerber*innen an die Einstellungsbehörde übermitteln. Bestehen aufgrund dessen Zweifel an der Verfassungstreue, muss die*der Bewerber*in diese ausräumen.

Parteienverbot durch die Hintertür?

Für besonderen Aufruhr sorgte die Auslegung der VV durch das rheinland-pfälzische Innenministerium. In einer Pressemitteilung vom 11. Juli 2025 betonte dieses, dass die bloße Mitgliedschaft in einer als extremistisch eingestuften Partei für ein Disziplinarverfahren genügen könne. Bei offensichtlichen Verstößen drohe die Entfernung aus dem öffentlichen Dienst. Mehrere Presseorgane lasen daraus ein Verbot der AfD-Mitgliedschaft für Bewerber*innen und Beschäftigte des öffentlichen Dienstes: Die AfD war erst im Mai 2025 durch das BfV als »gesichert rechtsextremistisch« eingestuft worden. Die Aussagen des Innenministeriums zu den Bestimmungen der VV halten einer juristischen Überprüfung jedoch nicht stand.

In einem Urteil vom 26. September 1995 (Az. 17851/91) entschied der Europäische Gerichtshof für Menschenrechte (EGMR) über den Fall einer deutschen Gymnasiallehrerin, die im Rahmen des historischen »Radikalenerlasses« entlassen worden war, weil sie aktives Mitglied in der DKP war (dazu Becker/Dammann, Grundrechte-Report 1997). Die Entlassung bewertete der EGMR als einen schweren Eingriff in die Meinungsfreiheit aus Artikel 10 und in die Versammlungs- und Vereinigungsfreiheit aus Artikel 11 EMRK, der nicht gerechtfertigt werden könne. Das Mittel der Entlassung stehe in keinem Verhältnis zum legitimen Zweck des Schutzes der Verfassung und hätte einer »dringenden gesellschaftlichen Notwendigkeit« bedurft, die nicht gegeben war.

Das rheinland-pfälzische Innenministerium stellte 2025 nachträglich klar, dass es keine pauschalen Ablehnungen beabsichtige, sondern Einzelfälle geprüft werden sollten. Auch in der Einzelfallprüfung sind allerdings die Grund- und Menschenrechte maßgeblich. Weder die Parteizugehörigkeit noch die Aktivität in einer vom LfV beobachteten Organisation reichen allein dafür aus, um harte Disziplinarmaßnahmen zu begründen.

Abschreckung statt pluraler Demokratie

Die Entwicklungen in Rheinland-Pfalz geben Anlass zur Sorge. Der Radikalenerlass von 1972 wurde nach seiner Abschaffung von den beteiligten Politiker*innen als »Gesinnungsschnüffelei« bewertet, die Beschäftigte des öffentlichen Dienstes davon abschreckte, sich politisch zu engagieren und ihre diesbezüglichen Grundrechte wahrzunehmen. Eine Lehre daraus war es, dass sich die Demokratie nicht durch die Einschränkung demokratischer Freiheiten schützen lässt. Der Schutz der Verfassung muss die Aufrechterhaltung einer pluralen Demokratie beinhalten, in der Staatsbürger*innen dazu ermutigt werden, sich am politischen Geschehen zu beteiligen. Die verschärfte Verwaltungsvorschrift und die schroffe Kommunikation ihrer Anwendung durch die zuständige Pressestelle legen nahe, dass dieser Gedanke im rheinland-pfälzischen Innenministerium in den Hintergrund geraten ist.

Literatur

»Innenminister Michael Ebling: Verfassungstreue nicht nur ein Lippenbekenntnis«, Pressemitteilung der Landesregierung Rheinland-Pfalz vom 11.7.2025 (online abrufbar).

Dammann, Klaus: Kein Sieg der Menschenrechte, in: Ossietzky 2/2004 (online abrufbar).

Friedrich, Sebastian: Linke raus aus der Kita? Warum die Staatsdienst-Regelung nicht nur die AfD trifft, der Freitag v. 17.7.2025.

Artikel 12a (1) **Männer können vom vollendeten achtzehnten Lebensjahr an zum Dienst in den Streitkräften, im Bundesgrenzschutz oder in einem Zivilschutzverband verpflichtet werden.**

Lennart Armbrust

Umfassende Maßnahmen zur »Kriegstüchtigkeit«

Das Wehrdienst-Modernisierungsgesetz

Spätestens seit dem Angriff Russlands auf die Ukraine im Jahr 2022 hat die Debatte um einen neuen Wehrdienst Fahrt aufgenommen. Nachdem die Einführung einer verpflichtenden Musterung in Verbindung mit einer »Attraktivitätssteigerung« für den Freiwilligen Wehrdienst zusammen mit der Ampelkoalition scheiterte, begann die Debatte um einen neuen Wehrdienst in der schwarz-roten Koalition 2025 von neuem.

Da die Union beim Wehrdienst auf mehr Pflichtelemente pochte, stand zwischenzeitlich die Möglichkeit einer Reaktivierung des verpflichtenden Grundwehrdienstes per Rechtsverordnung der Bundesregierung im Raum. In der öffentlichen Debatte über die Wehrpflicht bestand Einigkeit darüber, dass nicht wieder – wie noch vor 2011 – grundsätzlich ganze Jahrgänge eingezogen werden sollen. Vielmehr sollten im Falle einer Reaktivierung immer nur kleinere Teile eines Jahrgangs zum Wehrdienst verpflichtet werden (sogenannter Auswahl-, Kontingent- oder Bedarfswehrdienst). In diesem Rahmen wurde sowohl über einen an sachlichen Kriterien orientierten Auswahlwehrdienst als auch über ein Losverfahren als Selektionskriterium diskutiert.

Diese Debatte fand mit dem Beschluss des Wehrdienst-Modernisierungsgesetzes (WDModG) im Dezember 2025 ihr zwischenzeitliches Ende. Nachdem sich eine Reaktivierung per Rechtsverordnung wegen juristischer Bedenken nicht durchsetzen konnte, hat sich die schwarz-rote Koalition auf einen Kompromiss aus zwei Elementen geeinigt: einerseits die Festlegung konkreter Ziele bei der Personalstärke der Bundeswehr und andererseits die unverbindliche Absprache, bei Nichterreichen dieser Ziele den Grundwehrdienst per Gesetzesänderung zu reaktivieren. Die Festschreibung von Personalstärken bei aktiven Soldat*innen und Reservist*innen erfolgt über eine nach Kalenderjahren gestaffelte Tabelle im Soldatengesetz (SG). Außerdem muss das Bundesverteidigungsministerium dem Bundestag nach §§ 91 und 91a SG halbjährlich die aktuellen Personalstärken mitteilen.

Die Festschreibung dieser Absprache erfolgte ungewöhnlicherweise im Gesetz selbst, obwohl die Regelung unverbindlich ist. Denn der Bundestag kann sich nicht mit einfachem Gesetz selbst verpflichten, zu einem späteren Zeitpunkt ein Gesetz zu erlassen. Das Gesetz wurde wohl dennoch als Ort gewählt, um die Verbindlichkeit der Absprache zu steigern, sie im Gesetz zu konservieren und über die Laufzeit der Koalition hinaus festzuschreiben. Zudem hatte die Aufnahme der unverbindlichen Absprache in das Gesetz die wohl nicht unbeabsichtigte Folge, dass viele Medienvertreter*innen darüber so berichteten, als wäre eine spätere Einführung des Wehrdienstes schon rechtlich verbindlich beschlossen bzw. stehe jedenfalls sicher fest. Beides ist nicht der Fall.

Verpflichtender Fragebogen der Bundeswehr

Neu eingeführt wurde ein Fragebogen, der allen 18-Jährigen zugeschickt wird. Wehrpflichtige, also Personen mit männlichem Geschlechtseintrag und deutscher Staatsangehörigkeit, müssen ihn ausfüllen, alle anderen Personen dürfen ihn ignorieren. Reagiert man als Person, die zum Antworten verpflichtet ist, auf das erste Schreiben nicht, wird eine zweite Aufforderung mit Frist förmlich zugestellt. Versäumt man diese Frist oder macht unwahre oder unvollständige Angaben, begeht man eine Ordnungswidrigkeit und muss mit einem Bußgeld rechnen. Daneben kann prinzipiell Verwaltungszwang, insbesondere Zwangsgeld und im äußersten Falle auch Zwangshaft, angewandt werden.

Trotz der Pflicht zur wahrheitsgemäßen Beantwortung lassen die teilweise sehr subjektiven Fragen im Fragebogen einen gewissen Spielraum für Antworten, mit denen man sich möglichst unattraktiv für die Bundeswehr machen kann. Insbesondere die Frage nach dem Interesse an einem Wehrdienst bei der Bundeswehr sollte nicht vorschnell positiv beantwortet werden, weil die Antwort später möglicherweise dafür herangezogen wird, wer von mehreren Wehrpflichtigen zuerst eingezogen wird. Und auch bei der Selbsteinschätzung der körperlichen Fitness besteht ein gewisser Spielraum, z. B. bei der Bewertung, welche Tätigkeit als sportliche Betätigung gilt.

Tiefer Eingriff in die Grundrechte: Musterung

Besonders tief in die Grundrechte junger Wehrpflichtiger greift die Musterung ein, die grundsätzlich alle 18-Jährigen mit männlichem Geschlechtseintrag treffen soll. Zunächst sollte mit der Musterung erst Mitte 2027 begonnen werden, jetzt ist ein Beginn schon mit Inkrafttreten des Gesetzes am 1. Januar 2026 vorgesehen. Das Gesetz formuliert: »Die Wehrpflichtigen sind vor der Musterungsentscheidung auf ihre geistige und körperliche Tauglichkeit eingehend ärztlich zu untersuchen; sie haben sich dieser Untersuchung zu unterziehen« nach § 17 Absatz 4 Satz 1 des Wehrpflichtgesetzes (WPflG). Zur Musterung gehört nicht nur eine körperliche Untersuchung inklusive einer besonders in die Intimsphäre eingreifenden Hodentastuntersuchung. Es müssen auch, im Vorfeld oder am Tag der Musterung, weitere medizinische Unterlagen vorgelegt werden. Junge Männer sind also verpflichtet, dem Staat umfassend Rechenschaft über ihren Gesundheitszustand inklusive höchstpersönlicher Informationen über die psychische Verfassung abzulegen. Dadurch wird vor allem in das Recht auf körperliche Unversehrtheit und das allgemeine Persönlichkeitsrecht eingegriffen.

Zudem wird die Bundeswehr eine Datenbank aller Wehrpflichtigen, also aller Männer zwischen 18 und 60 Jahren, führen, bei den entsprechenden Jahrgängen angereichert um die Informationen aus dem Fragebogen. Damit entsteht die an der Zahl der betroffenen Personen gemessen wohl umfangreichste Datenbank über Bürger*innen. Diese umfasst zu einem erheblichen Teil der Gesamtbevölkerung Datensätze mit Namen, Adressen, Geburtsdatum und -ort, Geschlecht, Familienstand, Staatsangehörigkeiten, Körpergröße und -gewicht, Interesse an einem Wehrdienst, Schwerbehinderung, Bildungsabschlüssen und sonstigen Qualifikationen, zur Selbsteinschätzung der körperlichen Leistungsfähigkeit sowie zu Wehrdiensten in fremden Streitkräften. Dies greift erheblich in das Grundrecht auf informationelle Selbstbestimmung ein, zumal die Betroffenen nichts gegen die Datenverarbeitung tun können.

Reisegenehmigung von der Bundeswehr

Praktisch gar nicht diskutiert wurde darüber, dass ab Inkrafttreten des Gesetzes Männer ab einem Alter von 17 Jahren für Auslandsaufenthalte, die länger als drei Monate dauern, eine Genehmigung des zuständigen Karrierecenters der Bundeswehr einholen müssen. Diese wird erteilt, wenn der Antragsteller innerhalb des Zeitraumes nicht zum Wehrdienst herangezogen werden soll; zudem wird eine versäumte Antragstellung nicht direkt sanktioniert, und die Bundeswehr kann Ausnahmen von der Pflicht zulassen. Dennoch erscheint es in Zeiten europäischer Freizügigkeit aus der Zeit gefallen, dass sich zum Beispiel Studenten einen Erasmus-Aufenthalt von der Bundeswehr genehmigen lassen müssen.

Die Einführung eines Grundwehrdienstes wurde erst einmal abgewendet. Für die Einführung des Wehrdienstes sowie für den Spannungs- und Verteidigungsfall werden aber umfassende Vorbereitungen getroffen. Zwangsweise Auskunftserteilung, Musterung, Datenverarbeitung und notwendige Reisegenehmigung stellen schon jetzt starke Grundrechtseingriffe dar. Zu befürchten ist allerdings, dass – weil die ambitionierten Ziele bei der Personalgewinnung verfehlt werden – der Grundwehrdienst in den nächsten Jahren wieder eingeführt wird. Nach Schulschließungen aufgrund der Coronapandemie, Klimawandel und maroder Infrastruktur werden auf junge Menschen weitere Zumutungen zukommen.

Literatur

Werdermann, David/Armbrust, Lennart: Rechtsgutachten zum neuen Wehrpflichtgesetz, Greenpeace, September 2025, www.greenpeace.de/publikationen/Rechtsgutachten_zum_neuen_Wehrpflichtgesetz.pdf.

Webseite der DFG/VK zum Thema Bereitschaftserklärung und Kriegsdienstverweigerung: www.verweigern.info.

Achelpöhler, Wilhelm: Die Wehrpflicht ist nicht unwesentlich, Verfassungsblog v. 23.9.2025.

Artikel 13 (1) **Die Wohnung ist unverletzlich.**

Eva Bredow

Razzia bei Radio Dreyeckland-Redakteur verfassungswidrig

Karlsruhe stärkt Rundfunkfreiheit, Grundrechtsschutz von Verlinkungen bleibt offen

Am 3. November 2025 hat das Bundesverfassungsgericht (BVerfG) entschieden: Die polizeiliche Durchsuchung der Privatwohnung eines Redakteurs des in Freiburg ansässigen Senders Radio Dreyeckland (RDL) im Januar 2023 verstieß gegen das Grundgesetz. Auch die damit einhergegangene Sicherstellung einiger Laptops, Handys und Speichermedien verletze den antragstellenden Journalisten in seinem Grundrecht auf Rundfunkfreiheit aus Artikel 5 Absatz 1 Satz 2 GG. Allerdings blieb ungeklärt, inwiefern eine journalistische Verlinkung strafbar sein kann (dazu Rahner, Grundrechte-Report 2024).

Anlass der Maßnahme war der im Juli 2022 von Fabian Kienert, dem betroffenen Redakteur, auf der Website des Senders veröffentlichte Beitrag »Linke Medienarbeit ist nicht kriminell!«, in dem er die Archivseite der Internetplattform linksunten.indymedia verlinkte. Darin hatte Kienert darüber informiert, dass das strafrechtliche Ermittlungsverfahren gegen mutmaßliche Betreiber*innen der 2017 im Wege des Vereinsverbots durch das Bundesinnenministerium verbotenen Website mangels hinreichenden Tatverdachts eingestellt worden war. Die Internetseite war als passives Online-Archiv hochgeladen worden, wodurch die bis zum Verbot veröffentlichten Inhalte wieder zugänglich wurden. Durch die Verlinkung soll Redakteur Kienert den fortexistierenden verbotenen Verein »linksunten.indymedia« gemäß § 85 Absatz 1 Nr. 2,

Absatz 2 Strafgesetzbuch (StGB) auf strafrechtlich relevante Weise unterstützt haben – so dieselbe Staatsanwaltschaft Karlsruhe, über die der RDL-Beitrag unter anderem berichtete.

Grundrechtsschutz auch im Homeoffice

Die Informationsbeschaffung sowie die Vertraulichkeit der Redaktionsarbeit sind nach bisheriger Rechtsprechung klar verfassungsrechtlich geschützt. So ist es staatlichen Stellen grundsätzlich verwehrt, sich Einblick in den Entstehungsprozess von Nachrichten, Radio- oder Fernsehbeiträgen zu verschaffen (BVerfG, Beschluss vom 28.5.1999, Az. 1 BvR 77/99; Urteil vom 12.3.2003, Az. 1 BvR 330/96). Findet eine Durchsuchung in Redaktionsräumen zu Unrecht statt, beeinträchtigt sie nach ständiger Rechtsprechung des BVerfG die Presse- und Rundfunkfreiheit (Urteil vom 27.2.2007, Az. 1 BvR 538/06).

Neu hinzukommt durch den Beschluss des BVerfG vom 3. November 2025 (Az. 1 BvR 259/24), dass eine Beeinträchtigung ebenso vorliegt, wenn eine Privatwohnung durchsucht wird, sofern sie ähnlich genutzt wird wie Redaktionsräumlichkeiten. Die störende und einschüchternde Wirkung einer Durchsuchung sei dann vergleichbar gravierend.

55 Prozent aller Medienschaffenden brachten 2024 mindestens die Hälfte ihrer Arbeitszeit im Homeoffice zu (Statistisches Bundesamt, 2025). Auch Kienert bewahrte in seiner Wohnung den Laptop, den er für die redaktionelle Arbeit nutzte, sowie weitere Datenträger mit Redaktionsmaterial auf. Es war insofern längst überfällig, dass das BVerfG diesen Wandel anerkennt und den Grundrechtsschutz auf räumlich flexiblere, unabhängige Redaktionsarbeit ausweitet.

Keine Durchsuchung ins Blaue hinein

Die Rundfunkfreiheit einer Person findet unter anderem da ihre Schranken, wo diese nach der Strafprozessordnung (StPO) verpflichtet ist, zur Wahrheitsfindung im Strafverfahren beizutragen. Die Rundfunkfreiheit beschränkende Gesetze sind aber stets im Lichte des Grundrechts auszulegen (Wechselwirkungslehre). Die StPO berücksichtigt die besondere Bedeutung von Presse- und Rundfunkfreiheit: Beispielsweise erklärt § 97 Absatz 5 Satz 1 StPO Beschlagnahmungen und Durchsuchungen in Redaktionsräumen für grundsätzlich unzulässig. Wenn »bestimmte Tatsachen den Verdacht begründen« (§ 160a Absatz 4 StPO), dass ein*e Journalist*in selbst an einer Straftat beteiligt war, müsste er*sie die Maßnahme jedoch dulden.

Das BVerfG findet nun klare Worte dafür, dass die Durchsuchungsanordnung gegen den RDL-Redakteur mit nicht mehr als vagen Anhaltspunkten begründet wurde. Den verfassungsrechtlichen Anforderungen an einen auf konkreten Tatsachen beruhenden Anfangsverdacht genüge das nicht. Gerade die strafrechtlich erforderliche tatsächliche Existenz einer verbotenen Vereinigung oder einer entsprechenden Ersatz-Vereinigung sei hier nicht eindeutig nachweisbar, die statische Archivseite dafür kein eindeutiges Indiz. Das Verfassungsgericht widersprach dabei deutlich der Auffassung, dass die gegen das Verbot erhobene Klage für die Fortexistenz der Vereinigung »linksunten.indymedia« spreche: Dies widerspreche der allgemeinen Rechtsschutzgarantie, wonach gegen jede grundrechtseinschränkende staatliche Maßnahme die Gerichte angerufen werden können.

Rechtsstaatlich entschied auch das Landgericht (LG) Karlsruhe und sprach den RDL-Redakteur frei. Den – mittlerweile rechtskräftigen – Freispruch vom 6. Juni 2024 (Az. 5 KLs 540 Js 44796/22) begründete es doppelt: Eine fortbestehende, unterstützbare Vereinigung sei hier nicht bewiesen, und das bloße Setzen eines Links erfülle nicht das Tatbestandsmerkmal des Unterstützens.

Versäumnis mit Folgen

Nach der Rechtsprechung des Bundesgerichtshofs (BGH) setzt eine Unterstützungshandlung unter anderem voraus, dass die unterstützende Zielrichtung für Adressat*innen erkennbar ist und sich die publizierende Person die Sache der verbotenen Vereinigung zu eigen macht, indem sie sich »als Sprachrohr« in deren Dienst stellt (Urteil vom 9. 4. 1997, Az. 3 StR 387/96).

Das LG Karlsruhe hatte im Laufe des Strafverfahrens festgestellt, dass der RDL-Artikel keine eindeutige unterstützende Zielrichtung habe erkennen lassen. Mit der Einstellung des Ermittlungsverfahrens gegen linksunten.indymedia habe es einen objektiv berichtenswerten Anlass für den Artikel gegeben. Die Karlsruher Staatsanwaltschaft hielt dagegen: Der Redakteur habe sich die Inhalte der verlinkten Plattform durch die Verlinkung sehr wohl zu eigen gemacht.

Die vom BGH entwickelten Kriterien für eine Unterstützungshandlung bieten großen Interpretationsspielraum. Nachdem das BVerfG die Existenz einer Vereinigung und damit die Strafbarkeit ausgeschlossen hatte, sah es leider keine Notwendigkeit dafür, sich weiter dazu zu äußern, wie das Merkmal der Unterstützungshandlung im Lichte des Artikels 5 Absatz 1 Satz 2 GG auszulegen ist.

Ohne eine solche Konkretisierung können Journalist*innen sich nach wie vor nicht sicher sein, wann sie bei Verlinkungen womöglich einer Straftat beschuldigt werden. Dass sich diese Einschüchterungswirkung negativ auf zukünftige Veröffentlichungen auswirken wird, liegt nahe. Die Gesellschaft für Freiheitsrechte plädiert dafür, die Tatbestandsvariante der Unterstützung der weiteren Betätigung aus dem StGB zu streichen. Für eine Strafnorm, die das Verlinken journalistischer Quellen kriminalisiert, besteht in Zeiten des erstarkenden Autoritarismus wahrlich kein Bedürfnis. Solange sie weiterexistiert und das BVerfG ihre Anwendung nicht stärker begrenzt, müssen Journalist*innen, die über verbotene Vereinigungen berichten, weiterhin die nächste Razzia fürchten.

Literatur

Leusch, Katharina: Ein Verdacht ins Leere, Verfassungsblog v. 27.11.2025.

Artikel 14 (1) **Das Eigentum und das Erbrecht werden gewährleistet. Inhalt und Schranken werden durch die Gesetze bestimmt.**
(2) **Eigentum verpflichtet. Sein Gebrauch soll zugleich dem Wohle der Allgemeinheit dienen.**

Franziska Brachthäuser

Kündigung, Räumung und Grundrechte

Zur verfassungsrechtlichen Bedeutung des Wohnens in der neueren Rechtsprechung des Bundesverfassungsgerichts

Im Kündigungs- und im Räumungsverfahren steht für Mietende viel auf dem Spiel. Hat die Kündigung Erfolg, bedeutet das den Verlust des Zuhauses. In manchen Fällen droht darüber hinaus die Obdachlosigkeit. Das Bundesverfassungsgericht (BVerfG) hat im Jahr 2025 in drei Entscheidungen seine Rechtsprechung auf diesem Gebiet ausgebaut und hierbei die Positionen von Mietenden gestärkt. Sie betreffen zwei unterschiedliche grundrechtliche Seiten im Kontext des Wohnraummietrechts: das Wohnen als Entfaltung der Persönlichkeit und den Verbleib in der Wohnung zur Sicherung der menschlichen Existenz.

Wohnen als Entfaltung der Persönlichkeit

Wer eine Wohnung mietet, macht sie in der Regel zum Mittelpunkt seines Lebens. In der Wohnung spielt sich der Alltag ab, und es werden Entscheidungen der privaten Lebensführung getroffen. Um solche ging es im Beschluss des BVerfG vom 21. Juli 2025 (Az. 1 BvR 1428/24). Im konkreten Fall lebte ein Mieter seit über 40 Jahren im selben Haus. Er hatte sich in der gesamten Vertragslaufzeit nichts weiter zuschulden kommen lassen – bis sein Vermieter, eine städtische Gesellschaft, mehr oder minder zufällig Einblick in seine Lebensweise erhielt. Sie mahnte den Mieter ab und kündigte schließlich das Mietverhältnis. Die Wohnung sei in einem »katastrophalen Zustand«, hieß es: verdreckt, zugestellt, teilweise vermüllt. Konkrete Schäden an der Bausubstanz lagen zwar nicht vor. Schon die Möglichkeit einer Gefährdung mache aber das Festhalten am Vertrag unzumutbar.

Nachdem die Gerichte die Kündigung letztinstanzlich bestätigt hatten, legte der Mieter Verfassungsbeschwerde ein. Das BVerfG nahm das Verfahren zwar in der Sache nicht zur Entscheidung an, äußerte sich jedoch zu der Wirkung der Grundrechte im Kündigungsverfahren. Maßstab aufseiten des Mieters sei Artikel 14 Absatz 1 GG, der in ständiger Rechtsprechung des Gerichts den Besitz an der Mietsache schützt. Das bedeutet, dass Mietende sich auf den Gehalt der Eigentumsfreiheit berufen können, wenn der Wohnraummietvertrag gekündigt wird. Hiervon umfasst sei insbesondere die Freiheit, das eigene Leben in der Wohnung nach selbst entwickelten Vorstellungen zu gestalten. Wer Räume anmiete, um darin zu wohnen, verbinde hiermit die Erwartung, in ihnen genauso zu leben, wie er das für richtig halte. Eine Kündigung, die allein an ein vermeintlich »übliches Wohnen« anknüpfe, verstoße gegen dieses Verständnis und kollidiere daher mit dem allgemeinen Persönlichkeitsrecht des Mieters. Mit anderen Worten: Das alleinige Befinden des Vermieters, die Wohnung sei zu vermüllt oder zugestellt, reicht nach Maßgaben des BVerfG für eine wirksame Kündigung, also für eine Unzumutbarkeit gemäß § 543 Absatz 2 Nr. 2 Bürgerliches Gesetzbuch (BGB) bzw. für einen hinreichend erheblichen Vertragsverstoß gemäß § 573 Absatz 2 Nr. 1 BGB nicht aus. Im Ergebnis nahm das BVerfG das Verfahren aber nicht zur Entscheidung an. Die Kündigung blieb wirksam, auch wenn der Mieter mehr als 40 Jahre in demselben Wohnhaus gelebt hatte.

Verbleib in der Wohnung zur Existenzsicherung

Wohnen beinhaltet aber mehr als die Funktion der Persönlichkeitsentfaltung. Es sichert darüber hinaus elementare Lebensbedingungen. Ein erzwungener Umzug kann deshalb mit unzumutbaren Härten verbunden sein. Verfassungsrechtlich rücken in solchen Fällen das Recht auf Leben und körperliche Unversehrtheit, Artikel 2 Absatz 2 Satz 1 GG, sowie die Menschenwürde, Artikel 1 Absatz 1 GG, in den Vordergrund. Diese Dimension stand 2025 im Mittelpunkt zweier weiterer Entscheidungen des BVerfG. In beiden Verfahren ging es um die Frage, ob Mieterinnen trotz wirksamer Kündigung einen Härtefall geltend machen können. Härtefälle sichern im Wohnraummietrecht wie im Recht der Zwangsvollstreckung den Verbleib in der Wohnung auch über die wirksame Kündigung hinaus.

Der Beschluss vom 6. Oktober 2025 (Az. 1 BvR 2024/24) betraf eine außerordentliche Kündigung wegen vertragswidrigen Gebrauchs – konkret wegen unerlaubter Kleintierhaltung und ihrer Auswirkungen auf die Wohnung bzw. den Hausfrieden. Streitentscheidend war die Auslegung der Härtefallklausel des § 574 BGB, die Mietenden im Härtefall ein Widerspruchsrecht und einen Anspruch auf Vertragsfortsetzung einräumt. Die betroffene Mieterin litt an einer schweren psychischen Erkrankung. Ein Umzug hätte nach einem Sachverständigengutachten eine erhebliche Gefahr für ihre Gesundheit bis hin zur Suizidgefahr bedeutet. Zwar nahm das Zivilgericht dieses Gutachten zur Kenntnis, setzte sich in seiner Entscheidung mit der prognostizierten Lebensgefahr jedoch nicht weiter auseinander.

Erneut nahm das BVerfG die Sache nicht zur Entscheidung an, thematisierte aber ausführlich die Wirkung der Grundrechte. Wenn ein Gutachten eine konkrete Gefahr für Leben oder Gesundheit feststelle, dürften Gerichte in der Prüfung des § 574 BGB darüber nicht einfach hinweggehen, so die klare Botschaft. Vielmehr müsse sorgfältig und gegebenenfalls anhand eigener Fachkunde geprüft werden, ob der betroffenen Person ein Umzug tatsächlich zumutbar sei. Die Ablehnung des Härtegesuchs verstoße andernfalls gegen die grundrechtliche

Verbürgung aus Artikel 2 Absatz 2 Satz 1 GG, das Recht auf Leben und körperliche Unversehrtheit. Diese Pflicht gelte – wie die Entscheidung nahelegt – auch bei außerordentlichen Kündigungen, selbst wenn § 574 Absatz 1 Satz 2 BGB die Härtefallprüfung in solchen Fällen ausschließt.

Ähnlich gelagert war der Beschluss vom 18. Mai 2025 (Az. 2 BvQ 32/25), diesmal im Kontext der Zwangsvollstreckung, also nach Abschluss des Rechtsstreits. Die Beschwerdeführerin war hochschwanger, die Geburt ihres Kindes stand kurz bevor. Das Vollstreckungsgericht sah hierin allerdings keinen Härtefall im Sinne von § 765a ZPO und verwies sie auf Notunterkünfte. Das BVerfG ordnete im Eilverfahren den vorläufigen Verbleib in der Wohnung an. Es sei zweifelhaft, ob das Amtsgericht der besonderen Situation gerecht geworden sei. In Notunterkünften sei ein Mindestmaß an medizinischer und hygienischer Versorgung nicht gewährleistet – ein Risiko für die körperliche Unversehrtheit der Frau und ihres ungeborenen Kindes. Damit deutet das Gericht die verfassungsrechtlich gebotene Erweiterung der Härtefallprüfung an: Nicht nur akute Suizidgefahr, sondern auch andere schwerwiegende gesundheitliche Risiken können eine mit den guten Sitten unvereinbare Härte begründen, die einer Zwangsräumung entgegensteht. Das widerspricht der verbreiteten Praxis der Amtsgerichte, allein die attestierte Suizidgefahr als Härtegrund anzuerkennen und den Räumungsaufschub ansonsten abzuweisen.

Eine Aufgabe für das einfache Recht

Die Beschlüsse des BVerfG schärfen den Blick auf Kündigung und Räumung. Ihre Wirkung bleibt jedoch vor allem korrektiv. Es ist die Aufgabe der Zivilgerichte, den Gehalt des Wohnens bzw. die mit Kündigung und Räumung verbundenen Härten kohärent und in ihrer ganzen Tragweite zu erfassen. Bei Entscheidungen über Kündigungen muss berücksichtigt werden, dass Mietende sich in ihrem Zuhause persönlichkeitsrechtlich entfalten. Die Prüfung eines Härtefalls erfordert, sich sorgfältig mit dem zugrunde liegenden Sachverhalt auseinanderzusetzen. Wenn ein Gutachten eine schwere Gesundheits- bzw. sogar die

Lebensgefahr prognostiziert, muss das von den Gerichten ernst genommen werden. Dass eine kurz bevorstehende Geburt eine besondere Härte darstellen kann, nach der unter Umständen eine Räumung auszusetzen ist, sollte außer Frage stehen. Die Entscheidungen des BVerfG liefern wichtige Merkposten für die Geltung der Grundrechte im Kündigungs- und Räumungsverfahren. Sie ersetzen jedoch keine ganzheitliche Befassung mit dem Gehalt von Wohnen im Recht.

Literatur

Brachthäuser, Franziska: Wohnen als Persönlichkeitsrecht. Zur verfassungsrechtlichen Einordnung einer sozialen Praxis, in: Kritische Justiz 2025, S. 19–30.

Christian, Undine: The Exclusion of the Arbitrary Ordinary Termination in German Residential Tenancy Law, in: European Review of Contract Law 2025, Heft 3, S. 262–283.

Artikel 15 Grund und Boden, Naturschätze und Produktionsmittel können zum Zwecke der Vergesellschaftung durch ein Gesetz, das Art und Ausmaß der Entschädigung regelt, in Gemeineigentum oder in andere Formen der Gemeinwirtschaft überführt werden.

Timo Laven

Ein neues Kapitel der Vergesellschaftung

»Deutsche Wohnen & Co enteignen« präsentiert Gesetzesentwurf

Das Projekt einer Vergesellschaftung großer Berliner Wohnungskonzerne tritt in eine neue Phase ein. Nach Jahren des politischen Kampfes hat die Initiative »Deutsche Wohnen & Co enteignen« ihren Entwurf für ein Vergesellschaftungsgesetz vorgelegt. Damit soll der Bestand von Unternehmen mit mehr als 3000 Wohnungen in Gemeineigentum überführt werden. Grundlage ist dabei Artikel 15 GG, der es gestattet, Grund und Boden, Naturschätze und Produktionsmittel durch ein Gesetz, das Art und Ausmaß der Entschädigung regelt, in Gemeineigentum oder in andere Formen der Gemeinwirtschaft zu überführen. Ziel der Initiative ist es, den öffentlichen, nicht profitorientierten Wohnungssektor um über 200 000 Wohnungen zu erweitern und zugleich die Spekulation mit Immobilien zu reduzieren. So könne der Mangel an günstigem Wohnraum verringert und der stetige Anstieg von Mieten gebremst werden. Mit einem erneuten Volksentscheid plant das Bündnis nun, die Vergesellschaftung der Wohnungen unmittelbar per Gesetz umzusetzen.

Der Entwurf im Schatten einer vierjährigen Verzögerung

Bereits im September 2021 votierten die Berliner*innen mit mehr als 57 Prozent der abgegebenen Stimmen für eine Vergesellschaftung von Wohnungskonzernen. Dass Unternehmen wie Vonovia trotzdem weiter in der Stadt aktiv sind, hat seinen Grund in der Berliner Landesverfassung: Die Abstimmung wurde in Form eines sogenannten Beschluss-Volksentscheides durchgeführt, der das Berliner Abgeordnetenhaus lediglich dazu aufforderte, ein Vergesellschaftungsgesetz zu erlassen (hierzu Röhner, Grundrechte-Report 2022). Trotz des plebiszitären Auftrags reagierte weder die frühere rot-rot-grüne noch die derzeitige schwarz-rote Parlamentsmehrheit. Stattdessen einigte man sich zunächst darauf, eine Expert*innenkommission einzuberufen, die über die rechtliche Umsetzbarkeit befinden sollte. Politische Folgen hatte deren Abschlussbericht, der seit Juni 2023 vorliegt, jedoch nicht, obwohl die Mehrheit der Kommissionsmitglieder das Projekt im Grundsatz für verfassungsgemäß hielt.

Statt dem Auftrag des Volksentscheides nachzukommen, beschlossen CDU und SPD in ihrem Koalitionsvertrag von April 2023 ein bewusst zurückhaltendes Vorgehen, das zu Recht als Verzögerungstaktik kritisiert wird: Zunächst soll ein sogenanntes Vergesellschaftungsrahmengesetz erlassen werden, um allgemeine Kriterien einer Vergesellschaftung festzuhalten. Dabei beabsichtigt die Koalition, ihr eigenes Gesetz durch das Bundesverfassungsgericht (BVerfG) prüfen zu lassen, weshalb es erst zwei Jahre nach Verkündung in Kraft treten soll. Dieses Vorgehen begegnet bereits verfassungsrechtlichen Bedenken, denn eine solche Vorabprüfung durch das BVerfG ist seit 1956 nicht mehr vorgesehen. Eine Entscheidung des Gerichts verspräche aber auch kaum neue Erkenntnisse. Denn wenn das Gesetz wie beabsichtigt nur einen Rahmen vorgibt, der durch weitere Gesetze ausgefüllt werden muss, scheint das Ergebnis eindeutig: Schon Artikel 15 GG gibt diesen Rahmen vor. Eine bloße Wiederholung der Verfassung in einem einfachen Gesetz ist offenkundig verfassungsgemäß. Übrig bliebe eine weitere Verzögerung von mindestens zwei Jahren. Dieser Eindruck bestätigt sich, betrachtet man die Ziele, die die Regierungsparteien mit einem Rahmengesetz verfolgen: So kommentiert die CDU ganz ausdrücklich, dass ein solches Gesetz keine »Enteignung« ermögliche, sondern vor dieser schützen solle.

Die juristische Architektur der Vergesellschaftung

Stattdessen nehmen die Aktivist*innen die Umsetzung nun mit einem eigenen Gesetzesentwurf selbst in die Hand. Er umfasst in 37 dicht gefassten Paragraphen sämtliche Details einer konkreten Anwendung des Artikels 15 GG mit bisher nicht gekannter Regelungstiefe. Dieser bedarf es auch, denn bei einer etwaigen Prüfung durch das BVerfG wird es voraussichtlich auf Detailfragen wie etwa die konkreten Berechnungsmethoden der Entschädigungshöhe ankommen. Ergänzt wird der Gesetzesentwurf durch eine 70 Seiten umfassende Begründung, die die erklärende Funktion eines juristischen Kommentars übernimmt.

Von der Vergesellschaftung erfasst sind sämtliche Unternehmen, die mehr als 3000 Wohneinheiten besitzen, wobei dem Abschlussbericht der Expert*innen-Kommission folgend ein Selbstbehalt von 2999 Wohnungen verbleiben soll. Das Gleichbehandlungsgebot des Artikels 3 GG ist damit gewahrt, weil diese Höchstgrenze für alle Unternehmen gleichermaßen gilt. Kompromisse ist die Initiative bei den Ausnahmen von der Vergesellschaftung eingegangen: Kirchliche Träger sind ausgenommen, wenn die Vermietung Teil ihrer Religionsausübung darstellt, unabhängig davon, ob sie den gemeinwirtschaftlichen Kriterien genügt. Insgesamt würden etwa 213 000 Wohnungen vergesellschaftet, was nach Aussage der Initiative den akuten Bedarf nach günstigen Wohnungen für Menschen mit Wohnberechtigungsschein zu rund 77 Prozent decke.

Hinsichtlich der an die betroffenen Wohnungskonzerne zu zahlenden Entschädigung versucht die Initiative, ein aus fünf Polen bestehendes Spannungsfeld aufzulösen: Sie soll so hoch wie nötig sein, um aus Sicht des BVerfG angemessen zu sein, so niedrig wie möglich, um künftige Mieten geringzuhalten, und so berechenbar wie möglich, um eine Verfassungswidrigkeit aus Gründen mangelnder Transparenz zu verhindern. Schließlich muss das Verfahren Verallgemeinerungen ermöglichen, um den Verwaltungsaufwand gering zu halten, aber konkret genug sein, um Einzelfallgerechtigkeit zu wahren. Im Kern berechnet sich die Entschädigung aus der Summe des Bodenwerts und des Gebäudewerts. Der hier verwendete Bodenwert liegt deutlich unter dem derzeitigen Marktwert, da er auf Grundlage einer hypothetischen regulären Marktentwicklung seit 2013 berechnet wird. Der Gebäudewert unterliegt demgegenüber keinem direkten Abzug, da er eine den Eigentümerinnen zurechenbare Leistung verkörpert, die anders als die spekulative Marktentwicklung als schützenswert gesehen wird. Für die konkrete Berechnung greift die Initiative auf etablierte Berechnungsverfahren zurück, um möglichst große Rechtssicherheit zu wahren.

Die Entschädigung ist nicht durch eine Direktzahlung zu leisten, sondern durch die Vergabe von Schuldverschreibungen, die über 100 Jahre mit 3,5 Prozent jährlich verzinst und getilgt werden. Diese Zinsen sollen durch die Mieteinnahmen beglichen werden können. Hierdurch würde der Landeshaushalt nicht belastet; die Vergesellschaftung würde der Schuldenbremse nicht unterfallen. Das verbreitete Argument, eine Vergesellschaftung sei für das Land Berlin nicht finanzierbar oder überlaste den Haushalt, trifft auf den Vorschlag der Initiative daher nicht zu. Im Ergebnis kann so sowohl den Interessen der Eigentümerinnen Rechnung getragen werden als auch nachvollziehbar begründet werden, weshalb die Entschädigung hinter dem Verkehrswert zurückbleibt.

Ausblick

Dem Gesetzesentwurf gelingt es, sämtliche in Detailfragen erhobenen Einwände gegen eine Vergesellschaftung zu beantworten. Auch hinsichtlich der Grundsatzfragen von Artikel 15 GG minimiert der Entwurf das Risiko einer ablehnenden Entscheidung durch das BVerfG, denn er setzt im Wesentlichen die Empfehlungen der Expert*innenkommission um. Trotz aller Unklarheiten um Artikel 15 GG weist der Entwurf daher ein hohes Maß an Rechtssicherheit auf. Der bisher größte Schritt zu einer Vergesellschaftung ist damit getan. Bis zu einem weiteren Volksentscheid muss erneut ein zweischrittiges Verfahren durchlaufen werden: Zunächst sind Unterschriften von mindestens 20000 Unterstützer*innen vorzulegen. Danach müssen mindestens 7 Prozent der Wahlberechtigten, das heißt etwa 170000 Menschen, dem Entwurf durch Abgabe von Unterschriften innerhalb von vier Monaten zustimmen. Dazu wird die Initiative ihre Strukturen aus dem letzten Volksentscheid reaktivieren und zugleich die politische Aufmerksamkeit für das Vorhaben aufrechterhalten müssen. Die Vergesellschaftung bleibt also ein langfristiges Projekt; der Gesetzesentwurf verkörpert aber einen wichtigen Meilenstein.

Literatur

Wihl, Tim: Vergesellschaftung als juristische Kategorie, in: Angebauer, Niklas/Blumenfeld, Jacob/Wesche, Tilo (Hrsg.): Umkämpftes Eigentum, Berlin 2025, S. 219 ff.

Expertenkommission zum Volksentscheid: Vergesellschaftung großer Wohnungsunternehmen, Abschlussbericht, Berlin 2023.

König, Anna-Katharina/Laven, Timo: Regelungslosigkeit als Prinzip, Verfassungsblog v. 30.8.2025.

Artikel 16a (1) **Politisch Verfolgte genießen Asylrecht.**

Matthias Lehnert

Versprochen, gebrochen – Rechtsstaat torpediert

Bundesregierung bricht Aufnahmezusagen für Afghan*innen

Es geht um Geschichten wie die des Musikers H., der in Afghanistan vor Tausenden von Menschen über Freiheit und Menschenrechte gesungen hat. Er wurde von den Taliban verprügelt, sie brachen ihm die Hand und zerstörten seine Dambura, sein Saiteninstrument. Solche Menschen hatte die alte Bundesregierung im Blick, als sie 2022 das »Bundesaufnahmeprogramm für besonders gefährdete Afghaninnen und Afghanen« beschloss. H. und seine Familie erhielten im Mai 2024 die Nachricht des Bundesamtes für Migration und Flüchtlinge (BAMF), dass Deutschland sie aufnehmen wird. Schnell flohen sie aus Afghanistan nach Islamabad in Pakistan, um dort bei der deutschen Botschaft einen Visumsantrag zu stellen. Im Februar 2025 fand das erforderliche Sicherheitsinterview statt. Weiter passierte erst einmal nichts.

Und es geht um die Geschichte von S., einer Frauenrechtsaktivistin, die sich jahrelang in einer Nichtregierungsorganisation für die Rechte afghanischer Frauen auf Bildung und Arbeit sowie gegen Zwangsheirat und häusliche Gewalt eingesetzt hatte. Im Oktober 2021, kurz nach der Machtübernahme der Taliban, organisierte sie mit Verbündeten eine Demonstration gegen die neuen Machthaber – es folgten massive Repressionen. S. konnte gerade noch rechtzeitig nach Pakistan fliehen. Auch sie erhielt zunächst eine Aufnahmezusage aus Deutschland.

Am Anfang standen große Versprechungen

Als die neue Bundesregierung im Mai 2025 ihre Tätigkeit aufnahm, befanden sich noch etwa 2400 Menschen aus Afghanistan mit einer Aufnahmezusage in Pakistan. Etwa die Hälfte der Schutzzusagen beruht auf dem Bundesaufnahmeprogramm auf der Grundlage von § 23 Absatz 2 Aufenthaltsgesetz (AufenthG). Die übrigen Fälle haben Zusicherungen erhalten auf der Grundlage der sogenannten Menschenrechtsliste, des Überbrückungsprogramms und des Ortskräfteverfahrens – jeweils gestützt auf § 22 Satz 2 AufenthG.

Die beiden Normen verfolgen grundsätzlich unterschiedliche Richtungen: § 23 Abs. 2 AufenthG sieht Aufnahmeprogramme für bestimmte Gruppen vor, während § 22 Satz 2 AufenthG die Aufnahme in spezifischen Einzelfällen regelt. Praktisch richten sich die Aufnahmezusagen für Menschen aus Afghanistan nach beiden Vorschriften jeweils gruppenbezogen an besonders schutzbedürftige Menschen: Menschenrechtsverteidiger*innen; Richter*innen, die unter der alten Regierung gegen die Taliban geurteilt hatten; Menschen, die Mädchenschulen betrieben hatten; queere Menschen; Ortskräfte, die einst mit deutschen Organisationen für ein besseres Afghanistan gekämpft hatten. Es handelt sich also um Personen, die unter den Taliban Verfolgung, Folter und den Tod befürchten müssen.

Diese Menschen hatte auch der bayerische Ministerpräsident Markus Söder im Blick, als er im August 2021 forderte, dass nicht nur afghanische Ortskräfte, sondern auch »Frauenrechtlerinnen, Bürgeraktivisten, Journalisten und Vertreter für Menschenrechte« geschützt werden müssten.

In Pakistan im Stich gelassen

Schnell jedoch verblasste dieser moralische Übereifer der Politik, und die zuvor Schutzbedürftigen wurden in der rassistischen Erzählung zur Gefahr für die deutsche Gesellschaft. Schon unter der Ampelregierung dominierten diejenigen Kräfte, die Aufnahmen aus Afghanistan eher blockieren als fortführen wollten: Von den einst im Bundesaufnahmeprogramm versprochenen monatlich 1000 Aufnahmezusagen wurde nur ein kleiner Teil umgesetzt. Die neue Bundesregierung unter Friedrich Merz wurde in ihrem Koalitionsvertrag noch eindeutiger: »Wir werden freiwillige Bundesaufnahmeprogramme so weit wie möglich beenden (zum Beispiel Afghanistan) und keine neuen Programme auflegen.«

Diese Botschaft wurde schlicht, aber wirkungsvoll umgesetzt: durch Untätigkeit. Die Visaverfahren wurden auf Eis gelegt. Ab Mai 2025 fanden keine weiteren für die Visaerteilung erforderlichen Sicherheitsinterviews statt, und ein Großteil des Personals der Sicherheitsbehörden sowie des BAMF, die für abschließende Prüfungen zuständig sind, wurde abgezogen. Flüge nach Deutschland fanden erst recht nicht mehr statt. Die Menschen, denen schwarz auf weiß Schutz versprochen worden war und die ihr Hab und Gut zur Finanzierung der Ausreise aufgegeben hatten, wurden im Unklaren gelassen – während die pakistanischen Behörden sie loswerden wollten: Es häuften sich Besuche der Polizei in den Unterkünften in Islamabad, die pakistanischen Aufenthaltspapiere wurden nicht verlängert.

Schließlich entschied das Verwaltungsgericht (VG) Berlin mit Beschluss vom 7. Juli 2025 (Az. VG 8 L 290/25) auf einen Eilantrag einer Betroffenen hin, dass die Bundesregierung umgehend Visa erteilen müsse, da die einmal gegebene Zusage nach dem Bundesaufnahmeprogramm rechtsverbindlich sei. Andere Kammern des VG Berlin erließen danach Dutzende weiterer solcher Eilbeschlüsse.

Torpedierung gerichtlicher Beschlüsse

Die Bundesregierung setzte diese Beschlüsse jedoch nicht zügig um. Nur wenige Familien konnten im September 2025 einreisen. In vielen anderen Verfahren zog insbesondere das Bundesministerium des Innern unter Alexander Dobrindt alle Register, um die Aufnahmen weiter zu blockieren. In einigen Verfahren musste das VG zu Zwangsgeldandrohungen greifen, um die Visumserteilung durchzusetzen. Zugleich wurde dem BAMF weiteres Personal zur Verfügung gestellt, um die ursprünglichen Aufnahmezusagen neu zu bewerten und den gerichtlichen Eilbeschlüssen die Grundlage zu entziehen.

So auch im Fall des Musikers H.: Seine Familie erhielt ein Schreiben des BAMF, mit dem die Aufnahmezusage entzogen wurde, weil »eine konkrete Gefährdung« nicht vorliege – wenngleich rein gar nichts dafür sprach, dass sich die Lage in Afghanistan verbessert hätte. Die Familie sollte die gestellte Unterkunft in Islamabad mangels Schutzzusage innerhalb von wenigen Tagen verlassen. Dabei wussten auch die deutschen Beamt*innen: Die Frau des Musikers war hochschwanger.

Es bedurfte im Fall von H., wie auch in vielen anderen Verfahren, einer weiteren Instanzenschleife über das für das BAMF zuständige VG Ansbach und den Bayerischen Verwaltungsgerichtshof, bis im Oktober 2025 feststand, dass die Aufhebung der Aufnahmezusage rechtswidrig war und die Familie endlich nach Deutschland einreisen durfte. Bis einschließlich Dezember 2025 sind knapp 800 Personen mit einer Aufnahmezusage eingereist, in den allermeisten Fällen musste die Bundesregierung zur Visaerteilung gerichtlich verpflichtet werden.

Die übrigen Menschen müssen weiter warten. Das hat vor allem damit zu tun, dass die Rechtsansprüche aus den Zusagen nach § 22 AufenthG weniger klar sind: Das zweitinstanzliche Oberverwaltungsgericht Berlin-Brandenburg hat wiederholt entschieden, dass es diese Zusagen für nicht rechtsverbindlich hält. In einem Beschluss vom 4. Dezember 2025 hat das Bundesverfassungsgericht (Az. 2 BvR 1511/25) lediglich entschieden, dass die Bundesregierung die Verfahren nicht einfach liegen lassen darf, sondern über den Visumsantrag formal entscheiden muss. Wie diese Entscheidung konkret auszusehen hat und ob man sich aus Gründen des Vertrauensschutzes auf eine Zusage nach § 22 AufenthG berufen kann, bleibt offen und möglicherweise einer weiteren BVerfG-Entscheidung vorbehalten. Obwohl den Menschen die Abschiebung nach Afghanistan droht, schiebt also auch das BVerfG die Verfahren praktisch weiter auf die lange Bank.

Für viele der betroffenen Menschen könnte dies zu lange dauern. Für S., die einst so mutig Demonstrationen gegen die Islamisten organisierte, ist es möglicherweise schon zu spät:

Sie wurde im Sommer 2025 von Pakistan nach Afghanistan abgeschoben. Durch die Abschiebungen geraten die Menschen noch stärker in den Fokus der Taliban. Die Bundesregierung hat durch die Zusagen und deren Rücknahme die Gefahr für das Leben der Betroffenen zusätzlich verschärft. S. teilte zuletzt mit, dass sie kurz nach ihrer Rückkehr von einem Taliban entführt wurde und seitdem in dessen Haus gefangen gehalten wird.

Literatur

Balser, Markus/Erschov, Katharina/Kampf, Lena: Trickst sich Deutschland aus der Verantwortung?, Süddeutsche Zeitung v. 9.10.2025.

Eckstein, Philipp/Kornmeier, Claudia: So steht es um die Aufnahmeprogramme für Afghanen, tagesschau.de v. 18.12.2025.

Rath, Christian: Aufnahmezusage ist nicht gleich Aufnahmezusage, Taz v. 1.9.2025.

No-Border-Netzwerk

Ein rechtliches Nichts

Phantasiepapiere der Ausländerbehörden »unterhalb der Duldung«

Die Abschottung Europas ist längst über seine Außengrenzen hinaus spürbar. Auch deutsche Behörden sind Teil dieses Systems: Sie entscheiden über den Aufenthalt von Menschen und somit über das Leben jener, die unter größten Risiken nach Deutschland kommen. In ihren Entscheidungen verstoßen Ausländerbehörden (ABH) zunehmend gegen das Willkürverbot der vollziehenden Gewalt, das in Artikel 20 Absatz 3 in Verbindung mit Artikel 3 Absatz 1 GG verankert ist. Alle Behörden sind im Rechtsstaat an die geltenden Gesetze gebunden, sie dürfen nur innerhalb dieses Rahmens handeln. Verstöße der ABH lassen sich insbesondere im Zusammenhang mit der Aushändigung sogenannter Phantasiepapiere beobachten: bloße DIN-A4-Papiere ohne jegliche Verankerung im Gesetz. Recherchen des No-Border-Netzwerks zufolge wurden Variationen der Phantasiepapiere erstmals 2017 in Sachsen erdacht und ausgestellt. Trotz lautstarker Kritik verbreitete sich die Praxis – jedenfalls seit 2023 auch in Nordrhein-Westfalen (NRW). Die ABH Leverkusen überschreibt das Papier mit »Bescheinigung über den vorübergehenden Aufenthalt ohne amtliche Aufenthaltsdokumente«, eine leicht abgewandelte Bezeichnung verwenden auch die ABH Rhein-Sieg-Kreis und die ABH Rhein-Erft-Kreis. Weitere ABH folgen dieser Praxis. Phantasiepapiere werden mit etwa einmonatiger Gültigkeit versehen und meist wiederholt verlängert – für viele Personen bis zu einem halben Jahr, für einige deutlich länger. Auch bisher lange geduldete Personen, die seit Jahrzehnten in Deutschland leben oder hier geboren wurden, sind betroffen.

Duldung vs. Phantasiepapier

Duldungen sind gesetzlich geregelt, aber keine Aufenthaltstitel. Sie verhindern als »Bare Minimum« lediglich die vollständige Entrechtung von Personen. Geduldete Menschen sind ausreisepflichtig, nur ihre Abschiebung ist vorübergehend ausgesetzt. Wenn der konkrete Duldungsgrund entfällt, ist eine Abschiebung jederzeit möglich. Duldungen können auch explizit mit einer auflösenden Bedingung versehen werden, zum Beispiel: »Die Duldung erlischt mit Bekanntgabe des Rückführungstermins.« Es existieren verschiedene Duldungsformen. Eine Duldung nach § 60a Absatz 2 Satz 1 Aufenthaltsgesetz (AufenthG) muss ausgestellt werden, wenn die Abschiebung aus tatsächlichen oder rechtlichen Gründen unmöglich ist und keine Aufenthaltserlaubnis erteilt wird.

Die Argumentation der Behörden lautet nun u. a., dass in »Einzelfällen« mangels eines Duldungsgrundes nicht einmal eine Duldung nach dieser Norm ausgestellt werden könne und ein Phantasiepapier zumindest dazu diene, Personalien vorzeigen zu können. Dabei entschied das Bundesverwaltungsgericht schon 1997 (Urteil vom 25.9.1997, Az. 1 C 3/97): »Die Systematik des Ausländergesetzes lässt grundsätzlich keinen Raum für einen derartig ungeregelten Aufenthalt. [...] Eine Duldung ist grundsätzlich auch dann zu erteilen, wenn die Abschiebung zwar möglich ist, die Ausreisepflicht des Ausländers aber nicht ohne Verzögerung durchgesetzt werden kann.« Diese Rechtsprechung ist gefestigt. Das Kriterium der Verzögerung ist mittlerweile jedoch bedauerlicherweise verwässert worden. »Verwaltungsorganisatorische Gründe«, die sich bei Vorbereitung der Abschiebung ergeben, und ein »bloßes Nichtbetreiben« der Abschiebung werden von vielen Gerichten nicht mehr als Verzögerung angesehen. In der Konsequenz führt genau dies zur Problematik des ungeregelten Aufenthalts.

Gleichzeitig eröffnet die Frage, wann eine Verzögerung vorliegt, auch den ABH einen Beurteilungsspielraum. Verzögern sie die Prognose zur möglichen Abschiebung jedoch wiederholt oder rechtfertigen sie übermäßig lange Zeiträume ohne Duldung mit verwaltungsorganisatorischen Gründen, wird die Grenze zur Behördenwillkür überschritten. Verstärkt wird dies durch unzureichende Kontrolle und ein erhebliches Machtungleichgewicht, da Betroffene meist weder über ausreichende Ressourcen noch über eine große Lobby verfügen, um ihre Interessen wirksam zu vertreten. In den wenigen Fällen, die den Rechtsweg erreichen, greifen viele Verwaltungsgerichte in NRW nach Recherchen des No-Border-Netzwerks nicht zufriedenstellend ein. Die Gerichte bemängeln das behördliche Vorgehen nicht, solange z. B. die Rückkehrkoordinationsstelle kontaktiert wurde.

Massive Konsequenzen für die Betroffenen

Durch die Ausstellung von Phantasiepapieren umgehen Behörden die Regelungen, die für Personen mit Duldung gelten. Ungeregelter Aufenthalt wird instrumentalisiert, um Perspektiven zu versperren. Menschen werden vermehrt abgeschoben oder in verzweifelten Situationen zu einer »freiwilligen« Ausreise gedrängt.

Einige Aufenthaltserlaubnisse sowie die Ausbildungsduldung (§§ 25a, 25b, 104c, 16 g, 60c AufenthG) erfordern eine bestimmte ununterbrochene (Vor-)Duldungszeit bzw. einen Duldungsstatus. Wird der Person durch die ABH die Duldung entzogen und ein Phantasiepapier ausgestellt, wird die (Vor-) Duldungszeit unterbrochen und so der Statuswechsel versperrt, selbst wenn alle anderen Kriterien erfüllt sind. Damit wird der gesetzgeberische Zweck der Vorschriften unterlaufen.

In der Praxis weigern sich ABH mangels Vorduldungszeit beispielsweise, eine Ausbildungsduldung (§ 60c AufenthG) auszustellen – für viele Menschen mit abgelehntem Asylantrag die einzige Bleibeperspektive. Die ABH Leverkusen versperrt zudem Personen, die wegen Passlosigkeit geduldet sind und bis auf die Passpflicht alle Kriterien für eine »gute Integration« erfüllen, den Weg. Bemüht sich eine Person um die Passbeschaffung und legt den Pass dann vor, erteilt die ABH meist keine Aufenthaltserlaubnis nach § 25b AufenthG. Stattdessen entzieht sie der Person sogar die Duldung und gibt ein Phantasiepapier aus. Menschen mit vormals besserer Perspektive finden sich so in prekären Situationen wieder.

Phantasiepapiere ermöglichen keine gesetzlich geregelte Erwerbstätigkeit. Zudem kann mit manchen Phantasiepapieren nicht einmal der Pass- und Ausweispflicht aus §§ 3 Absatz 1, 48 Absatz 2 AufenthG nachgekommen werden, wenn sie nicht ausdrücklich als Ausweisersatz bezeichnet werden. Sogar eine Strafbarkeit nach § 95 Absatz 1 Nummer 1 und 2 AufenthG kommt in Betracht. Auch wenn Duldungen bereits Einschränkungen bedeuten, sind Phantasiepapiere als »rechtliches Nichts« ein Einfallstor für weitere Behördenwillkür. In einigen Fällen werden etwa Leistungen nach dem Asylbewerberleistungsgesetz oder der Kinder- und Jugendhilfe nicht gezahlt. Diese Entrechtung und Ausgrenzung aus dem gesellschaftlichen Leben sowie die ständige Angst vor Abschiebung sind gravierende Dauerbelastungen. Gleichzeitig werden durch den Kampf um eine Duldung bereits so viele Ressourcen gebündelt, dass andere Auseinandersetzungen unmöglich werden.

Kalkulierte Entrechtung

Die fatalen Folgen zeigen sich am beispielhaften Schicksal des Iraners Tiam (Name redaktionell geändert), dem nach langer Zeit in der Duldung plötzlich Phantasiepapiere ausgestellt wurden. Die Ausländerrechtliche Beratungskommission (ABK) der Stadt Leverkusen inklusive des anwesenden Vertreters der ABH Leverkusen stimmte im August 2025 einstimmig für die Empfehlung, Tiam wieder eine Duldung auszustellen. Stattdessen wurde er vier Tage später in den Iran abgeschoben, als er zur Verlängerung seines Phantasiepapiers in der ABH vorsprach. Die ABK tagt unter Ausschluss der Öffentlichkeit. Ob die ABH Leverkusen in Unkenntnis handelte oder ein geplanter Abschiebeflug in der Sitzung der ABK bewusst verschwiegen wurde, bleibt Spekulation.

Kalkül und Willkür können daher nah beieinanderliegen, insbesondere dann, wenn mehrfach marginalisierte Menschen betroffen sind. Der mittlerweile systematische Einsatz von Phantasiepapieren stellt eine gravierende Verletzung der Rechte von Geflüchteten dar und führt zu weiterer Entrechtung und Prekarisierung. Zu fordern ist daher die sofortige Einstellung dieser willkürlichen Praxis. Oder ist ein demokratischer Rechtsstaat ein System, in dem Behördenwillkür geduldet wird?

Literatur

Sade, Markus: Die »Bescheinigung über den vorübergehenden Aufenthalt ohne amtliches Aufenthaltsdokument« im Freistaat Sachsen, in: Sächsische Verwaltungsblätter 31 (2023), S. 336ff.

Artikel 20 (1) Die Bundesrepublik Deutschland ist ein demokratischer und sozialer Bundesstaat.

Daniel Weidmann

Ein Fürstentum in Brandenburg?

Tesla ignoriert die sozialen Rechte der Belegschaft in Grünheide

Die Bedeutung des Sozialstaatsprinzips für die arbeitsrechtliche Praxis erschließt sich bei einer ersten Lektüre des Artikels 20 Absatz 1 GG nicht ohne weiteres. Hier hilft ein Blick auf die Rechtswirklichkeit. So wird etwa am Beispiel der prekären Arbeitsbedingungen der Beschäftigten des Tesla-Werks in Grünheide bei Berlin schnell deutlich, wie essenziell soziale Rechte am Arbeitsplatz sind, wenn in der Bundesrepublik die Demokratie nicht am Werkstor enden soll.

Nach Artikel 20 Absatz 1 GG ist die Bundesrepublik »ein demokratischer und sozialer Bundesstaat«. Zwar handelt es sich dabei zunächst nur um eine Staatszielbestimmung, mit der sich unmittelbar keine subjektiven Rechte begründen lassen. Trotzdem wird aus dem Sozialstaatsprinzip ein Minimalstandard für soziale Rechte am Arbeitsplatz abgeleitet – namentlich für die Entgeltfortzahlung im Krankheitsfall, für den Gesundheitsschutz sowie für die betriebliche Mitbestimmung.

Genau um diese sozialen Rechte steht es am 2022 eröffneten Produktionsstandort des Automobilherstellers Tesla besonders schlecht. Seit dem Produktionsstart in der »Gigafactory« herrscht am zuständigen Arbeitsgericht in Frankfurt (Oder) Hochbetrieb.

Keine Entgeltfortzahlung im Krankheitsfall

Seit Frühjahr 2025 gibt es besonderen Ärger um die Anerkennung von Krankschreibungen. Zwar hatte das Unternehmen mit seinem Versuch, durch Hausbesuche Druck auf kranke Beschäftigte auszuüben, keinen großen Erfolg. Das Ausnutzen der neuen Schlupflöcher im Entgeltfortzahlungsgesetz hat sich aber als sehr wirkmächtig erwiesen. Das Bundesarbeitsgericht hat Anfang der 2020er Jahre in zwei Entscheidungen deutlich gemacht, dass es den Beweiswert einer ärztlichen Arbeitsunfähigkeitsbescheinigung keineswegs für unerschütterlich hält und bei »ernsthaften Zweifeln an der Erkrankung« eine gesteigerte Beweislast von Beschäftigten bejaht, wenn sie Entgeltfortzahlung geltend machen (Urteil vom 8.9.2021, Az. 5 AZR 149/21; Urteil vom 13.12.2023, Az. 5 AZR 137/23). Tesla beantwortet die Frage, was in diesem Zusammenhang als »ernsthafter Zweifel« gilt, großzügig in seinem Sinne und erklärt ärztliche Atteste regelmäßig für irrelevant. Besonders perfide: Oft leistet das Unternehmen zunächst Entgeltfortzahlung, erklärt dann später aber, dass dies mangels Krankheitsnachweis ohne Rechtsgrund geschehen sei und die »Überzahlung« daher mit dem nächsten Entgelt verrechnet werde. Für Beschäftigte, die ohne Ersparnisse von Monatslohn zu Monatslohn leben, hat ein derartiger Lohnausfall sofort dramatische Konsequenzen. Nach einem *Tagesschau*-Bericht von März 2025 nutzt Tesla diese Notlage regelmäßig aus, um im selben Atemzug einen Aufhebungsvertrag anzubieten, in dem ein »Schuldenerlass« vereinbart und Entgeltzahlung bis zum Ende der Kündigungsfrist sichergestellt wird. So wird das Unternehmen diejenigen Beschäftigten los, die seinem erklärten Ziel, die Krankenquote zu reduzieren, im Weg stehen, und kann gleichzeitig die Belegschaftsgröße an seine schlechte Absatzlage anpassen.

Arbeitsunfälle auf Rekordniveau

Im Übrigen legen Berichte zur katastrophalen Arbeitssicherheitslage im Betrieb nahe, dass der Krankenstand nicht auf die fehlende Arbeitsmoral der Belegschaft zurückzuführen ist. Nach einer *Stern*-Recherche im Sommer 2023, bei der im großen Stil Dokumente von Arbeitsschutzbehörden und Rettungsdiensten ausgewertet wurden, kam es im ersten Jahr der Produktion dreimal so oft zu Notfallsituationen wie in vergleichbaren Fabrikbetrieben. Die Behördenunterlagen dokumentieren schwere Stürze, Verbrennungen, Verätzungen und abgetrennte Gliedmaßen. Die Achtlosigkeit im Umgang mit der Arbeitssicherheit, die hierbei zum Ausdruck kommt, gefährdet die körperliche Unversehrtheit aller Beschäftigten. Seitdem sollen bei der Unfallverhütung zwar viele Fortschritte gemacht worden sein. Die Beschäftigten klagen aber weiterhin über das hohe Arbeitstempo und den extremen Leistungsdruck im Betrieb.

Mitbestimmung von Unternehmensgnaden

Auch bei der betrieblichen Mitbestimmung liegt einiges im Argen. Zwar gibt sich die Werksleitung betont betriebsratsfreundlich und versucht, das Gremium als Alternative zur gewerkschaftlichen Organisierung in der IG Metall aufzubauen. Die Zusammensetzung des Betriebsrats überlässt Tesla aber nicht dem Zufall. Die ersten Betriebsratswahlen wurden von hochrangigen Manager*innen bereits im Winter 2022 initiiert. Damals waren im noch nicht eröffneten Werk erst knapp 2500 Menschen tätig, weit überwiegend Ingenieur*innen, Kaufleute und Verwaltungsangestellte. Den vielen Tausend Arbeiter*innen, die erst kurze Zeit später eingestellt wurden, machte man es so für zwei Jahre unmöglich, ihr Wahlrecht auszuüben – ganz legal. Bei der Neuwahl des Betriebsrats im Frühjahr 2024 musste das Unternehmen mit Hilfe des Wahlvorstands schon tiefer in die Trickkiste greifen. Man nutzte einen durch Lieferengpässe bedingten Produktionsstopp und veröffentlichte das Wahlausschreiben zur Betriebsratswahl unmittelbar vor der Betriebsruhe, während der kaum eine*r der in der Produktion tätigen Arbeiter*innen im Betrieb anwesend war. Da eine Kandidatur zur Betriebsratswahl nur während der ersten zwei Wochen nach Aushang des Wahlausschreibens möglich ist, war es für Arbeiter*innen erneut besonders schwer, zur Wahl anzutreten. Diesmal war die IG Metall allerdings vorbereitet und konnte einen Wahlvorschlag mit eigenen Kandidat*innen aus allen Bereichen des Werks einreichen. Trotz massiver Anti-Gewerkschafts-Propaganda des Unternehmens gewann sie schlussendlich 16 der 39 Betriebsratssitze und ging damit als Siegerin aus der Wahl hervor. Da sich nach der Wahl aber sofort alle anderen Wahlvorschlagslisten gegen die Liste der IG Metall verbündeten, bleibt das Gremium bis auf weiteres in der Hand der managementnahen Mitglieder – und der Betriebsrat damit ein Instrument im Kampf des Unternehmens gegen die Gewerkschaft. Deren Vertreter*innen werden bei Widerworten schon einmal der Betriebsratssitzung verwiesen und durch den Sicherheitsdienst vom Werksgelände eskortiert. Gleichzeitig wird den gewerkschaftlich organisierten Betriebsratsmitgliedern das Leben im Betrieb schwer gemacht. Die Betriebsratsmehrheit macht außerdem in der offiziellen Öffentlichkeitsarbeit des Gremiums regelmäßig Stimmung gegen die Gewerkschaft. Wegen alledem läuft seit Anfang 2025 nun ein Amtsenthebungsverfahren der IG Metall gegen die Betriebsratsvorsitzende. Das Arbeitsgericht Frankfurt/Oder verlegte die abschließende mündliche Verhandlung der Streitsache aber erst in den Herbst 2025 und dann in den Mai 2026. Da bis dahin turnusmäßig Betriebsratsneuwahlen durchzuführen sind und Anträge auf Amtsenthebung nach der Rechtsprechung des Bundesarbeitsgerichts nur in der laufenden Betriebsratsamtszeit möglich sind, nahm die IG Metall das Verfahren im Dezember 2025 schließlich zurück.

All dies verdeutlicht, wie wichtig das Sozialstaatsprinzip als »Strukturprinzip der verfassungsrechtlichen Ordnung« (Wolfgang Abendroth) für die gesamte Rechtsanwendung ist – auch, aber nicht nur vor den Arbeitsgerichten. Der Anspruch eines Unternehmens auf Alleinherrschaft über eine 12 000 Menschen umfassende Belegschaft kann nur zurückgewiesen werden, wenn die Umsetzung der sozialen Rechte in der arbeitsgerichtlichen Praxis schnell und effektiv gelingt, damit sich Grünheide nicht in das Fürstentum eines neofeudalen Multimilliardärs verwandelt.

Literatur

Abendroth, Wolfgang: Zum Begriff des demokratischen und sozialen Rechtsstaates im Grundgesetz der Bundesrepublik Deutschland (1954), in: ders.: Gesammelte Schriften Band 2, Hannover 2008, S. 338 ff.

Artikel 20 (3) **Die Gesetzgebung ist an die verfassungsmäßige Ordnung, die vollziehende Gewalt und die Rechtsprechung sind an Gesetz und Recht gebunden.**

Robert Nestler

Zurückweisungen an der Grenze – immer noch rechtswidrig

Zurückweisungen von Asylsuchenden an der Grenze sind rechtswidrig. Was nicht nur Fachleuten schon seit deren Einführung klar war, hat auch das Verwaltungsgericht (VG) Berlin (Beschluss vom 2.6.2025, Az. VG 6 L 191/25) bestätigt. Am 9. Mai 2025 wurden drei Personen, die aus Polen nach Deutschland einzureisen versuchten, zurückgewiesen. Das VG entschied, dass die Betroffenen zurückgeholt werden müssen, um ein Verfahren zur Bestimmung des für die inhaltliche Asylantragsprüfung zuständigen Mitgliedstaats (Dublin-Verfahren) durchzuführen, denn dieses sei verpflichtend. Eine Ausnahme davon sei nicht vorgesehen, eine Notlage liege nicht vor, denn diese sei »eng auszulegen«, und es fehle »bereits an der hinreichenden Darlegung« durch die Bundesregierung. Doch die Bundesregierung hält nicht nur an der Praxis der rechtswidrigen Zurückweisungen fest, sie gefährdet mit ihrem offenen Rechtsbruch auch den Rechtsstaat und seine Institutionen.

Die deutsche Zurückweisungspraxis

Die Zurückweisung lässt sich am ehesten als Einreiseverweigerung beschreiben. Eine Person kann nur zurückgewiesen werden, wenn sie vorher noch nicht eingereist ist (anders als bei der sogenannten Zurückschiebung und der Abschiebung).

Schon dies wirft im Schengen-Raum, der keine Binnengrenzen kennt, Probleme auf. Denn eine Zurückweisung setzt Grenzkontrollen voraus. Zwar hat Deutschland diese an allen Binnengrenzen wiedereingeführt. Die Grenzkontrollen sind aber regelmäßig ebenso rechtswidrig und mit ihnen auch die Zurückweisungen (dazu Pertsch/Nestler, Grundrechte-Report 2024).

Trotzdem haben Zurückweisungen an der deutschen (Binnen-)Grenze eine traurige Tradition. Schon 2018 wurden im Rahmen des sogenannten Seehofer-Deals Abkommen mit Staaten an der EU-Außengrenze, also z. B. Griechenland, abgeschlossen. Personen wurden von der deutsch-österreichischen Grenze ohne jedes Verfahren nach Griechenland überstellt. Schon diese Praxis war, wie aktuelle Zurückweisungen, auf § 18 Absatz 2 Nr. 2 Asylgesetz gestützt. Bereits 2019 hatte das VG München entschieden, dass dieses Vorgehen rechtswidrig ist (Beschluss vom 08.08.2019, Az. M 18 E 19.32238). Denn bevor ein Mitgliedstaat der EU eine Person in einen anderen zurückführen kann, ist zwingend ein Dublin-Verfahren durchzuführen, um die Zuständigkeit für das Asylverfahren zu ermitteln. Eine Direktzurückweisung an der Binnengrenze ist europarechtlich verboten. Daran wird auch die Reform des Gemeinsamen Europäischen Asylsystems in der Zukunft nichts ändern. Auch die neue Verordnung setzt ein formelles Verfahren voraus. Außerdem verletzt eine Zurückweisung ohne Einzelfallprüfung, ob im anderen Staat eine Menschenrechtsverletzung droht, die Europäische Menschenrechtskonvention. Menschenrechte verpflichten Staaten auch zu überprüfen, ob eine Menschenrechtsverletzung durch andere Staaten droht. Bei Direktzurückweisungen ist genau dies nicht sichergestellt – das hat der Europäische Gerichtshof für Menschenrechte (EGMR) im Oktober 2024 festgestellt und Deutschland verurteilt (Urteil vom 15.10.2024, Az. 13337/19). Soweit, so eindeutig und unumstritten.

Dennoch führte die Ampelkoalition Zurückweisungen ab Oktober 2023 wieder ein – allerdings nur für Personen, die (angeblich) kein Asyl beantragen wollten. Mit Blick auf die damalige Gruppe der Zurückgewiesenen, unter denen sich viele Syrer:innen und Afghan:innen befanden, ist dies ein äußerst zweifelhaftes Vorgehen, denn Betroffene können kaum nachweisen, dass sie gegenüber Grenzbeamt:innen Schutz nachgesucht haben. Der EGMR (Urteil vom 07.01.2025, Az. 15783/21) und der Gerichtshof der EU (EuGH) (Urteil vom 18.12.2025, Az. C-136/24 P) haben deshalb 2025 festgestellt, dass in bestimmten Fällen Staaten nachweisen müssen, dass *kein* Asylantrag gestellt worden ist.

Als eine der ersten Amtshandlungen hat der Bundesinnenminister der Großen Koalition, Alexander Dobrindt (CSU), die Zurückweisungen ausgeweitet und am 7. Mai 2025 per Weisung an die Bundespolizei eine »Praxis rückgängig gemacht«, die Zurückweisungen von Asylsuchenden verbietet – ein offener Rechtsbruch. Nur »erkennbar vulnerable« Personen sollten ausgeschlossen sein. Am 8. Mai 2025 begannen Zurückweisungen von Asylsuchenden. Von Mai bis Oktober 2025 wurden auf dieser Grundlage laut dem Bundesinnenministerium (BMI) 993 Menschen zurückgewiesen (BT-Drucksache 21/2913). Dabei ist (selbst) dem BMI klar, dass diese Zurückweisungen rechtswidrig sind. Es wird deshalb behauptet, es würde eine Notlage vorliegen und Europarecht könne umgangen werden (Artikel 72 Vertrag über die Arbeitsweise der EU [AEUV]).

Die behauptete Notlage ist ein Mythos

Diese vermeintliche Notlage hat die Bundesregierung – trotz kleiner Anfragen (BT-Drucksachen 21/301 und 21/2913) – nie ausführlich begründet, sondern sie beruft sich nur nebulös darauf, dass »für die Aufrechterhaltung der öffentlichen Ordnung und den Schutz der inneren Sicherheit« von den EU-sekundärrechtlichen Vorgaben abgewichen werden könne. Laut Bundeskanzler Friedrich Merz »ist das nationale Recht […] [hier] wichtiger als das europäische Recht«. Zunächst betrifft Artikel 72 AEUV nur Sekundärrecht. Primärrecht und Menschenrechte können nicht umgangen werden. Ohnehin sind bisher alle mitgliedstaatlichen Versuche, sich auf Artikel 72 AEUV zu berufen, krachend vor dem EuGH gescheitert. Denn nach diesem könnte ein Mitgliedstaat nur in »ganz bestimmte[n] außergewöhnliche[n] Fällen« vom EU-Sekundärrecht abweichen (Urteil vom 02.04.2020, Az. C-718/17, C-719/17) und muss »geeignete Beweise oder eine Untersuchung zur Geeignetheit und Verhältnismäßigkeit der von ihm erlassenen beschränkenden Maßnahme vorlegen« (Urteil vom 21.01.2016, Az. C-515/14). All dies hat die Bundesregierung nicht gemacht – und könnte es auch nicht, denn die behauptete Notlage gibt es nicht.

Rechtsstaatsproblem: der vorgeschobene Einzelfall

So klar der Beschluss, so rechtsstaatlich inakzeptabel die politischen Reaktionen. Zwar wurde den Kläger:innen die Einreise gewährt, sie selbst und ihre Prozessvertretung, die unterstützenden NGOs wie PRO ASYL und die Richter:innen wurden allerdings von rechten Medien in den Fokus genommen, ihnen wurde teilweise nachgestellt und sie wurden diffamiert. Die Bundesregierung verurteilte die Hetze nicht, sondern befeuerte sie. Die Entscheidung betreffe einen Einzelfall einer niedrigen Instanz und sei außerdem nur im Eilverfahren ergangen, ließen Dobrindt und Merz verlauten. Im Hauptsacheverfahren wolle man gegen den Beschluss vorgehen. Diese »Taktik« hatte das BMI schon beim Seehofer-Deal angewendet. Dabei geht es in der Entscheidung darum, dass ein Dublin-Verfahren für alle und immer verpflichtend ist – der Beschluss betrifft deshalb nicht einen, sondern jeden Einzelfall (dazu Putzer/Thurn in diesem Band, S. 190 ff.).

Die Bundesregierung geht auch deshalb so vor, weil sie weiß, dass nur wenige der Zurückgewiesenen klagen und es deshalb auch nur wenige Gerichtsentscheidungen geben wird. Seit Mai 2025 wurden nur acht Eilverfahren angestrengt (BT-Drucksache 21/2913), teilweise, weil Personen sich in einem anderen Staat befinden und juristischer Beistand nur schwer zu erlangen ist. Typisch für Pushbacks, auch an der Außengrenze. In der Zwischenzeit besteht der rechtswidrige Zustand fort – Menschen werden zurückgewiesen und zu Objekten staatlicher Abschreckungspolitik.

Und schließlich ist der ständige Verweis auf eine »Notlage«

an sich verdächtig. Der Ausnahmezustand ist ein Instrument autoritärer Regierungen. Mit Blick auf die Idee von Carl Schmitt, dass »Souverän ist, wer über den Ausnahmezustand entscheidet«, enthält das Grundgesetz bewusst keine Notstandsklausel. Zu Recht, wie sich zeigt. Denn allzu oft geht es auch 2025 bei Notstandsargumenten nicht um die Wahrung des Rechts, sondern darum, es unter dem Deckmantel der Rechtmäßigkeit aus den Angeln zu heben.

Literatur

Nestler, Robert: Warum Zurückweisungen an der Grenze rechtswidrig sind, Equal Rights Beyond Borders, 21.2.2025.

Nestler, Robert / Lehnert, Matthias: Der Mythos von der Notlage, Verfassungsblog v. 9.9.2024.

Rotter, Melina: Abschottung als Beweisfrage, in: Asylmagazin 12/2025.

Max Putzer / John Philipp Thurn

Der Einzelfall und Volkes Wille

Wie die Justiz delegitimiert wird

Richter:innen und Gerichte geraten zunehmend ins Visier autoritär-nationalistischer Parteien und Medien: als strategische Ziele auf dem Weg, demokratische Institutionen um- und abzubauen. Insbesondere gerichtliche Entscheidungen zur Migrationspolitik der gegenwärtigen Bundesregierung werden aber auch schon von deren Vertreter:innen politisch delegitimiert. Zugleich machten die im Dezember 2025 veröffentlichten Recherchen des »Justiz-Projekts« des Verfassungsblogs zu Verwundbarkeit und Resilienz der dritten Gewalt sichtbar, welche rechtlichen und faktischen Einfallstore die hierarchischen deutschen Justizverwaltungsstrukturen bieten: bei der Ernennung und Beförderung von Richter:innen, bei der Gerichtsorganisation und beim Haushalt, aber auch bei der scheinbar rein technischen IT-Infrastruktur.

Institutionell ist die in Artikel 97 Absatz 1 GG garantierte richterliche Unabhängigkeit nur schwach verankert. Umso wichtiger sind deswegen politische Kultur und gesellschaftliches Bewusstsein: Werden die Entscheidungen unabhängiger Gerichte geachtet bzw. welche Folgen hat es, wenn sie missachtet werden?

»Kurs halten« gegen die Rechtsstaatlichkeit?

Vor diesem Hintergrund besonders problematisch war 2025 der politische Umgang mit Entscheidungen des Verwaltungsgerichts (VG) Berlin, das über die Rechtmäßigkeit zentraler Vorhaben der Regierungskoalition aus CDU/CSU und SPD auf dem hochsensiblen Gebiet des Migrationsrechts zu befinden hatte. Die Zurückweisung von Schutzsuchenden an den deutschen Außengrenzen war ein zentrales Versprechen der Union im letzten Bundestagswahlkampf, dessen Erfüllung der zuständige Bundesinnenminister Alexander Dobrindt (CSU) entsprechend mit Hochdruck verfolgt. Juristisch hielten alle ernstzunehmenden Stimmen sein Vorgehen von Anfang an für rechtswidrig. Wenig überraschend waren dann die von drei somalischen Asylsuchenden nach der Verweigerung ihrer Einreise gestellten Eilanträge erfolgreich: Mit Beschlüssen vom 2. Juni 2025 verpflichtete das Gericht die Bundespolizei dazu, den Grenzübertritt zu gestatten und das Verfahren zur Bestimmung des für die Prüfung der Asylanträge zuständigen Mitgliedstaats einzuleiten (Az. VG 6 L 191 bis 193/25; hierzu Nestler in diesem Band, S. 186 ff.).

In der Folge wurde insbesondere der Vorsitzende Richter der zuständigen Kammer am VG Berlin wegen seiner politischen Biographie in rechten Newsportalen angefeindet. Die Kritik griffen aber auch Unionspolitiker:innen und die konservative Presse auf. Immerhin stieß das auf Gegenwehr, etwa der Bundesministerin der Justiz und ihrer Länderkolleg:innen. Weniger Solidarität erfuhren die in dem Fall beratenden

Rechtsanwält:innen und PRO ASYL, deren Unterstützung der Schutzsuchenden ebenfalls wüste verbale Attacken auch aus der CDU bzw. CSU nach sich zog. Dobrindt selbst verurteilte zwar Gewaltandrohungen gegen die Berliner Richter:innen. Zugleich machte er aber deutlich, an der Praxis der Zurückweisungen festhalten zu wollen, mit der Begründung, dass es sich nur um Einzelfallentscheidungen gehandelt habe. Unterstützt wurde er dabei etwa in der *FAZ*, wo Reinhard Müller meinte, die Regierung müsse »Kurs halten«, denn »kein Verwaltungsgericht bestimmt im Eilverfahren die Regierungspolitik«.

In der Tat binden auch Eilbeschlüsse formal nur die unmittelbar an dem jeweiligen Rechtsstreit Beteiligten. Aber jedenfalls bislang entsprach es einer bundesrepublikanischen Kultur der Rechtsstaatlichkeit und der Gewaltenteilung, dass die Exekutive sich an Gerichtsentscheidungen gebunden fühlt und nicht sehenden Auges rechtswidrig handelt. Das Gericht hatte zudem seine Entscheidungen nach vollumfänglicher Prüfung der Rechtslage auf allgemeine rechtliche, die Zurückweisungspraxis insgesamt betreffende Gründe – nicht also auf die individuelle Situation der schutzsuchenden Somalier:innen – gestützt.

Mindestens ebenso kritikwürdig ist der Umgang der Bundesregierung mit rechtskräftigen Beschlüssen des VG Berlin über Ansprüche afghanischer Staatsangehöriger, die zuvor eine Aufnahmeerklärung bzw. -zusage des Bundesinnenministeriums erhalten hatten, auf Erteilung entsprechender Einreisevisa (hierzu Lehnert in diesem Band, S. 172 ff.). Gegen die Entscheidungen wetterte etwa der außenpolitische Sprecher der Unionsfraktion im Bundestag, Jürgen Hardt (CDU), die Verpflichtung zur Visaerteilung entspreche nicht dem »Willen des Volkes«. Aber nicht in allen Fällen, in denen das Gericht die Bundesrepublik wegen einer Aufnahmezusage zur Visaerteilung verpflichtet hat, kam es am Ende auch zu einer Einreise der afghanischen Taliban-Gegner:innen: Vor Jahren erteilte Zusagen wurden widerrufen, selbst rechtskräftige Gerichtsbeschlüsse wurden ignoriert, teils sogar noch nach der Androhung von Zwangsgeld.

Antifeministische Kampagne zur Richterinnenwahl

Dass Rechtsstaatlichkeit zunehmend in Frage gestellt wird, geht einher mit mehr oder weniger subtilen Formen, Gerichte oder Richter:innen zu delegitimieren. Wie derartige Kampagnen im Einzelnen ablaufen können, zeigte sich im Sommer 2025 am organisierten Vorgehen gegen die liberale Verfassungsrechtsprofessorin Frauke Brosius-Gersdorf von der Universität Potsdam: Der zuständige Richterwahlausschuss des Bundestags hatte sie auf Vorschlag der SPD bereits als Richterin am Bundesverfassungsgericht (BVerfG) nominiert, als rechtspopulistische und rechtslibertäre (Online-)Medien die Kandidatin mit einer Schmutzkampagne überzogen. Dabei wurde vor allem ihre progressive Position zum Thema Schwangerschaftsabbruch skandalisiert, teilweise mit Mitteln der Desinformation. Klassische konservative Medien und Teile der CDU gaben der Kampagne nach, die Wahl durch das Plenum des Bundestags wurde vertagt. Am Ende hielt Brosius-Gersdorf nicht weiter an ihrer Kandidatur fest. Beschädigt wurde damit auch das BVerfG: Wenn selbst die Wahl angesehener Professor:innen in das Richteramt schwer wird, nur weil sie sich zu politisch brisanten Themen verfassungsrechtlich geäußert haben, dürfte das zu Lasten der Pluralität des Gerichts und damit der Qualität seiner Rechtsprechung gehen. Die Sonntagsreden über die Bedeutung des Verfassungsgerichts, auch die erst im Dezember 2024 in Kraft gesetzte Verfassungsänderung zu seiner besseren Absicherung, schienen vergessen.

Nicht zuletzt wegen »Erfolgen« wie diesem dürften ähnliche Kampagnen leider noch zunehmen. So haben etwa britische und polnische Boulevardmedien in der Vergangenheit schon einzelne Richter:innen als Volksfeinde angeprangert. Besonders geeignet für die rechtspopulistische Mobilisierung sind dabei Fälle, in denen die Bindung von Regierungspolitik an supranationales oder Völkerrecht bezweifelt wird. Der Fall Brosius-Gersdorf macht deutlich, dass auch Auseinandersetzungen um die reproduktive Selbstbestimmung von Frauen, die Rechte queerer Menschen oder das Nutzen geschlechtergerechter Sprache leider Felder sind, auf denen sich kulturkämpferisch besonders leicht gegen einzelne Jurist:innen vorgehen lässt.

»Das Volk« gegen die Gerichte?

Auch früher schon wurden rechtskräftige Gerichtsentscheidungen von Regierung oder Verwaltung nicht immer umgesetzt. Exekutiver Ungehorsam stellte aber eine absolute, öffentlich kritisierte Ausnahme dar. Die Entwicklungen im Jahr 2025 haben eine neue, die Unabhängigkeit der Justiz ernsthaft gefährdende Qualität angenommen. Sie gehen weit über das hinaus, was Gerichte an fachlich-inhaltlicher Kritik selbstverständlich hinzunehmen haben. Richter:innen unter Druck leben von Solidarität untereinander, aber auch ihrer Berufsverbände und der Anwaltschaft. Insbesondere aber bedürfen sie einer wachsamen und kritischen Zivilgesellschaft, die aufschreit, wenn die Unabhängigkeit der Justiz unter Beschuss gerät. Denn die Macht der Gerichte gegenüber der von ihr kontrollierten Exekutive beschränkt sich auf das gesprochene und geschriebene Wort und das Vertrauen darauf, dass ihm gefolgt wird.

Literatur

Kirchner, Raven: Gerichte als Spielball von Symbolpolitik, Verfassungsblog v. 16.6.2025.

Kluth, Winfried: Fortschritt durch Rechtsbruch?, in: Zeitschrift für Ausländerrecht und Ausländerpolitik 7/2025, S. 249–296.

Zillessen, Friedrich/Brandau, Anna-Mira/Laude, Lennart (Hrsg.): Das Justiz-Projekt. Verwundbarkeit und Resilienz der dritten Gewalt, Berlin 2025 (online abrufbar).

Julius Engel

Abschiebung auf bloßen Verdacht

Zur Aufenthaltsbeendigung nicht verurteilter Ausländer*innen im Zuge propalästinensischer Proteste

Wer einer Straftat überführt und verurteilt wird, muss Konsequenzen wie Geld- oder Freiheitsstrafen fürchten. Personen ohne deutsche Staatsangehörigkeit drohen nach einem solchen Urteil oft noch deutlich gravierendere Konsequenzen. Die Ausländerbehörden können, gestützt auf die Erkenntnisse aus dem Strafverfahren, eine von diesen Personen ausgehende Gefahr für die Öffentlichkeit annehmen und ihnen das Aufenthaltsrecht entziehen. Schwieriger ist es, eine solche Gefahr anzunehmen, wenn eine Verurteilung noch gar nicht vorliegt. Ausländerbehörden können eine solche Gefahrenprognose dann auf andere Erkenntnisse stützen und schon vor einer Verurteilung eine Aufenthaltsbeendigung anordnen.

Diesen Weg ist das Berliner Landesamt für Einwanderung (LEA) im März 2025 gegangen, als es gegen drei EU-Bürger*innen und eine US-Amerikanerin Bescheide erlassen hat, mit denen die Aufenthaltsberechtigung entzogen werden sollte. Die vier Personen waren den Sicherheitsbehörden im Zuge propalästinensischer Demonstrationen aufgefallen. Ihnen wurde u.a. vorgeworfen, an der zwischenzeitlichen Besetzung von Gebäuden der Freien Universität Berlin beteiligt gewesen zu sein. Dort sollen sie randaliert, Einrichtungsgegenstände zerstört und Wände mit der Parole »From the river to the sea. Palestine will be free« besprüht haben. Gestützt wurden die Bescheide teils darauf, dass die Taten eine mittelbare Unterstützung der Terrororganisation Hamas seien. Auch die deutsche Staatsräson, zu der das Existenzrecht Israels, dessen Schutz und Integrität sowie die historische Verantwortung für den Schutz jüdischen Lebens in Deutschland gehörten, gebiete die Aufenthaltsbeendigung. Strafrechtlich waren die vier Betroffenen bislang nicht in Erscheinung getreten. Folglich hatte das Berliner Verwaltungsgericht (VG) Zweifel, ob solche Bescheide rechtmäßig sind – und schob der Aufenthaltsbeendigung zunächst einen Riegel vor.

Wann kann das Aufenthaltsrecht entzogen werden?

Den drei EU-Bürger*innen wurde das in der Union geltende Freizügigkeitsrecht entzogen. Dieses steht allen EU-Bürger*innen zu und ermöglicht es, sich unter relativ niedrigen Voraussetzungen in allen Mitgliedstaaten niederzulassen. Die Hürden, dieses Recht zu entziehen, sind hoch: Nach § 6 Freizügigkeitsgesetz/EU muss eine Gefahr für Grundinteressen der Gesellschaft bestehen. Entzogen werden kann die Freizügigkeit nach einer Verurteilung wegen schwerer Straftaten. Liegen keine Straftaten vor, müssen die Ausländerbehörden noch genauer als ohnehin prüfen und begründen, warum von der jeweiligen Person eine Gefahr ausgeht. Die Behörden müssen nach der Rechtsprechung des Europäischen Gerichtshofes (EuGH) insbesondere Art und Schwere der zur Last gelegten Straftaten bzw. Handlungen, den Grad der individuellen Beteiligung sowie die Gründe berücksichtigen, die zum bisherigen Ausschluss der strafrechtlichen Verantwortlichkeit geführt haben (Urteil vom 13.6.2024, Az. C 62/23). Bei mutmaßlichen Straftaten muss auch berücksichtigt werden, wie viel Zeit seither vergangen ist und wie sich die Personen in dieser Zeit verhalten haben.

Die betroffene US-Amerikanerin fällt nicht unter das EU-Recht, so dass sich der Verlust ihres Aufenthaltsrechtes nach dem deutschen Aufenthaltsgesetz (AufenthG) richtet. Dieses ermöglicht Ausweisungen nach § 53 AufenthG ebenfalls nur bei Gefahren für die Allgemeinheit. Nach dem Verlust des europäischen Freizügigkeitsrechts oder einer Ausweisung nach dem Aufenthaltsrecht können die Ausländerbehörden diese Entscheidungen vollstrecken und Betroffene abschieben, wenn eine Frist zu einer freiwilligen Ausreise nicht gewährt oder nicht genutzt wurde.

Aufenthaltsbeendigung ohne Ermittlung des Sachverhalts?

Die Bescheide des LEA sollten ihre Wirkung sofort entfalten. Das hatte zur Folge, dass die mit den Fällen befassten Kammern des VG Berlin darüber zu befinden hatten, ob eine sofortige Abschiebung möglich war. In allen vier Fällen stellten die Richter*innen jedoch fest, dass ein sofortiger Vollzug rechtswidrig ist. Allen Beschlüssen ist gemeinsam, dass die Erkenntnisse, die das LEA zugrunde gelegt hat, nicht ausreichend sind, um eine Gefährdung anzunehmen, die schon vor einer strafrechtlichen Verurteilung eine Aufenthaltsbeendigung rechtfertigt. Mal ist hier von mangelnder Sachverhaltsaufklärung die Rede, mal davon, dass ein vorwerfbarer Verstoß gegen Rechtsvorschriften weder dargetan noch ersichtlich sei. Damit zielen die Beschlüsse auf eine der wichtigsten Aufgaben von Behörden: die Sachverhaltsermittlung. Erst wenn die Tatsachen hinreichend sicher festgestellt sind, kann überhaupt eine rechtliche Beurteilung folgen. Das ist hier erkennbar nicht geschehen. Die angegriffenen Bescheide stützen sich allein auf Berichte des Landeskriminalamts. Die bei Staatsanwaltschaften und Strafgerichten geführten Akten wurden hingegen nicht berücksichtigt.

Die Kammern des VG machen auch zum Teil Ausführungen dazu, dass die vorgeworfenen Handlungen für sich genommen selbst dann nicht für eine Aufenthaltsbeendigung ausreichen, wenn die Betroffenen deswegen verurteilt werden sollten, da sich die vorgeworfenen Straftaten im unteren Bereich möglicher krimineller Handlungen bewegen. Ob das Rufen der Parole »From the river to the sea, Palestine will be free« (dazu Thurn, Grundrechte-Report 2024) als Verwenden von Kennzeichen verfassungswidriger und terroristischer Organisationen zu werten und damit strafbar ist, werfe erhebliche rechtliche Schwierigkeiten auf (VG Berlin, Beschluss vom 10.4.2025, Az. VG 24 L 91/25). Zum Begriff der Staatsräson wird darauf verwiesen, dass ihm die verfassungs- oder verwaltungsrechtliche Konkretisierung fehle (VG Berlin, Beschluss vom 6.5.2025, VG 21 L 157/25): Es handele sich in erster Linie um eine außenpolitische Zielvorgabe. Allein auf eine der Staatsräson zuwiderlaufende Gesinnung könne auch keine Aufenthaltsbeendigung gestützt werden.

Wie es zu den Entscheidungen kam

Dass die Richter*innen dem LEA mangelnde Sachverhaltsermittlung vorhalten, dürfte damit zusammenhängen, dass die Aufenthaltsbeendigung feststand, noch bevor durch die Strafgerichte geklärt werden konnte, ob strafrechtlich relevantes Verhalten überhaupt vorliegt. Das LEA hatte die übergeordnete Senatsverwaltung für Inneres darauf hingewiesen, dass die Voraussetzungen nicht erfüllt seien. Bei »Frag den Staat« veröffentlichte E-Mails zeigen, dass die Senatsverwaltung dennoch das LEA anwies, die Bescheide zu erlassen – und dies möglichst zügig.

Festzuhalten ist, dass nicht einmal klar ist, auf Grundlage welcher Tatsachen der Entzug der Aufenthaltsberechtigungen erfolgen sollte. Die Sachverhaltsermittlung dient nicht nur dem rechtssicheren Handeln der Behörden. Sie soll auch dafür sorgen, Gesichtspunkte zu Tage zu fördern, die zugunsten der Betroffenen sprechen. Da das Ergebnis zu Lasten der Betroffenen aber schon vor Erlass der Bescheide feststand, bestand aus Sicht der Senatsverwaltung dazu keine Notwendigkeit, es geschah dementsprechend oberflächlich. Das Mindeste wäre gewesen, die Akten aus den Strafverfahren beizuziehen. Dann wäre möglicherweise auch aufgefallen, worauf manche Kammer des VG hingewiesen hat: Selbst im Falle einer strafrechtlichen Verurteilung würden etliche der erhobenen Vorwürfe nicht ausreichen, um einen so schweren Eingriff in die Grundrechte der von einer Abschiebung bedrohten vier Aktivist*innen zu rechtfertigen. Die Entscheidungen zeigen aber auch, dass eine juristisch nicht definierte Staatsräson keine Grundlage für behördliche Sanktionen bietet: Sie kann insbesondere nicht dazu benutzt werden, schwierige rechtliche Fragen zu umgehen, etwa ob bestimmte Äußerungen strafbar sind oder nicht.

Literatur

Oberhäuser, Thomas: Exekutive Brecheisen, Verfassungsblog v. 11.4.2025.

Semsrott, Arne: Wenn eine Beamtin Nein sagt, Frag den Staat v. 11.4.2025.

Benjamin Derin

Was nicht passt, wird passend gemacht

Zur Verwendung von Erkenntnissen aus dem ANOM-Komplex in deutschen Strafverfahren

Im Juni 2021 kam es im Rahmen eines koordinierten Polizeieinsatzes weltweit zu Hunderten von Durchsuchungen, mehr als 800 Festnahmen und der Sicherstellung von mehreren Tonnen illegaler Drogen. Die Strafverfolgungsbehörden, angeführt durch das FBI und Europol, berichteten, der Ermittlungserfolg beruhe auf der Auswertung von 27 Millionen verschlüsselter Chatnachrichten des vermeintlich abhörsicheren und im Milieu des Betäubungsmittelhandels beliebten Messengerdienstes ANOM. Diesen hatte das FBI in Wirklichkeit selbst entwickeln lassen und jahrelang vertrieben, um die gesamte Kommunikation sämtlicher Nutzer*innen mitlesen zu können. Die Zulässigkeit des Vorgehens begegnete zwar erheblichen Zweifeln, eine gegen die Nutzung in deutschen Strafverfahren gerichtete Verfassungsbeschwerde nahm das Bundesverfassungsgericht (BVerfG) aber nicht zur Entscheidung an (Beschluss vom 23.9.2025, Az. 2 BvR 625/25). Wenige Tage später veröffentlichte die *FAZ* eine Recherche, der zufolge beteiligte Polizeibehörden die Justiz im Vorfeld der Aktion bewusst getäuscht hatten.

Wie man liest, was keiner lesen soll

Strafverfolgungsbehörden suchen seit langem nach Wegen, auf verschlüsselte Kommunikation zuzugreifen. Hierzu können beispielsweise sogenannte Trojaner auf Geräte aufgespielt werden (siehe Görlitz in diesem Band, S. 135 ff.), um einzelne Verdächtige zu überwachen, oder ganze Server können gekapert werden, um die Gesamtheit der darüber laufenden Kommunikationsvorgänge abzufangen. Letzteres ist für staatliche Stellen wesentlich interessanter – als dauerhafte und von einem konkreten Tatverdacht gegen die einzelnen Nutzenden unabhängige Massenüberwachung aber aus grundrechtlicher Perspektive auch wesentlich problematischer. Das ANOM-Projekt gehört in die letztere Kategorie. Anstatt einen Anbieter zu hacken, betrieb das FBI den ganzen Dienst selbst, vermarktete ihn nach eigenen Angaben gezielt an kriminelle Strukturen und lockte die Nutzer*innen somit in eine Falle. Weil ein solches Vorgehen gegen US-amerikanische Staatsbürger*innen illegal gewesen wäre, musste der Server im Ausland stehen (das gezielte Umgehen der heimischen Rechtslage wird als Befugnis-Shopping bezeichnet und ist im Kontext grenzüberschreitender Ermittlungskooperativen keine Seltenheit, aber selten gerichtsfest nachweisbar). Hierzu erklärte sich für die Hauptphase des Projekts die Polizei Litauens bereit. Im Oktober 2019 erließ ein litauisches Gericht auf Antrag der dortigen Generalstaatsanwaltschaft den hierfür erforderlichen Beschluss.

Rechtsstaat oder Gerechtigkeitsempfinden der Bevölkerung?

Im Gegensatz zum gezielten Angriff auf die von einem Verdächtigen genutzten Systeme sind breit gestreute Massenüberwachungen ganzer Kommunikationsnetze im deutschen Recht nicht vorgesehen und nach dessen Maßstäben vielfach unzulässig. Dass der aus ausländischen Ermittlungen angespülte Datenschatz in hiesigen Strafverfahren dennoch genutzt werden könne, erklären Gerichte in der Regel wie folgt: Erstens dürfe sich die deutsche Justiz nicht anmaßen, selbst nachzuprüfen, ob das Vorgehen nach dem Recht des fremden Staates rechtmäßig sei, wenn nicht ausnahmsweise ein grober Verstoß gegen rechtsstaatliche Prinzipien ersichtlich sei. Zweitens komme es nicht darauf an, ob eine solche Maßnahme in Deutschland zulässig gewesen wäre, denn sie sei nicht von deutschen Behörden durchgeführt worden.

Damit werden beide Augen zugedrückt: Ob die Maßnahme im Ausland legal war, ist nicht zu hinterfragen; ob sie nach deutschem Recht legal gewesen wäre, auch nicht. Am ehrlichsten benannte das Berliner Kammergericht den Maßstab in einer Entscheidung zu einem anderen umstrittenen Fall ausländischer Massenüberwachung (Encrochat; dazu Stolle, Grundrechte-Report 2023): »Die Nichtverwertung von [...] Informationen über derart schwerwiegende Straftaten verstieße auch in erheblicher Weise gegen das allgemeine Gerechtigkeitsempfinden der rechtstreuen Bevölkerung.« Mit so einer Argumentation könnte man sich aber seitenweise Rechtsausführungen, die 500 Paragraphen der Strafprozessordnung und letztlich die meisten Artikel des Grundgesetzes auch sparen.

Wenn Karlsruhe die Rechnung ohne das FBI macht

Auch zum ANOM-Komplex stellten die Gerichte bis hin zum BVerfG wesentlich darauf ab, dass es der Grundsatz des gegenseitigen Vertrauens zwischen Rechtsstaaten erlaube oder sogar gebiete, die erlangte Information zu verwerten, solange keine konkreten Anhaltspunkte für die Verletzung rechtsstaatlicher Mindeststandards vorliegen. Und solche gebe es hier nicht. Nun war allerdings über die Einzelheiten des Vorgehens im ANOM-Komplex nahezu nichts bekannt. Dies ist bei heimlichen Überwachungsoperationen anderer Staaten grundsätzlich ein Problem, vorliegend aber in besonders gravierender Form. Der deutschen Justiz wurde weder der genaue Ablauf mitgeteilt, noch lagen die entscheidungserheblichen Dokumente – wie der litauische Gerichtsbeschluss – vor oder war ihr Inhalt bekannt; zum Zeitpunkt der Entscheidung des BVerfG wusste dieses offiziell nicht einmal, wo sich das Ganze abgespielt hatte. Es war lediglich von einem »bis heute unbekannten Mitgliedstaat der EU« die Rede. Der Beschwerdeführer machte daher geltend, dass ihm keinerlei effektiver Rechtsschutz möglich sei: Beschuldigte und ihre Verteidigung werden nie in der Lage sein zu beweisen, dass Ermittlungen rechtswidrig waren, wenn diese vor ihnen geheim gehalten werden. Das BVerfG blieb bei seiner Auffassung: Diese Beweislastverteilung sei so gewollt; was man über die Ursprungsmaßnahme nicht wisse, begründe auch keine Anhaltspunkte für eine Verletzung: »Auf die tatsächlichen Möglichkeiten des Angeklagten oder des (deutschen) Hauptsachegerichts, sich selbst ein tiefergehendes Bild von der Beweiserhebung im Ausland zu machen, kommt es insoweit nicht an.«

Damit hat es sich Karlsruhe möglicherweise ein wenig zu einfach gemacht. Wenige Tage nach der Entscheidung veröffentlichte die *FAZ* besagte Recherche, wonach das FBI und die litauischen Strafverfolgungsbehörden das litauische Gericht gezielt über wesentliche Aspekte getäuscht hatten, um die Genehmigung zu erreichen. So sei abgesprochen worden zu verschweigen, dass das FBI ANOM selbst entwickelt und vertrieben hatte, und nicht von einer anhaltenden Überwachung, sondern von einer Auswertung von Kopien des Servers zu sprechen. Wenn Behörden hier gezielt zusammenwirkten, um die Justiz zu hintergehen, lässt dies nicht nur jede Annahme der Wahrung rechtsstaatlicher Mindeststandards kollabieren, sondern auch mit Blick auf die vielen anderen Fälle grenzüberschreitender Surveillance-Aktionen Übles befürchten. Es zeigt auch, wie gefährlich die bisherige Rechtsprechung ist – schließlich wurde die Täuschung nur zufällig durch journalistische Recherchen bekannt.

Warum es alle angeht

Das eigentliche Problem dürfte tiefer gehen: Bei Verfolgungsmaßnahmen wegen »schwerwiegender Straftaten« scheinen sich viele Gerichte eher als nachträgliche Begründungsmaschine eines vorweggenommenen Ergebnisses denn als echte Kontrollinstanz zu verstehen. Rechtsstaatlichkeit ernst zu nehmen, würde aber bedeuten, gerade dann genau darauf zu achten, welche Vorgaben Gesetze und Verfassung machen und deren Garantien immer und gegenüber allen einzuhalten. Vor allem würde es die Bereitschaft verlangen, auch die Konsequenz zu akzeptieren, dass ein bestimmtes Beweismittel unter Umständen nicht genutzt werden kann. Derzeit gilt eher die Devise: »Was nicht passt, wird passend gemacht.«

Dahinter steht außerdem die gesamtgesellschaftliche Frage, welchen Stellenwert vertrauliche und verschlüsselte Kommunikation haben soll. Das Vorgehen von Strafverfolgungsbehörden und seine Absegnung durch deutsche Gerichte betreffen keineswegs, wie oft suggeriert, »nur Kriminelle«, sondern sind Teil eines allgemeinen Angriffs auf die Idee, dass es Kommunikationssphären geben darf, auf die der Staat keinen Zugriff hat.

Literatur

Klaubert, David: Wie Ermittler Tausende Kriminelle täuschten – und eine Richterin, FAZ v. 29.9.2025, S. 3.

Althaus, Alicia/Samek, Justin: Vertrauen statt Rechtsstaat: Die ANOM-Entscheidungen des BVerfG und BGH im Lichte neuer Erkenntnisse, in: Kriminalpolitische Zeitschrift 2025, S. 396ff.

Artikel 20a **Der Staat schützt auch in Verantwortung für die künftigen Generationen die natürlichen Lebensgrundlagen und die Tiere im Rahmen der verfassungsmäßigen Ordnung durch die Gesetzgebung und nach Maßgabe von Gesetz und Recht durch die vollziehende Gewalt und die Rechtsprechung.**

Francesca Mascha Klein

Unternehmen mit hohen Emissionen haftbar für die Folgen der Klimakrise

Mit seinem Urteil vom 28. Mai 2025 im Verfahren Saúl Luciano Lliuya gegen RWE hat das Oberlandesgericht (OLG) Hamm Rechtsgeschichte geschrieben: Zum ersten Mal hat ein Gericht ausdrücklich anerkannt, dass ein Treibhausgas-Großemittent wie der Energieversorger RWE grundsätzlich für Folgen der Klimakrise haftbar gemacht werden kann (Az. 5 U 15/17). Auch wenn die Klage in diesem Einzelfall im Ergebnis abgewiesen wurde, weil die konkrete Überflutungsgefahr für das Grundstück des Klägers als nicht hinreichend wahrscheinlich bewertet wurde, ist die Entscheidung mit ihrer ausführlichen rechtlichen Begründung ein wichtiger Erfolg für Betroffene der Klimakrise. Sie zeigt: Klimahaftung ist im geltenden Recht verankert, und das Zivilrecht kann Schutz bieten – auch transnational.

Schutz von Rechten über Grenzen hinweg

Nach wie vor beruhen viele fossile Geschäftsmodelle darauf, dass Unternehmen die Kosten ihrer Treibhausgasemissionen ausblenden, während Menschen weltweit die klimabedingten Risiken und Schäden tragen. Mit dem Fall von Saúl Luciano

Lliuya aus Peru hatte sich zum ersten Mal ein Mensch aus dem globalen Süden gegen einen der größten Emittenten Europas gewandt und verlangt, dass dieser sich anteilig an den Kosten der Klimakrise beteiligt. Der Vorsitzende Richter des den Fall verhandelnden Senats am OLG betonte im Verkündungstermin, an diesem Verfahren zeige sich »wie unter einem Brennglas« das globale Gerechtigkeitsproblem zwischen Arm und Reich, zwischen Nord und Süd. Die Haftung von Großemittenten sei Ausdruck einer »wertebasierten Rechtsordnung«.

Nach der 60-seitigen Urteilsbegründung sind Eigentumsrechte auch dann geschützt, wenn die Beeinträchtigung grenzüberschreitend verursacht wird. Wenn Emissionen eine Kausalkette auslösen, die zu einer Gefährdung eines Grundstücks im Ausland führt, kann dies eine Beeinträchtigung im Sinne von § 1004 Bürgerliches Gesetzbuch (BGB) darstellen. Dies könne auch auf andere Rechtsgüter wie Leben und Gesundheit übertragen werden.

Bei der Frage, ob diese Beeinträchtigung zu dulden sei, hatte RWE darauf verwiesen, dass sein Geschäft das Gemeinwohl fördere. Schließlich diene die Verbrennung von Kohle der deutschen Energieversorgung. Doch gerade hier setzt das Gericht einen wichtigen Akzent transnationaler Gerechtigkeit: Nationale Versorgungsinteressen können Menschen in anderen Teilen der Welt nicht verpflichten, gravierende Eingriffe in ihre Rechte zu dulden – zumal sie weder faktisch noch rechtlich Teilhabemöglichkeiten haben. Die Idee, dass die Beeinträchtigung fundamentaler Rechte im globalen Süden legitim sei, wenn dies der Sicherung von Wohlstands- und Energieinteressen im globalen Norden diene, folgt einer postkolonialen Logik. Über Jahrhunderte haben Kolonialstaaten davon profitiert, Menschen aus ihren Heimatländern zu verschleppen und zu versklaven, Rohstoffe zu plündern und die Natur in vielen Staaten des globalen Südens zu zerstören. Die Klimakrise spiegelt diese Dynamik wider: Emissionen, die maßgeblich im Norden entstehen, entfalten ihre zerstörerische Wirkung in Regionen, die am wenigsten von der Industrialisierung profitiert haben und denen die finanziellen Mittel für Anpassung und Bewältigung der Schäden fehlen.

Das OLG verhindert, dass diese Logik unreflektiert im Zivilrecht übernommen wird. Das Recht dient jedenfalls an dieser Stelle nicht primär der Privilegierung territorialer Interessen, sondern der gerechten Zuordnung von Verantwortung. Und diese endet bei global wirkenden Emissionen nicht an der Staatsgrenze.

Haftbarkeit von Großemittenten ab 1965

Zu prüfen war vom Gericht ferner, ob der Beitrag von RWE, also die Verursachung von rund 0,4 Prozent der globalen Treibhausgasemissionen, erheblich ist. Das Gericht setzte dafür auf eine vergleichende Betrachtung und führte aus: RWE belege Platz 23 auf der Liste der 81 weltweit größten Emittenten, sei für historische Emissionen auf dem Niveau ganzer Industriestaaten wie Schweden oder Spanien verantwortlich und habe sich selbst als »Europas größter CO_2-Einzelemittent« bezeichnet. So kam es zu dem Ergebnis, dass der Emissionsbeitrag als erheblich einzustufen ist.

Das Argument der Beklagten, wenn RWE haftbar gemacht werden könne, dann gelte dies auch für jede autofahrende Einzelperson, wies das Gericht zurück. Laut dem Vorsitzenden Richter in der mündlichen Verhandlung vom 17. März 2025 schüre dieses Argument Angst in der Bevölkerung und sei juristisch eindeutig falsch. Im Urteil selbst vergleicht das OLG die jährlichen Emissionen von RWE im Jahr 2013 von 164 000 000 Tonnen mit denen von Privathaushalten in Deutschland in Höhe von 10,3 Tonnen jährlich. Anders als Erstere seien Letztere nicht erheblich, daher sei eine Haftung ausgeschlossen. Statt bei individuellen Verbraucher:innen liegt die Verantwortung bei den tatsächlichen Hauptverursachern der Klimakrise: Rund 80 Prozent der direkten und indirekten globalen industriellen Emissionen gehen auf lediglich 57 Unternehmen zurück. Sie haben sich für fossile Geschäftsmodelle entschieden, davon profitiert und sind für die dadurch entstandenen Schäden und Risiken haftbar.

Rechtliches Risiko für fossile Geschäftsmodelle

Seit der Entscheidung des OLG Hamm sind fossile Geschäftsmodelle mit rechtlichem und finanziellem Risiko behaftet. Zum einen können Betroffene der Klimakrise jetzt mit deutlich höheren Erfolgschancen klagen, zum anderen könnten interne gesellschaftsrechtliche Regressansprüche bestehen. Großemittenten sollten daher für Klimahaftungsrisiken Rückstellungen bilden.

Politische Entscheidungsträger:innen stehen nun vor der Wahl: Sie können untätig bleiben – mit der Folge, dass Betroffene weiterhin langjährige, kostspielige Prozesse führen müssen, um ihr Recht durchzusetzen. Angesichts des wissenschaftlichen Kenntnisstandes und der sich verdichtenden Rechtsprechung werden solche Klagen zunehmend erfolgreich sein. Oder sie schaffen jetzt umfassende Regelungen, um Großemittenten an den Kosten der Klimakrise zu beteiligen. Erste Regelungsansätze gibt es in einigen US-Bundesstaaten, wo Großemittenten für Klimafolgekosten in einen Fonds einzahlen müssen. So gibt es in New York einen »Climate Superfund«, in dem Gelder für lokale Infrastrukturvorhaben gesammelt werden, um die Bevölkerung besser vor den Folgen der Klimakrise zu schützen. Auch in Deutschland gab es in der Vergangenheit beispielsweise einen Fonds zur Finanzierung der kerntechnischen Entsorgung oder die Stiftung »Erinnerung, Verantwortung und Zukunft« zur (symbolischen) Entschädigung von NS-Zwangsarbeiter:innen, in die Unternehmen einzahlten. Die rechtlichen Möglichkeiten sind da, jetzt braucht es politische Gestaltung, um den Missstand zwischen Verursacher:innen und Leidtragenden der Klimakrise zu adressieren.

Literatur

Schirmer, Jan-Erik: Erfolgreich gescheitert: Warum Großemittenten grundsätzlich für Klimaschäden haften können, Verfassungsblog v. 30.5.2025.

Wilkening, Corinna: Gesellschaftsrechtliche Implikationen von Klimahaftungsklagen – Nach dem Urteil Lliuya/RWE AG, in: Der Betrieb 78 (2025), S. 2759 ff.

Artikel 26 (1) **Handlungen, die geeignet sind und in der Absicht vorgenommen werden, das friedliche Zusammenleben der Völker zu stören, insbesondere die Führung eines Angriffskrieges vorzubereiten, sind verfassungswidrig.**

Andreas Engelmann

Gefechtserfolge bei der Kriegstüchtigkeit

Das Sonderverfassungsrecht für Aufrüstung wird ausgebaut

Es mag ein gewisser Schock gewesen sein, als sich in den Zentralen von CDU/CSU, SPD, FDP und Grünen nach der Bundestagswahl die Einsicht durchsetzte, dass die Parteien im neuen Bundestag nicht mehr in der Lage sein würden, die Verfassung gemeinsam nach ihren Vorstellungen zu verändern. Kurzerhand ließ die Regierung den alten Bundestag zusammentreten, um Ausgaben für Aufrüstung und rüstungsbezogene Infrastruktur von dem Verbot der Nettoneuverschuldung im Grundgesetz auszunehmen. Dabei wurde zwar kurzzeitig die verfassungsrechtliche Frage thematisiert, ob es zulässig sei, den alten Bundestag für diese Verfassungsänderung zusammenzurufen. Die grundsätzliche Zulässigkeit einer verfassungsmäßigen Bevorzugung der Aufrüstung wurde aber nicht wahrnehmbar diskutiert. Dabei ist diese Privilegierung verfassungsrechtlich unter zwei Gesichtspunkten fragwürdig: Einerseits wird damit ermöglicht, dass heutige Parlamentsentscheidungen die Haushaltsspielräume späterer Parlamente wesentlich begrenzen, was das Haushaltsrecht dieser Parlamente und damit die Tragweite demokratischer Wahlen beeinträchtigt. Andererseits stellen die in der Finanzverfassung angesiedelten Änderungen einen Fremdkörper im Grundgesetz dar, der in Konflikt mit dem Friedensgebot als Verfassungsprinzip aus Artikel 26 sowie der Präambel des GG steht.

Unbegrenzte Aufrüstungswünsche

Im März 2025 trat der Bundestag zusammen, um die Verfassung mit alter, verfassungsändernder Mehrheit dahingehend zu ändern, dass Ausgaben für Militär, Zivil- und Bevölkerungsschutz sowie für die Nachrichtendienste, soweit sie ein Prozent des Bruttoinlandsprodukts übersteigen, nicht mehr unter das Neuverschuldungsverbot fallen. Außerdem wurde ein Sondervermögen in Höhe von 500 Milliarden Euro zur Ertüchtigung der Infrastruktur eingerichtet, etwa von Brücken, Bahnen und Krankenhäusern. In der Gesetzesbegründung heißt es, die Bundeswehr müsse »voll einsatzbereit« gemacht werden, und die Aufrüstung solle ein Zeichen an die NATO-Konferenz im Juni 2025 senden, dass die Bundesrepublik die »Ertüchtigung der Bundeswehr glaubhaft umsetzt«. Für welche Art von Einsätzen die Bundeswehr »voll einsatzbereit« sein müsse, wurde in der Gesetzesbegründung sicherheitshalber nicht ausdrücklich benannt. Auf der NATO-Konferenz im Juni 2025 wurden die Zielmarke für direkte Militärausgaben auf 3,5 Prozent des Bruttoinlandsprodukts und für indirekte Militärausgaben auf 1,5 Prozent angehoben. Diese fünf Prozent der Wirtschaftsleistung entsprechen ca. 46 Prozent des Bundeshaushalts.

Die verfassungsrechtliche Privilegierung von Militärausgaben begann bereits im Jahr 2022, als das »Sondervermögen Bundeswehr« in Artikel 87a Absatz 1 a GG aufgenommen wurde und kreditfinanzierte Ausgaben für Rüstungsausgaben ermöglichte. Bereits diese Änderung zeitigte den Widerspruch, dem Militär eine verfassungsrechtliche Sonderstellung einzuräumen, die in Konflikt zur antimilitaristischen Grundstruktur des Grundgesetzes steht (dazu Engelmann, Grundrechte-Report 2023).

Die falsche Verteilung künstlich begrenzter Mittel

Mit der Bereichsausnahme für Aufrüstung rückt eine grundlegendere Reform der sogenannten Schuldenbremse aus Artikel 109 und 115 GG weiter in die Ferne. Stattdessen wird das systemwidrige Sonderverfassungsrecht für Rüstungsausgaben ausgeweitet, die gegenüber allen anderen Belangen rechtlich privilegiert werden. Schon allein das Nettoneuverschuldungsverbot führt zu einer künstlichen Verknappung der finanziellen Spielräume parlamentarischen Handelns, was beispielsweise einen beträchtlichen Investitionsstau mitbewirkt hat (dazu Land, Grundrechte-Report 2022). Diese finanzielle Begrenzung wird durch die Bereichsausnahme für Rüstungsausgaben nicht etwa gelockert, sondern drastisch verschärft. Denn ausgenommen vom Nettoneuverschuldungsverbot sind nur die primären Rüstungsausgaben, nicht die Tilgung aufgenommener Kredite oder die Zinszahlungen. Diese müssen künftig aus dem regulären Budget beglichen werden.

Diese Halbreform der Schuldenbremse intensiviert bereits vorhandene Anreize zu falschen Ressourcenzuweisungen: Zunächst werden Schulden aufgenommen, um Rüstungsausgaben zu tätigen. Später müssen Ressourcen zurückgehalten werden, um diese Schulden zu tilgen und Zinszahlungen zu leisten. Die Mittel dafür könnten zwar unter anderen politischen Vorzeichen auch aus höheren Steuern – etwa auf die grotesk ungleich verteilten Vermögen – generiert werden. Das Geld steht dann aber für andere Aufgaben im Haushalt nicht zur Verfügung und reduziert damit zukünftige Investitionen und konsumtive Ausgaben. Das Haushaltsrecht zukünftiger Parlamente wird damit unter Umständen empfindlich belastet. Im Kern ermöglicht die Ausnahme von Militärausgaben vom Neuverschuldungsgebot es heutigen Regierungen, durch exzessive Militärausgaben zukünftigen Haushalten extreme Tilgungslasten aufzubürden. Da diese Pflichten aber nicht wiederum mit Schulden bedient werden können, müssen sie aus den verfügbaren Haushaltsmitteln erfüllt werden und schränken den demokratischen Handlungsspielraum ganz wesentlich ein. Eine Einschränkung des Handlungsspielraums zukünftiger Regierungen könnte sich zwar auch aus finanziellen Engpässen, etwa wegen einer zukünftigen Naturkatastrophe oder Wirtschaftskrise, ergeben. Aber Naturkatastrophen sind nicht am selben verfassungsmäßigen Maßstab zu messen wie die Entscheidungen des Gesetzgebers. Anders als das künstlich herbeigeführte Neuverschuldungsverbot unterliegen sie nicht einer Kontrolle durch das Demokratieprinzip aus Artikel 20 GG. Eine so wesentliche Beschränkung zukünftiger Handlungsspielräume ist mit diesem Prinzip nicht vereinbar.

Friedensgebot versus Bündnispflichten

Die Ausnahme vom Neuverschuldungsverbot bedeutet nicht, dass damit jede Aufrüstungsmaßnahme verfassungsmäßig zulässig wäre. Vielmehr muss jede einzelne Rüstungshandlung als potenziell »friedensstörende Maßnahme« im Sinne des Artikels 26 Absatz 1 Satz 1 GG geprüft und mit dem Friedensgebot des Grundgesetzes in praktische Konkordanz gebracht werden. Die Bundesrepublik wurde unter der Maßgabe gegründet, dass diesem Land verfassungsmäßig jede »Friedensstörung« verboten sein soll. Eine entsprechende Pflicht wurde ins Grundgesetz aufgenommen, obwohl die Bundesrepublik zunächst gar nicht über eigene Streitkräfte verfügen sollte. Die Verpflichtung, sich jeder friedensstörenden Maßnahme zu enthalten, haben die beiden deutschen Staaten im sogenannten Zwei-plus-Vier-Vertrag von 1990 feierlich wiederholt. Die verschiedenen normativen Anforderungen an eine strikte Friedensorientierung im Grundgesetz können als »Friedensgebot« beschrieben werden. Das Friedensgebot begründet unmittelbare Rechtspflichten; Rüstungshandlungen stehen unter dem Vorbehalt, dass das mit ihnen verfolgte Ziel und die zu dessen Erreichung ergriffenen Mittel die Schwelle der Friedensstörung nicht überschreiten.

Eine exzessive Aufrüstung gilt als exemplarischer Fall der Friedensstörung. Zulässig sind Rüstungsmaßnahmen nur, wenn sie entweder in Zielrichtung und Umfang dem Zweck der Landesverteidigung dienen oder wenn die verfolgten Ziele und Mittel Bündnispflichten aus einem nach Artikel 24 Absatz 2 GG zulässigen »System kollektiver Sicherheit« erfüllen.

Die Funktionsanforderungen an Bundeswehreinsätze weltweit und im »Weltraum« etwa sowie die Beteiligungsfähigkeit an offensiven Waffensystemen werden als Bündnispflichten aus dem NATO-Vertrag gerechtfertigt. Das ist von der Verfassung nicht gedeckt, weil es sich bei der NATO nicht um ein »System kollektiver Sicherheit« im Sinne des Artikels 24 Absatz 2 GG handelt.

Friedenssicherung als Voraussetzung für Bündnispflichten

Das Bundesverfassungsgericht (BVerfG) hält es seit der »Out-of-area«-Entscheidung von 1994 grundsätzlich für möglich, Bündnispflichten aus der Mitgliedschaft im Nordatlantikvertrag abzuleiten (BVerfGE 90, 286). Zwar hat das Gericht geurteilt, dass ein Bündnis nur dann als »System kollektiver Sicherheit« eingeordnet werden kann, wenn es »strikt auf die Friedensverwahrung« gerichtet sei (BVerfGE 104, 151, 178 f.). Auch hat es später hinzugefügt, dass die Verletzung des Völkerrechts »durch einzelne militärische Einsätze der NATO [...] insbesondere die Verletzung des Gewaltverbots, ein Indikator dafür sein« könne, »dass sich die NATO von ihrer verfassungsrechtlich zwingenden friedenswahrenden Ausrichtung strukturell« entferne (BVerfGE 118, 244, 271). Es hat aber nie geprüft, ob die strukturelle Entfernung, etwa durch die völkerrechtswidrigen Einsätze im Kosovokrieg oder im Irakkrieg, den strikt friedenssichernden Charakter der NATO aufgehoben hat. Die tatsächliche Bündnispraxis, welche Partikularinteressen über eine globale Friedensperspektive stellt, lässt es nicht zu, die NATO nach unvoreingenommener Prüfung als »System kollektiver Sicherheit« im Sinne des Artikels 24 Absatz 2 GG einzustufen.

Das heißt aber, dass die NATO-Bündnispflichten keine Grundlage für offensive Rüstungsmaßnahmen bieten können. Unbegrenzten Aufrüstungswünschen fehlt so die verfassungsrechtliche Grundlage. Wollte die Bundesrepublik ihre Rüstungspolitik in Einklang mit dem zwingenden Prinzip des Friedensgebots bringen, müsste sie wieder lernen, eigene Sicherheitsbedürfnisse auf ihre friedensstörende Wirkung nach außen zu überprüfen und eine rein defensive Ausstattung ihrer Streitkräfte zu verfolgen. Von dieser rechtlichen Pflicht hat sich die militärische Praxis der Bundesrepublik seit 1990 immer weiter entfernt. Die Ausnahme vom Neuverschuldungsverbot wird die Spanne zwischen normativen Anforderungen und tatsächlicher Militärpraxis weiter vergrößern. Damit widerspricht sie dem Friedensgebot des Grundgesetzes.

Literatur

Engelmann, Andreas: Das Ende des antimilitaristischen Charakters des Grundgesetzes?, in: Kritische Justiz 2023, S. 326–340.

Engelmann, Andreas: Exzessive Aufrüstung. Das Bundeswehr-Sondervermögen verletzt die Verfassung, in: Grundrechte-Report 2023.

Land, Rainer: Die Schuldenbremse verhindert das Erreichen der Klimaziele, in: Grundrechte-Report 2022.

Anhang

Kurzporträts der herausgebenden Organisationen

Humanistische Union

Die Humanistische Union (HU) wurde 1961 als kultur- und rechtspolitische Vereinigung gegründet, die sich gegen konservative und klerikale Einflüsse in Kultur und Medien wehrte. Heute ist die HU eine bundesweit tätige Bürgerrechts- und Lobbyorganisation für den Schutz und den Ausbau der Menschen- und Bürgerrechte. Der Protest gegen Einschränkungen der Meinungsfreiheit sowie die Forderung nach einer Trennung von Staat und Kirchen gehören nach wie vor zu ihren Anliegen. Darüber hinaus setzt sie sich ein für die Begrenzung der Macht staatlicher Institutionen, das Recht auf Meinungsfreiheit, die Abschaffung des Verfassungsschutzes, für Datenschutz und Akteneinsichtsrecht, für die Entkriminalisierung von Drogen, die Gleichstellung von Frauen, ein selbstbestimmtes Sterben und den Schutz von Minderheiten. Die HU steht für eine umfassende Transparenz und Kontrolle staatlichen Handelns, sowie für mehr politische Partizipationsmöglichkeiten. Die HU vertritt den Anspruch einer freien Entfaltung und Selbstbestimmung der Menschen in sozialer Verantwortung. Mitglieder der Humanistischen Union engagieren sich in Projektgruppen, Orts- und Landesverbänden. Viermal jährlich erscheinen die von der HU herausgegebenen »Vorgänge. Zeitschrift für Bürgerrechte und Gesellschaftspolitik« sowie die Vereinszeitschrift HU-Mitteilungen. Alle zwei Jahre verleiht die HU im Gedenken an ihren Mitbegründer den »Fritz-Bauer-Preis« für Verdienste um Recht und Gerechtigkeit. 2009 fusionierte die Gustav Heinemann-Initiative (GHI) mit der HU.

Humanistische Union
Bundesgeschäftsstelle
Haus der Demokratie und Menschenrechte
Greifswalder Str. 4, 10405 Berlin
Tel: 030/204 502 56, Fax: 030/204 502 57
E-Mail: info@humanistische-union.de
Internet: www.humanistische-union.de

Spendenkonto: IBAN: DE53 1002 0500 0003 0742 00,
BIC: BFSWDE33BER

Komitee für Grundrechte und Demokratie

Das Komitee für Grundrechte und Demokratie verteidigt politische und soziale Grund- und Menschenrechte in Deutschland und darüber hinaus. Ausgehend von radikaldemokratischen Prinzipien geht es uns darum, Gewaltverhältnisse abzuschaffen und Freiheit, Gleichheit und Menschenrechte für alle Menschen, weltweit, zu realisieren. Hierfür müssen Gesellschaft und Ökonomie grundlegend umgestaltet und demokratisiert werden.

Als Grundrechtekomitee kombinieren wir analytische Grundlagenarbeit, menschenrechtlichen Aktivismus und Unterstützungsarbeit für Betroffene. Wir publizieren kritische Analysen und Stellungnahmen, organisieren Veranstaltungen und beteiligen uns an außerparlamentarischen Bündnissen und ihren Aktionen. In Demonstrationsbeobachtungen dokumentieren wir Einschränkungen der Versammlungsfreiheit durch die Polizei. Wir schaffen Öffentlichkeit gegen staatliche Repression, analysieren die Ursachen und Triebkräfte autoritärer Tendenzen und arbeiten an Zukunftsperspektiven sozial-ökologischer und radikaldemokratischer Transformation. Auf diese Weise bringen wir Aktive aus Zivilgesellschaft, sozialen Bewegungen und kritischer Wissenschaft zusammen. Das Grundrechtekomitee verbindet die Verteidigung konkreter Grundrechte mit einer abolitionistischen Perspektive: Wir streiten zugleich für die Abschaffung von Herrschaftsverhältnissen und für den Aufbau solidarischer und selbstbestimmter Alternativen.

Das Grundrechtekomitee betreibt seit 1994 das Projekt »Wi.e.dersprechen«, das Dialoge zwischen jungen Menschen aus Kriegs- und Krisengebieten ermöglicht und damit eine exemplarische Friedenspraxis etablieren will und seit 2021 das Projekt »Abschiebungsreporting NRW«. Gegründet wurde das Grundrechtekomitee im Februar 1980 aus einem Netzwerk undogmatischer »68er« aus Wissenschaft, Publizistik und Gewerkschaften.

Interessierten senden wir gerne nähere Informationen zu.

Komitee für Grundrechte und Demokratie e. V.
Aquinostr. 7–11, 50670 Köln
Telefon +49 221 97269 30
E-Mail: info@grundrechtekomitee.de

Internet: www.grundrechtekomitee.de
Instagram: www.instagram.com/grundrechtekomitee
Bluesky: https://bsky.app/profile/grundrechtekomitee.bsky.social
Spendenkonto: IBAN: DE76 5086 3513 0008 0246 18,
BIC: GENODE51MIC

BAKJ – Bundesarbeitskreis Kritischer Juragruppen

Der BAKJ ist die bundesweite Vernetzung der linken kritischen Initiativen im juristischen Ausbildungsbereich. Der BAKJ bildet dabei eine Plattform für studentische Gruppen an juristischen Fachbereichen sowie für RechtsreferendarInnen und interessierte Einzelpersonen, um sich gemeinsam zu vernetzen, zu koordinieren und bei verschiedensten regionalen und überregionalen Projekten zu unterstützen. Hochschulpolitisch setzt sich der BAKJ für eine Ausbildung ein, die Theorie und Praxis verknüpft und so die sozialen Bezüge des Rechts reflektiert und den kritischen Umgang mit Recht fördert. Viele Gruppen des BAKJ verfolgen diese Ziele auch im Rahmen der universitären »Selbstverwaltung«. Der BAKJ tritt für eine antifaschistische, basisdemokratische und emanzipatorische Gesellschaft ein und wendet sich gegen jede Form von Diskriminierung, insbesondere Antisemitismus, Rassismus und Sexismus. Rechtspolitisch beschäftigt sich der BAKJ deshalb mit folgenden Themen: BürgerInnenrechten, Migrations- und Asylpolitik, Kapitalismuskritik, Feministische Rechtspolitik, Globalisierungskritik, Umweltpolitik und Antimilitarismus. Seit der Gründung des BAKJ 1989 veranstaltet der BAKJ regelmäßig rechtspolitische Kongresse zu den vorgenannten Themen. Daneben ist der BAKJ Mitherausgeber der Zeitschrift Forum Recht und gibt seit 1997 jährlich mit verschiedenen BürgerInnenrechtsorganisationen den Grundrechte-Report heraus.

E-Mail: bakj@bakj.de, Internet: www.bakj.de

PRO ASYL – Bundesweite Arbeitsgemeinschaft für Flüchtlinge

PRO ASYL ist eine unabhängige Menschenrechtsorganisation, die sich seit mehr als 30 Jahren für die Rechte verfolgter Menschen in Deutschland und Europa einsetzt. In einem bundesweiten Zusammenschluss von Mitarbeiter*innen landesweiter Flüchtlingsinitiativen, Kirchen, Gewerkschaften, Wohlfahrts- und Menschenrechtsorganisationen kämpft PRO ASYL in Deutschland und auf europäischer Ebene dafür, dass Flüchtlinge den benötigten Schutz bekommen, und engagiert sich dabei gegen Versuche, die völkerrechtlichen Grundlagen der Asylgewährung auszuhöhlen.

PRO ASYL macht sich für eine demokratische und offene Gesellschaft stark, in der Flüchtlinge die Chance auf ein menschenwürdiges Leben haben. Neben Öffentlichkeitsarbeit, Recherchen, Rechtsgutachten und Analysen begleitet PRO ASYL Flüchtlinge in ihren Asylverfahren und steht ihnen mit konkreter Einzelfallhilfe zur Seite.

Gemeinsam mit internationalen Partnern dokumentiert PRO ASYL die Menschenrechtsverletzungen gegen Flüchtlinge an Europas Außengrenzen und setzt sich für eine menschliche europäische Flüchtlingspolitik ein.

PRO ASYL
Postfach 160624, 60069 Frankfurt am Main
Tel: 069/242 314 10, Fax: 069/242 314 72
E-Mail: proasyl@proasyl.de
Internet: www.proasyl.de
Spendenkonto: IBAN: DE70 3702 0500 5050 5050 50,
BIC: BFSWDE33XXX

Republikanischer Anwältinnen- und Anwälteverein (RAV)
Der RAV gründete sich 1979 als politische Anwält*innenorganisation neben den Strafverteidigervereinigungen. In einer Zeit von öffentlichen Angriffen sowie Straf- und Ehrengerichtsverfahren vor allem gegen Anwält*innen, die in politischen Strafverfahren verteidigten, sollte eine schlagkräftige Interessensvertretung aufgebaut werden. Republikanisch, das waren und sind radikale Demokrat*innen, die auf dem Vorrang der Menschen- und Bürgerrechte gegenüber den Interessen staatlicher und wirtschaftlicher Institutionen bestehen und stets mehr Demokratie wollen, als gerade erreicht ist. Für den Anwält*innenberuf heißt das, Recht als Waffe zu verstehen, es für Schwächere gegen Herrschaft einzusetzen. Gegenüber 1979 hat sich die Rechtswirklichkeit stark verändert. Engagierte Anwält*innen sind in der Öffentlichkeit weitgehend akzeptiert. Die Probleme der Mandant*innen sind jedoch ähnliche wie zu Gründungszeiten. Gerade deswegen ist die Satzung des RAV von ungebrochener Aktualität, wenn es dort heißt: »Der Rechtsanwalt ist

ein einseitig gebundener Interessenvertreter seines Mandanten und ausschließlich diesem und sich selbst verantwortlich.«
Der RAV streitet insbesondere

- gegen die ständige Verschärfung des Straf- und des Strafprozessrechts,
- gegen Polizeigewalt und die ständige Ausweitung polizeilicher Befugnisse,
- gegen ein rassistisches Asyl- und Ausländerrecht.

Er vertritt eine konsequent antimilitaristische Position in internationalen Konflikten, er unterstützt verfolgte ausländische Kolleginnen und Kollegen und betreibt anwaltliche Fortbildung.

Republikanischer Anwältinnen- und Anwälteverein e. V.
Haus der Demokratie und Menschenrechte
Greifswalder Str. 4, 10405 Berlin
Tel: 030/417 235 55, Fax: 030/417 235 57
E-Mail: kontakt@rav.de
Internet: www.rav.de

Vereinigung Demokratischer Jurist:innen e. V.

Die Vereinigung Demokratischer Jurist:innen e. V. (VDJ) wurde am 25. März 1972 in Düsseldorf gegründet. Sie ist ein Berufsverband für alle juristischen Berufe, für Studium und Referendariat. Sie organisiert sich in Regionalgruppen und thematischen Arbeitskreisen, sie fördert die fachliche und berufliche Vernetzung ihrer Mitglieder, insbesondere im Arbeitsrecht, Sozialrecht, Familienrecht, Migrationsrecht, Medienrecht, Versammlungsrecht und Verfassungsrecht. Ein wichtiger Teil ihrer Arbeit besteht in rechtlichen Analysen und Stellungnahmen an Presse, Zivilgesellschaft und Politik, wo sie auf eine Rechtsentwicklung im Sinne ihrer Satzungsziele hinwirkt.

- Die VDJ tritt Angriffen auf demokratische und rechtsstaatliche Verfahren entschieden entgegen. Sie betreibt aktive Bündnisarbeit mit zivilgesellschaftlichen Organisationen, Bündnissen und Gewerkschaften.
- Die VDJ verteidigt die Unteilbarkeit des Rechts, sie streitet für Freiheit, Gleichheit und Rechtsstaatlichkeit. Sie setzt sich für Bürger- und Menschenrechte ein.

- Die VDJ steht für Völkerfreundschaft und tritt gegen eine Politik der Kriegstreiberei ein. Sie ist antifaschistisch und feministisch.
- Ihr Ziel ist die Demokratisierung von Staat und Gesellschaft, einschließlich der Wirtschaft.
- Alle zwei Jahre verleiht die VDJ den Hans-Litten-Preis für das herausragende Engagement für Menschenrechte.
- Sie pflegt kollegiale Solidarität durch ihre Mitgliedschaft in internationalen Verbänden und unterstützt bedrohte Kolleg*innen weltweit mit Stellungnahmen und Prozessbeobachtung.

Vereinigung Demokratischer Jurist:innen e. V.
Saalgasse 10, 60311 Frankfurt am Main
Tel: 069/711 634 38, Fax: 069/711 639 66
E-Mail: mail@vdj.de
Internet: www.vdj.de, Bluesky: vdjinfo.bsky.social
Spendenkonto: IBAN: DE22 8509 5004 7485 7310 02,
BIC: GENODEF1MEI

Neue Richter*innenvereinigung

Die Neue Richter*innenvereinigung (NRV) wurde am 7. März 1987 in Frankfurt am Main gegründet. Sie ist ein Zusammenschluss von Richterinnen und Richtern, Staatsanwältinnen und Staatsanwälten, der auf Bundesebene als eingetragener Verein organisiert ist. In den meisten Bundesländern ist die NRV durch Landesverbände vertreten, die durch Landessprecher*innengremien repräsentiert werden. Die NRV tritt ein für

- die innere Demokratisierung von Gesellschaft und Justiz,
- die Freiheitsrechte und soziale Gerechtigkeit,
- die Gleichheit aller, die Gleichberechtigung der Geschlechter und den Schutz von Minderheiten,
- die Solidarität der Menschen gegen ihre Vernichtung durch Krieg,
- die Bewahrung der Lebensgrundlagen.

Die NRV setzt sich ein für sozial ausgewogene Lösungen im materiellen und Verfahrensrecht im Interesse der Rechtssuchenden und für die Unabhängigkeit der Justiz von Einflüssen, die die Justizgewährung für die Bürger*innen beeinträchtigen könnten. Darauf bauen auf

- die grundlegenden Entwürfe der NRV für eine möglichst hierarchiefreie Justizstruktur als eigenständige dritte Staatsgewalt,
- die Forderung nach hinreichenden Arbeitsbedingungen,
- die Konzepte zum Richterinnen- und Richterbild mit Konsequenzen für Ausbildung und Einstellungsverfahren.

Zahlreiche Mitglieder der NRV wirken daher aktiv in justizinternen Gremien (Richterräte, Präsidialräte), politischen Parteien oder anderen gesellschaftlich engagierten Organisationen mit.

Neue Richter*innenvereinigung e. V.
Haus der Demokratie und Menschenrechte
Greifswalder Str. 4, 10405 Berlin
Tel: 030/420 223 49
E-Mail: bb@neuerichter.de
Internet: www.neuerichter.de

Internationale Liga für Menschenrechte
Im Geiste von Carl von Ossietzky

Die Internationale Liga für Menschenrechte ist eine unabhängige Nichtregierungsorganisation und ein gemeinnütziger Verein mit Sitz im Haus der Demokratie und Menschenrechte in Berlin. Sie setzt sich für die Verwirklichung und Erweiterung der Menschenrechte ein. Sie arbeitet auf der Basis der Allgemeinen Erklärung der Menschenrechte von 1948, der Europäischen Menschenrechtskonvention von 1950 sowie des UN-Zivil- und Sozialpaktes von 1966.
Die Liga kooperiert mit 178 Schwester-Ligen aus über 100 Nationen in der weltweiten Dachorganisation – der Internationalen Föderation der Ligen für Menschenrechte, FIDH (Paris), und hat Beratungsstatus bei den Vereinten Nationen. Was wir tun:

- Wir setzen uns für die Einhaltung und Weiterentwicklung der Bürger- und Menschenrechte ein: in der Bundesrepublik Deutschland, in Europa und weltweit.
- Wir widersetzen uns jeder Einschränkung oder Rücknahme rechtsstaatlicher Prinzipien und bürgerrechtlicher Errungenschaften.
- Wir fordern die Wiederherstellung des uneingeschränkten Grundrechts auf Asyl in der Bundesrepublik Deutschland.

- Wir protestieren gegen die Militarisierung der »Inneren Sicherheit« und lehnen die Bundeswehrbeteiligung an militärischen Interventionen sowie Kriegshandlungen in anderen Ländern ab.
- Wir kämpfen aktiv gegen jede Form der Ausgrenzungsdiskriminierung in Staat und Gesellschaft.
- Wir setzen uns politisch und kritisch mit Strukturen, Vorgängen und Praktiken von Justiz, Polizei, Geheimdiensten und Militär auseinander.
- Eine vorrangige Aufgabe sehen wir in der demokratischen Kontrolle der Exekutive und ihrer Institutionen. Dabei sind wir bemüht, über problematische legislative Entscheidungen und exekutive Maßnahmen und ihre Auswirkungen aufzuklären, eine kritische Öffentlichkeit herzustellen und nötigenfalls demokratischen Widerstand zu organisieren.
- Die Liga kooperiert mit anderen Bürger- und Menschenrechtsorganisationen in Berlin und bundesweit.

Seit 1962 verleiht die Liga die Carl-von-Ossietzky-Medaille für Zivilcourage bei der Verwirklichung, Verteidigung und Fortentwicklung der Menschenrechte und des Friedens. Die Liga finanziert sich ausschließlich über Mitgliedsbeiträge und Spenden. Neue Mitglieder und Aktivist_innen sind herzlich willkommen.

Internationale Liga für Menschenrechte e. V.
Haus der Demokratie und Menschenrechte
Greifswalder Str. 4, D-10405 Berlin
Telefon: 030/396 21 22, Fax: 030/396 21 47
E-Mail: vorstand@ilmr.de
Internet: www.ilmr.de
Spendenkonto IBAN: DE20 1002 0500 0003 3171 00,
BIC: BFSWDE33BER
Beiträge/Spenden sind steuerlich absetzbar.

FIfF – Forum InformatikerInnen für Frieden und gesellschaftliche Verantwortung

Das FIfF ist ein Zusammenschluss von Menschen, die sich kritisch mit Auswirkungen der Digitalisierung und des Einsatzes der Informatik und Informationstechnik in der Gesellschaft auseinandersetzen. Wir denken bei unserer Arbeit auch über deren Konsequenzen nach und wissen, dass nicht alle Probleme technisch lösbar sind.

Das FIfF will, dass Informationstechnik und Digitalisierung im Dienst einer lebenswerten Welt stehen. Deshalb

- setzen wir uns für die Grund- und Menschenrechte ein und engagieren uns besonders für den Datenschutz als Grundlage der persönlichen Entfaltung,
- kämpfen wir gegen den Einsatz der Informationstechnik zur Kontrolle und Überwachung,
- engagieren wir uns für Frieden und Abrüstung und gegen die Anwendung der Informatik im Militär,
- fördern wir die Entwicklung von ökologisch verträglichen Wirtschaftskreisläufen und unterstützen die menschengerechte Gestaltung von Arbeitsprozessen,
- setzen wir uns für Diversität und die Gleichberechtigung aller Menschen ein, wir wehren uns gegen Rassismus und Sexismus oder jede andere diskriminierende Nutzung der Informationstechnik.

Das FIfF wirkt durch die vierteljährliche Herausgabe der Zeitschrift FIfF-Kommunikation, durch die jährliche FIfF-Konferenz und die Mitorganisation weiterer Fachtagungen, durch die Verleihung der Weizenbaum-Medaille und des Weizenbaum-Studienpreises, durch Stellungnahmen, Vorträge, Publikationen und Kampagnen.
Das FIfF heißt alle willkommen, die Informationstechnik gestalten, fördern oder verwenden und dabei ihre gesellschaftliche Rolle reflektieren und daraus Konsequenzen ziehen wollen.

Forum InformatikerInnen für Frieden und gesellschaftliche Verantwortung (FIfF) e. V.
Villa Ichon
Goetheplatz 4, 28203 Bremen
Telefon: 0421/336 592 55, Fax: 0421/336 592 56
E-Mail: fiff@fiff.de, Internet: www.fiff.de, X: @FIfF_de
Spendenkonto: IBAN: DE79 3702 0500 0001 3828 03,
BIC: BFSWDE33XXX

GFF – Gesellschaft für Freiheitsrechte

Die Gesellschaft für Freiheitsrechte e. V. (GFF) ist eine spendenfinanzierte Organisation, die Grund- und Menschenrechte mit juristischen Mitteln verteidigt. Der Verein fördert Demokratie und

Zivilgesellschaft, schützt vor unverhältnismäßiger Überwachung sowie digitaler Durchleuchtung und setzt sich für gleiche Rechte und die soziale Teilhabe aller Menschen ein. Dazu führt die GFF strategische Gerichtsverfahren, geht mit Verfassungsbeschwerden gegen grundrechtswidrige Gesetze vor und bringt sich mit ihrer juristischen Expertise in gesellschaftliche Debatten ein.

Der gemeinnützige Verein mit Sitz in Berlin wurde 2015 gegründet und finanziert sich nicht zuletzt durch Einzelspenden und die Beiträge seiner Fördermitglieder.

Gesellschaft für Freiheitsrechte e. V.
Boyenstr. 41, 10115 Berlin
Telefon: +49 30 549 08 10–0, Fax: +49 30 549 08 10 99
E-Mail: info@freiheitsrechte.org
Spendenkonto: IBAN: DE 88 4306 0967 1182 9121 00
BIC: GENODEM1GLS

Autor*innen, Herausgeber*innen und Redaktionsmitglieder

Armbrust, Lennart, geb. 1995, Rechtsanwalt in Hamburg.

Arzt, Clemens, geb. 1958, Prof. Dr. jur., unterrichtete bis 2023 Polizei- und Versammlungsrecht am Fachbereich Polizei- und Sicherheitsmanagement der HWR Berlin. Gründungsdirektor des FÖPS Berlin. Veröffentlichungen, Vorträge, Sachverständigengutachten und Forschungsaufenthalte zu Polizei- und Versammlungsrecht in Deutschland, Indien, Italien, Kanada, Namibia und den USA.

Auer, Peter von, geb. 1971, rechtspolitischer Referent bei PRO ASYL, Veröffentlichungen zum Asyl- und Aufenthaltsrecht.

Aufurth, Einar, geb. 1982, Rechtsanwalt und Strafverteidiger, Berlin.

Bier, Nicola, geb. 1991, Rechtsanwältin in Berlin, bis 2025 Rechtsreferentin bei Reporter ohne Grenzen e. V. in Berlin, Veröffentlichungen zum Auslieferungsrecht und Völkerstrafrecht.

Bögelein, Nicole, PD Dr. Dipl.-Soz., wissenschaftliche Mitarbeiterin am Institut für Kriminologie der Universität zu Köln, Podcast »True Criminology«, Forschung zu Ersatzfreiheitsstrafen, institutionellem Rassismus vor Gericht, Gefängnisklima.

Brachthäuser, Franziska, geb. 1991, wissenschaftliche Mitarbeiterin bei Prof. Florian Rödl, Lehrstuhl für Bürgerliches Recht, Arbeits- und Sozialrecht, FU Berlin.

Bredow, Eva, geb. 2002, studiert Jura an der Universität Freiburg. Sie ist Teil des Arbeitskreises kritischer Jurist*innen Freiburg.

Bruhm, Carla, geb. 2003, studiert Rechtswissenschaft an der Universität Leipzig mit Schwerpunkt Recht der Politik, Mitglied der Kritischen Jurist*innen Leipzig, Grundrechte-Report-Redaktionsmitglied für den BAKJ.

Costadura, Elisa, geb. 1989, Rechtsanwältin und Mitarbeiterin in der internationalen NGO International Refugee Assistance Project (IRAP Europe), Veröffentlichungen zu Familiennachzug, Beiträge zu nationalsozialistischen Kontinuitäten im Recht für den Podcast »Mal nach den Rechten schauen«.

Derin, Benjamin, Rechtsanwalt in Berlin mit den Schwerpunkten Strafverteidigung und Verfassungsrecht, Mitarbeiter an der Professur für Kriminologie und Strafrecht der Goethe-Universität Frankfurt am Main und Mitglied im Republikanischen Anwältinnen- und Anwälteverein (RAV).

Diarra, Nina, geb. 1999, studierte Rechtswissenschaft an der Universität Hamburg mit Schwerpunkt Europa- und Völkerrecht. Für den BAKJ Mitglied der Redaktion des Grundrechte-Reports.

Drohsel, Franziska, geb. 1980, Dr. jur., LL.M., Rechtsanwältin, ist juristische Referentin bei der Bundeskoordinierung Spezialisierter Fachberatung gegen sexualisierte Gewalt in Kindheit und Jugend. Veröffentlichungen u. a. zum sozialen Entschädigungsrecht, Artikel 15 GG, Sexualstraf- und Existenzsicherungsrecht.

Ellinghaus, Charlotte, geb. 1999, studiert Rechtswissenschaft in Hamburg, Mitglied des Vorstands der Vereinigung Demokratischer Jurist:innen (VDJ), Mitglied der Redaktion des Grundrechte-Reports.

Engel, Julius, geb. 1987, Rechtsanwalt, Fachanwalt für Migrationsrecht, Mitglied im Republikanischen Anwältinnen- und Anwälteverein e. V. (RAV).

Engelmann, Andreas, geb. 1985, Dr. iur., Professor für Rechtswissenschaft an der University of Labour in Frankfurt/M. und Bundessekretär der Vereinigung Demokratischer Jurist:innen (VDJ).

Förster, Claus, geb. 1968, Rechtsanwalt und Fachanwalt für Strafrecht; Projektleiter der Projekte »Menschenrechte in Aktion« und »Gemeinsam gegen Stigmatisierung und Zwang«; Mitglied des Vorstands der Internationalen Liga für Menschenrechte, Delegierter der FIDH-Weltkonferenzen Paris 2022 und Bogotá 2025. Mitglied der Redaktion des Grundrechte-Reports.

Fricke, Ernst, geb. 1949, Prof. Dr. Mag. rer. publ., ist freier Journalist, Rechtsanwalt und Honorarprofessor für Medienrecht und Gerichtsberichterstattung an der Katholischen Universität Eichstätt-Ingolstadt. Er war ab 1995 Professor für Verwaltungs- und Sozialrecht an der Hochschule Neubrandenburg im Fachbereich Soziale Arbeit. Er ist Mitglied des Bundesvorstands der Humanistischen Union und der Redaktion der »vorgänge« sowie Mitglied der Redaktion des Grundrechte-Reports.

Galli, Thomas, geb. 1973, ehemaliger JVA-Leiter, Rechtsanwalt in Augsburg, Autor von »Wie wir das Verbrechen besiegen können: Ideen für eine Überwindung der Strafe« (Edition Einwurf, 2024).

Gilsbach, Anna, geb. 1983, Rechtsanwältin in Berlin, LL.M. in Public International Law, Fachanwältin für Arbeits- und Sozialrecht, Mitglied im Vorstand des Republikanischen Anwältinnen- und Anwältevereins e. V. (RAV) und der Redaktion des Grundrechte-Reports.

Görlitz, Franziska, Juristin und Verfahrenskoordinatorin bei der Gesellschaft für Freiheitsrechte. Tätigkeit dort vor allem zu staatlicher Überwachung, Spyware und Whistleblowing. Repetitorin für das juristische Staatsexamen. Mitglied der Redaktion des Grundrechte-Reports.

Gössner, Rolf, geb. 1948, Dr. jur., Jurist und Publizist, 40 Jahre als Rechtsanwalt tätig, war stellv. Richter am Staatsgerichtshof der Freien Hansestadt Bremen und Präsident der Internationalen Liga für Menschenrechte. Er wurde mehrfach ausgezeichnet, zuletzt mit dem Hans-Litten-Preis der Vereinigung Demokratischer Jurist:innen und Juristen (VDJ). Autor und Herausgeber zahlreicher Bücher zum Themenbereich Demokratie, Innere Sicherheit und Menschenrechte. Vier Jahrzehnte unter Beobachtung des Bundesverfassungsschutzes – grundrechtswidrig, wie das Bundesverwaltungsgericht nach 15-jährigem Gerichtsverfahren Ende 2020 rechtskräftig urteilte.

Grimm, Jessica, geb. 1987, Rechtsanwältin und ausschließlich als Strafverteidigerin tätig, verteidigt regelmäßig in politischen Strafverfahren mit Palästina-Bezug.

Hadadi, Louisa, studierte Jura in Hamburg, Chile und China. Anschließend absolvierte sie einen Master of Laws in Völkerstrafrecht an der Universität Amsterdam und der Columbia Law School. Sie ist Editorin beim Völkerrechtsblog. 2023 war sie als Trainee beim European Center for Constitutional and Human Rights (ECCHR), der Organisation, die das Ramstein-Verfahren führte, und 2025 als Referendarin beim BVerfG. In keiner der Stationen war sie mit dem von ihr in ihrem Beitrag besprochenen Fall betraut.

Herbster, Laura, geb. 1997, Juristin, studiert Rechtsinformatik im Master, Veröffentlichungen zum Versammlungs- und IT-Recht.

Herrmann, Therese, geb. 1987, Politikwissenschaftlerin und Advocacy Managerin in der internationalen NGO International Refugee Assistance Project (IRAP Europe); Veröffentlichungen zu humanitärer Aufnahme, europäischer Flüchtlingspolitik und Flüchtlingsethik.

Hügel, Stefan, geb. 1967, Dipl.-Inform., IT-Berater, Vorsitzender des Forum InformatikerInnen für Frieden und gesellschaftliche Verantwortung und Bundesvorsitzender der Humanistischen Union; arbeitet zu gesellschaftlichen Aspekten der Digitalisierung, Künstlicher Intelligenz, Datenschutz und IT-Sicherheit sowie militärischer Nutzung der Informatik.

Ibold, Shino, geb. 1986, Dr. iur., MJur (Oxford), Mitglied in der Kommission Verfassungsrecht, Öffentliches Recht, Gleichstellung sowie im Arbeitsstab Ausbildung und Beruf des Deutschen Juristinnenbundes, Veröffentlichungen im Bereich Antidiskriminierungsrecht und Religionsverfassungsrecht, insbesondere zu Verboten von Kopftuch und Gesichtsschleier.

Ighreiz, Ali, geb. 1996, Rechtsanwalt in Berlin. Aktiv beim Postmigrantischen Jurist*innenbund (PMJB).

Kaufmann, Carolin, geb. 1992, Rechtsanwältin/Strafverteidigerin seit 2020, Veröffentlichung v. a. zu strafrechtlichen Fragen in aktivistischen Kontexten.

Kaufmann, Johanna, geb. 2000, Politökonomin und ver.di-Gewerkschaftssekretärin für Presse und Branchenpolitik im Bundesfachbereich Handel in Berlin.

Kersten, Sven, geb. 1988, Dr., Richter am Landgericht Berlin I, Sprecher des Bundesvorstandes der Neuen Richter*innenvereinigung.

Klein, Francesca Mascha, geb. 1991, Volljuristin und Rechtsreferentin für strategische Prozessführung bei Germanwatch.

Laven, Timo, geb. 1997, wissenschaftlicher Mitarbeiter und Doktorand an der Akademie für europäischen Menschenrechtsschutz, Universität zu Köln (Prof. Dr. Dr. h.c. Angelika Nußberger, M.A.); Veröffentlichungen v. a. zu Grundrechten, Verfassungsgeschichte und Wirtschaftsverfassungsrecht.

Lehnert, Matthias, geb. 1980, Dr., Rechtsanwalt, Kooperationsanwalt der Gesellschaft für Freiheitsrechte (GFF) und des European Center for Constitutional and Human Rights (ECCHR), Mitbegründer von UN-sichtbar, Dozent im Migrationsrecht u. a. bei der Deutschen Anwaltakademie und der Refugee Law Clinic Leipzig.

Lösch, Bettina, geb. 1972, Prof.in (apl.) Dr.in, Akademische Rätin im Lehrbereich Politikwissenschaft, Bildungspolitik und politische Bildung an der Humanwissenschaftlichen Fakultät der Universität zu Köln. Veröffentlichungen zu kritischer politischer Bildung, demokratiepolitischen Themen sowie zur Kritik sozialer

Ungleichheit und neoliberaler-autoritärer Politik im Kapitalismus, siehe: www.hf.uni-koeln.de/36830.

Möller, Athena, geb. 2001, B.A. Politikwissenschaft, studiert Rechtswissenschaft an der Universität Leipzig, Vorstandsmitglied der Internationalen Liga für Menschenrechte, Mitglied der Redaktion des Grundrechte-Reports.

Nestler, Robert, geb. 1990, Geschäftsführer Equal Rights Beyond Borders. Veröffentlichungen u. a. im Verfassungsblog.

No-Border-Netzwerk setzt sich für die Bewegungsfreiheit und ein Bleiberecht aller Menschen ein. Das Netzwerk sieht Grenzen als Teil eines Systems an, das Menschen in erwünschte und unerwünschte Weltbevölkerung differenziert und das es deshalb abzuschaffen gilt.

Oppenhäuser, Holger, geb. 1973, Dr. phil., Bildungsreferent im Attac-Bundesbüro. Veröffentlichung zum Thema Gemeinnützigkeit: Disziplinierung politischer Bildung durch Behörden und Finanzgerichte, in: Schreibkollektiv »weitermachen« (i. V.): Bilitik und Poldung. Wie politisches Handeln bildet (i. E.).

Piotrowski, Saskia, Rechtsanwältin im Migrations- und Strafrecht (Nebenklage), Mitglied im Republikanischen Anwältinnen- und Anwälteverein (RAV) u. a.

Putzer, Max, geb. 1983, Dr. jur., Richter am Verwaltungsgericht, derzeit abgeordnet als wissenschaftlicher Mitarbeiter an das Bundesverfassungsgericht. Mitglied der Neuen Richter*innenvereinigung sowie der Redaktion des Grundrechte-Reports, Veröffentlichungen im Verfassungs-, Verwaltungs- und Strafrecht.

Rabe, Britta, geb. 1971, Dr. phil., Politische Referentin beim Komitee für Grundrechte und Demokratie in Köln mit den Schwerpunkten Haftbedingungen/Politiken des Strafens sowie Grenzen/Migration. Mitglied der Redaktion des Grundrechte-Reports.

Rabe, Lea, geb. 1994, Dr. jur., LL.M., studierte Rechtswissenschaft in Münster, Hannover, Brüssel und L.A. und hat an den Universitäten Bremen und Kassel gearbeitet. Veröffentlichungen zu Parlamentsrecht, Gleichheit, informationeller Selbstbestimmung und Datenschutz. Derzeit Referendariat am OLG Celle. Journalistische Tätigkeit vor und während des Jurastudiums.

Rehak, Rainer, Diplom-Informatiker, wiss. Mitarbeiter am Weizenbaum-Institut für die vernetzte Gesellschaft/WZB und Ko-Vorsitz des Forums InformatikerInnen für Frieden und gesellschaftliche Verantwortung (FIfF), arbeitet zu systemischer IT-Sicherheit, gesellschaftlichem Datenschutz mit Grundrechtsorientierung, Digitalisierung und Nachhaltigkeit, KI- und Technikzuschreibungen. Mitglied der Redaktion des Grundrechte-Reports.

Reichmann, Levin, studentischer Mitarbeiter am Institut für Kriminologie der Universität zu Köln; Forschungsschwerpunkt: Institutioneller Rassismus in der Justiz.

Rezene, Dyana, wissenschaftliche Mitarbeiterin am Institut für Kriminologie der Universität zu Köln; Forschungsschwerpunkt: Institutioneller Rassismus, Gerichtsverfahren.

Rohde, Bianca, geb. 1996, Rechtsanwältin bei Schütte, Lange & Kollegen in Wiesbaden, Vertretung von ArbeitnehmerInnen und Betriebsräten, Studium der Rechts- und Politikwissenschaften.

Salzmann, Sebastian, geb. 2000, Dipl.-Jurist, derzeit Masterstudent an der Central European University Wien, Veröffentlichungen zur gerichtlichen Fortentwicklung des Grundrechtsschutzes.

Singe, Martin, geb. 1955, Diplom-Theologe, langjähriger Referent beim Komitee für Grundrechte und Demokratie, Redakteur der Zeitschrift »FriedensForum«, Sprecher des Aktionsbündnisses »atomwaffenfrei.jetzt«, Träger des Fritz-Bauer-Preises. Veröffentlichungen v. a. zu friedenspolitischen Fragen.

Steven, Elke, Soziologin, Dr. phil., Berlin, war Referentin im Komitee für Grundrechte und Demokratie, Geschäftsführerin des gemeinnützigen Vereins Digitale Gesellschaft und Mitherausgeberin des Grundrechte-Reports. Veröffentlichungen zu Versammlungsfreiheit, eGK und ePA sowie Friedensthemen.

Theune, Lukas, geb. 1987, Rechtsanwalt und Strafverteidiger in Berlin.

Thiermeyer, Hubert, geb. 1962, ehemaliger ver.di-Landesfachbereichsleiter Handel Bayern.

Thurn, John Philipp, geb. 1982, Dr. jur., Sozialrichter in Berlin, aktiv im Vorstand der Gesellschaft für Freiheitsrechte (GFF) und beim Forum Justizgeschichte. Veröffentlichungen v. a. zu verfassungsrechtlichen und rechtspolitischen Themen. Mitglied der Redaktion des Grundrechte-Reports.

Tschenker, Theresa, geb. 1989, Dr. jur., Rechtsanwältin in Berlin, Veröffentlichungen zum Arbeitsrecht, insb. Streikrecht. Mitglied der Redaktion des Grundrechte-Reports.

Ulber, Daniel, geb. 1980, Prof. Dr. jur., Direktor am Institut für Arbeitsrecht und Arbeitsbeziehungen in der Europäischen Union (IAAEU) und Inhaber des Lehrstuhls für Europäisches Arbeitsrecht und Bürgerliches Recht an der Universität Trier, Fachbereich Rechtswissenschaften; zahlreiche Veröffentlichungen im Bereich Arbeits- und Zivilrecht mit verfassungsrechtlichen und europäischen Bezügen.

Wang, Davy, geb. 1996, Volljurist und Verfahrenskoordinator im Schwerpunkt »Freiheit im Digitalen Zeitalter« und »Center for User Rights« bei der Gesellschaft für Freiheitsrechte, Veröffentlichungen zu Racial Profiling und Kriminalstatistiken.

Weidmann, Daniel, geb. 1978, Fachanwalt für Arbeitsrecht in Berlin.

Weisbach, Hannah, (ehem.) studentische Mitarbeiterin im Projekt »Judging Terror« am Institut für Kriminologie der Universität zu Köln.

Welsch, Lea, geb. 1989, Ass. jur., Gewerkschaftssekretärin im Justitiariat der IG Metall.

Will, Rosemarie, geb. 1949, Prof. Dr. jur., Professorin a. D. an der Humboldt-Universität zu Berlin, Richterin am Landesverfassungsgericht Brandenburg a. D., Bundesvorsitzende der Humanistischen Union 2005–13, Mitglied der Grundwertekommission der SPD, Mitherausgeberin der Blätter für deutsche und internationale Politik. Mitglied der Redaktion des Grundrechte-Reports.

Winkler, Michèle, geb. 1984, Wirtschaftsfrankoromanistin, politische Referentin des Komitees für Grundrechte und Demokratie in Köln für den Bereich »Sicherheitsstaat und Demokratie«. Sie beschäftigt sich u. a. mit Kritiken staatlicher Gewaltinstitutionen sowie Fragen von radikaler und abolitionistischer Demokratie. Veröffentlichungen u. a. zum Versammlungsrecht, »Clan«kriminalisierung und zu tödlicher Polizeigewalt. Mitglied der Redaktion des Grundrechte-Reports.

Zimmermann, Paula, geb. 1995, Juristin, Fachreferentin für Meinungs- und Versammlungsfreiheit bei Amnesty International, Arbeitsschwerpunkte Protect the Protest, autoritäre Praktiken und zivilgesellschaftliche Handlungsspielräume.

Abkürzungen

AA	Auswärtiges Amt
ABH	Ausländerbehörden
ABK	Ausländerrechtliche Beratungskommission
AEUV	Vertrag über die Arbeitsweise der Europäischen Union
AGG	Allgemeines Gleichbehandlungsgesetz
AO	Abgabenordnung
AufenthG	Aufenthaltsgesetz
Az.	Aktenzeichen
BAG	Bundesarbeitsgericht
BFH	Bundesfinanzhof
BfV	Bundesamt für Verfassungsschutz
BGB	Bürgerliches Gesetzbuch
BGH	Bundesgerichtshof
BMI	Bundesministerium des Innern
BT-Drs.	Bundestagsdrucksache
BVerfG	Bundesverfassungsgericht
BVerfGE	Entscheidungen des Bundesverfassungsgerichts
BVerwG	Bundesverwaltungsgericht
BvF	Normenkontrollverfahren beim BVerfG auf Antrag von Verfassungsorganen (abstrakte Normenkontrolle)
BvQ	Verfahren über einstweilige Anordnungen beim BVerfG
BvR	Verfassungsbeschwerde beim BVerfG wegen Grundrechtsverletzung
Drs.	Drucksache
eGK	elektronische Gesundheitskarte
EGMR	Europäischer Gerichtshof für Menschenrechte
EMRK	Europäische Menschenrechtskonvention
ePA	elektronische Patientenakte
EuGH	Europäischer Gerichtshof
Europol	Europäisches Polizeiamt
FBI	Federal Bureau of Investigation (US-Sicherheitsbehörde)

GG	Grundgesetz
GKV	Gesetzliche Krankenversicherung
GMG	GKV-Modernisierungsgesetz
i. V. m.	in Verbindung mit
INPOL	Informationssystem der Polizei
JVA	Justizvollzugsanstalt
KDV	Kriegsdienstverweigerung
LEA	Landesamt für Einwanderung (Berlin)
LfV	Landesamt für Verfassungsschutz
MASCH	Marxistische Abendschule Forum für Politik und Kultur
NRW	Nordrhein-Westfalen
OLG	Oberlandesgericht
OVG	Oberverwaltungsgericht
RDL	Sender Radio Dreyeckland
Rn.	Randnummer
SG	Soldatengesetz
StGB	Strafgesetzbuch
StPO	Strafprozessordnung
VersG	Versammlungsgesetz
VG	Verwaltungsgericht
VV	Verwaltungsvorschrift
WDModG	Wehrdienst-Modernisierungsgesetz
WPflG	Wehrpflichtgesetz

Sachregister